科学と資本主義の未来

〈せめぎ合いの時代〉を超えて

Science and the Future of Capitalism

広井良典
Hiroi Yoshinori

東洋経済新報社

はじめに

私たちが生きる現在という時代は、次のような二つのベクトルの〝せめぎ合い〟の時代としてとらえることができるだろう。

すなわち第一のベクトルは、いわば**「スーパー資本主義」あるいは「スーパー情報化」**とも呼べるような方向である。それはたとえば〝GAFA〟や〝デジタル・トランスフォーメーション〟等々といった言辞に示されるように、すべてがデジタル化されて「効率化」が進み、人々がそこに一定の利便性を見出す一方で、スピードと利潤をめぐる競争が極限まで展開し、労働の断片化や格差の拡大と並行して資源・エネルギーの争奪戦が進行し、その帰結として気候変動などの環境危機がさらに加速化していくような方向だ。

他方、第二のベクトルは、**「ポスト資本主義」あるいは「ポスト情報化」**と呼びうるような方向である。それは、一部にはなお表層的な動きも存在するが、若い世代を含め人々が地球資源あるいは環境の有限性ということに関心を向け始めるとともに、「限りない拡大・成長」よりも「持続可能性」に軸足を置いた経済社会のありようを志向し、併せてそこでの分配の公正という課題や、コミュニティないし相互扶助的な価値、ひいては人間にとっての〝幸福〟や豊かさの意味を再考していくような動きである。

以上のような全く異なる方向に向かうベクトルは、今後どのように進み、最終的にどのような像を結んでいくことになるのか。

この場合、こうした〝せめぎ合い〟がいかなる帰趨をたどるかという点において本質的な意味をもつのは、「科学」、あるいはそれと一体になった技術ないしテクノロジーがどのような形で展開していくかという点だろう。なぜなら、本書の中でくわしく見ていくように、実は**私たちが今日「科学」と呼ぶ営みは、17世紀の科学革命を通じてヨーロッパで成立して以降、同時代に生成した資本主義というシステムと〝車の両輪〟のような形で展開してきた**からである。

こうした関心を踏まえ、「科学」と呼ばれる現象と、それと表裏の関係にある資本主義／ポスト資本主義の展望をトータルに構想し、科学と社会の新たなビジョンを提案するのが本書の目的である。

このようなテーマを考えていくにあたり、ここでいささか個人的なエピソードを記すことをお許しいただきたい。

ここ数年、政府関係のいわゆる審議会や委員会といったものに委員として参加することが増え、時には一定数の委員を兼任しているようなこともある。一つには、オンラインでの会議というものが一般的になり、（以前は考えられなかったことだが）京都の研究室にいながら一日に複数のそうした会合に出席することも可能になったという背景もある。

そのような委員会等に参加することは、私にとっても様々な学びや発見のある貴重な機会なのだが、同時に、次のような若干の疑問を感じることも折にふれてあった。

それは、そうした会合においては「競争力」、「生産性」、「効率化」、「イノベーション」、「投資拡大」、「経済成長」といった言葉や概念が、半ば自明のように最重要なものとして語られることが多いという点だ。

あるいは少し別の言い方をすると、「次はDX（デジタル・トランスフォーメーション）の時代」、「次はGX（グリーン・トランスフォーメーション）」等々という具合に、「次は○○」ということがいささか短絡的に論じられ、それらと並行して、〝流れに取り残されるな〟〝勝ち馬に乗り遅れるな〟といったトーンの傾向が多く見られるという点である。

そして、本書のテーマである「科学」や「技術」をめぐる話題も、ほとんどがそうした枠組みの中に位置づけられ、そのような志向において語られることが多数を占めているということである。

たしかに、科学や技術が競争力強化や経済成長のために重要な役割を果たすことはその通りであり、それ自体は重要な視点だろう。しかしはたして議論はそれだけに尽きるのだろうか。これは本書全体を通じて考えていきたい話題でもあり、「そもそも科学・技術は何のためにあるのか」という基本的な問いとして論じることのできるテーマである。

〝集団で一本の道を登る時代〟からの移行

この場合、もちろん生産性や効率性等々といったことが重要であることは否定しないし、そうした面において現在の日本社会が様々な課題を抱えていることは事実である。

しかし私が疑問に思うのは、以上のような議論の基調をなしている、〝国を挙げての経済成長〟あるいは〝限りない拡大〟という発想自体が、すでに現在という時代に合わなくなっているのではないかという点だ。

私は2019年に出した『人口減少社会のデザイン』という本の中で、「昭和」という時代は一言で言えば〝**集団で一本の道を登る時代**〟という言葉で表現できると述べた。空腹や欠乏の記憶がなお残る中で、ともかく物質的な富の拡大を目指し、〝欧米〟、特にアメリカを理想的なモデルとし、強い同調性のもとで、多様性といった価値はもちろん後回しにし、文字通り〝一本の道〟を登っていった時代が「昭和」だったと言える。

そうした日本の姿、とりわけ大きな経済成長は、70～80年代前後には「ジャパン・アズ・ナンバーワン」とまで称せられるに至った。日本は経済成長の最高の優等生として世界から認知されたのであり、その時代を生きた世代にとっては、それは強固な〝成功体験〟となり、その結果、「昭和のやり方を続けていけば日本はうまくいく」という思考が意識の下に深く沈殿していったのである。

こうした文脈で考えると、「平成」の時代とは、その途中から日本の総人口が減少に転じ——日本の人口のピークは2008年（平成20年）で平成のほぼ中間点だった——、また経済が低迷して「失われた〇〇年」等といったことが語られつつも、進行する新たな社会的現実と「昭和的思考」との間のギャップが拡大していった時代だったと言えるだろう。

日本の人口のトレンドについては次頁の図をご覧いただきたい。この図に明瞭に示されているように、明治以降の日本の人口カーブはまるで〝ジェットコースター〟のような曲線を描いており、現在の出生率（2021年において1・30）が続けば、2050年頃には1億人を切り、さらに減少していくことが予測されている。現在の私たちは、あたかもジェットコースターが落下していくその際《きわ》に立っているように見える。

図　日本の総人口の長期的トレンド

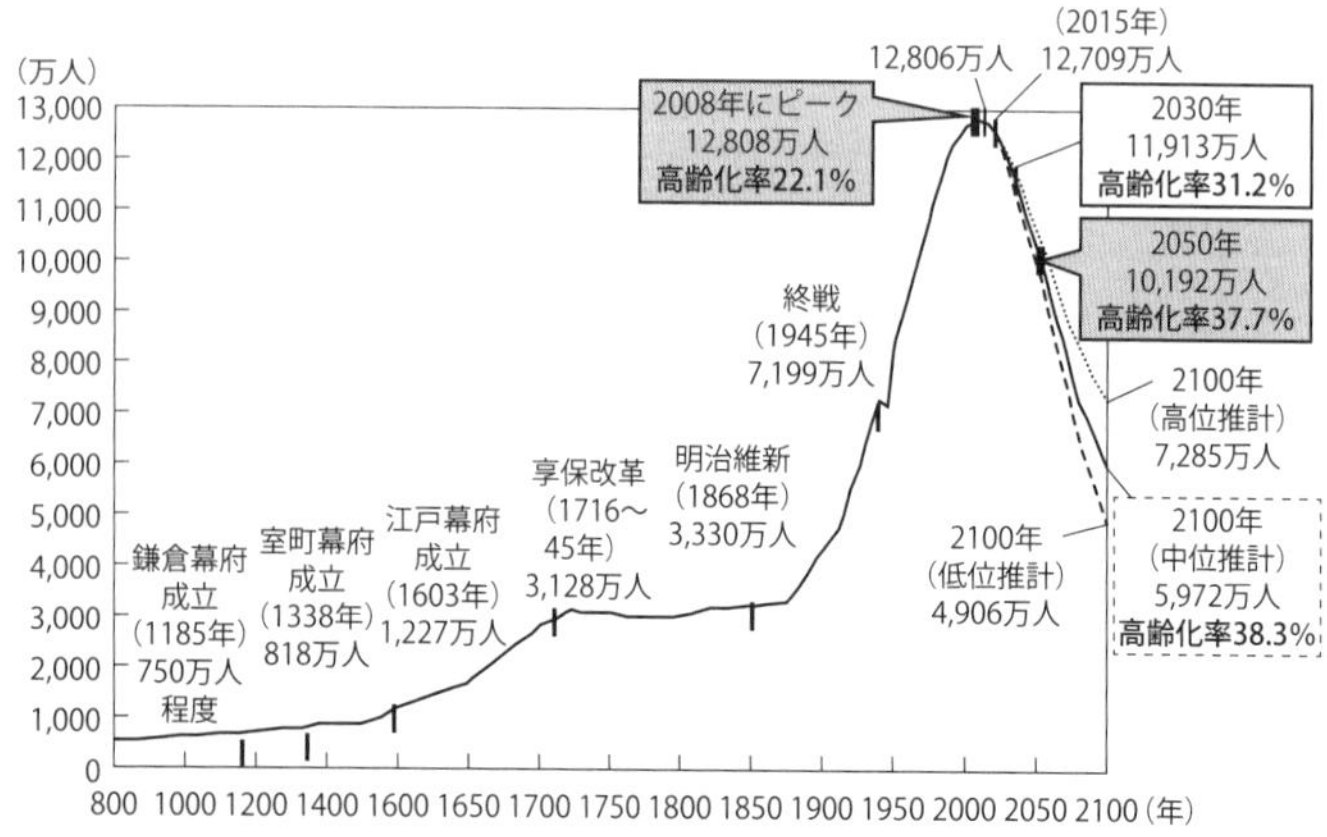

（注）国土庁「日本列島における人口分布の長期時系列分析」（1974年）。ただし、1920年からは、総務省「国勢調査」、「人口推計年報」、「平成17年及び22年国勢調査結果による補間補正人口」、国立社会保障・人口問題研究所「日本の将来推計人口（平成29年推計）」により追加。
（出所）国土交通省資料。

このように「令和」という時代は、人口や経済がひたすら拡大を続けた昭和とは全く逆のベクトルの時代である。こうした状況において、昭和的な〝集団で一本の道を登る〟、あるいは〝限りない拡大〟の追求という発想で物事に対処していくのは、様々な面でかえって逆の効果を生むことになるだろう。

そうではなく、むしろ**昭和的な思考の枠組みから解放され、個人がもっと自由度の高い形で自分の人生をデザインし、「好きなこと」を追求していくことが、個人の幸福にとっても、またおそらく経済活力や「イノベーション」にとってもプラ**

スに働くと考えられるのではないか。

山登りにたとえるなら、(人口や経済が増加を続ける)「登り」においては、ゴールは山頂という唯一の場所だったわけだが、山頂まで至れば視界はいわば〝360度開ける〟のであり、各人はそれぞれ好きな道を選び、歩んでいけばよいのである。目的地そのものが多様化していくわけだ。

ちなみに、経済効率性や生産性という点ではもっとも高いパフォーマンスを示していると言える東京において、逆説的にも出生率が47都道府県の中で最低であるという事実がある。こうした点を踏まえると、「一つのモノサシ」に基づく効率性・生産性一辺倒の思考を相対化し、個人にとって今よりゆとりある生活が実現されていくことは、おそらく出生率や人口減少の改善、そして社会の持続可能性にもつながっていくだろう。

成熟社会における科学と技術

それでは、以上のような時代認識と、本書のテーマである「科学」や「技術」はどう関係するだろうか。

先ほど、政府関係の委員会等での議論に関する疑問について述べたが、それは**科学や技術のもつ意味や価値が、「競争力、生産性、効率化、イノベーション、投資拡大、経済成長」**といっ

たものに限定され矮小化されてしまうことへの疑問だった。

言い換えれば、そうした場で多く示されるのは、つまるところ「競争力強化、生産性上昇のための科学・技術」、「経済成長のための科学・技術」といった発想である。

私自身、科学・技術のもつ意義としてそのような側面があることは否定しない。しかし本書の中で考えていきたいのは、そうした目的には還元できないような科学・技術の新たな意味や価値があり、しかもそのような価値は、これからの時代において大きく高まっていくのではないかという点である。

「科学・技術の新たな意味や価値」とは、ここでひとまず例示するならば、地球環境をめぐる「持続可能性（サステナビリティ）」や人間の「幸福（ウェルビーイング）」といった、経済の限りない拡大・成長とは異なる価値や目的に貢献するような科学・技術のありように関するものだ。

これは一見するよりも深い意味を含んでいる。というのも、冒頭でも指摘したように、私たちが知っている「科学」という営み——近代科学——は、17世紀における「科学革命」以降、限りない拡大・成長あるいは資本主義というシステムと半ば一体のものとして展開してきたからである。したがって、「科学・技術の新たな意味や価値」を考えていくということは、新たな社会システムのあり方や、そこでの「価値」を構想していくということと不可分なのだ。

一方、科学や技術を「競争力強化」、「生産性上昇」といった（狭い）目的に限定せず、むしろそこから解き放っていくことは、実はこれからの時代の科学・技術や経済社会の発展そのものにとってもプラスに働くと私は考えている。

なぜなら本来、科学的探究というものは、つまるところ〝自分の興味のあることをとことん追求していく〟という、ある意味単純で純粋な好奇心に他ならないからだ。

このテーマは、先ほど〝集団で一本の道を登る〟時代の後に開ける社会では、個人が自由度の高い形で自分の人生をデザインし、「好きなこと」を追求していくことが個人の幸福や「イノベーション」にもプラスに働くと述べた話題とつながる。

それはポスト成長あるいは成熟社会、または私自身が以前から「定常型社会」あるいは「ポスト資本主義」と呼んできた社会における科学と技術のありようや意味、より広くはそこでの人間の「創造性」や「豊かさ」という、本書での中心的な関心をなすものであり、様々な角度から考えていきたいと思う。

科学・技術への予算配分

「はじめに」の最後に、科学・技術への予算配分という現実的なテーマにもふれておきたい。

基本認識として、ここでもまた現在の日本は、きわめて困難な問題に直面していると言わざるをえない状況にある。

あらためて確認すると、日本における大学の予算は、政府の方針のもと毎年一定割合が削減され続けている状況にある。こうした中で、研究者のポストも3年や5年といった〝任期付き〟のものが増え、その身分が不安定になると同時に、短い期間で研究成果を出さなければならない状況に置かれ、じっくりと腰をすえた研究がしづらくなっている。若手の研究者ほどそうであり、その結果、優秀な人材が研究者の道を避け、別の道に進むことが多くなっているといった点は、これまでも様々な形で論じられてきた。

こうした状況では、先ほど述べたような〝純粋な知的好奇心をとことん追求していく〟こととしての科学的探究は非常にしづらくなり、目先の短期的成果につながりやすいような研究を、いわば手段的な形で行っていかざるをえないような状況になってしまう。

私は以前の著書の中で、物質的な豊かさが一定以上実現した社会においては、知的な探究あるいは創造性ということが人間にとってのもっとも大きな歓びの一つになっていくと述べた（広井［2003／2015］）。

したがってこうした領域に十分な予算が配分されないこと、特に若い世代の研究者への支援が不十分であることは、日本の未来を危うくするものであると言って過言ではない。

そして、先ほど現在の日本が「きわめて困難な問題に直面している」と記したのは、ここに日本特有の事情が関与しているからである。

それは急速な高齢化という点と関わる内容であり、具体的には「世代間の予算配分」という点において、大きな不均衡ないし不公平が生じていることだ。要するに、今の日本では若い世代に十分なお金ないし資源が配分されていないのである。

議論の射程を広げることになるが、自ずとこれは、政府予算の中で圧倒的に大きな規模を占めている「社会保障」のあり方というテーマと深く関わる話題である。これまで、科学や技術をめぐる領域と、高齢化や社会保障をめぐる領域とは、互いにほとんど接点がなく、同じ土俵で論じられることがなかった。

しかし今求められているのは、科学・技術に関するテーマを、それだけを切り離して考えるのではなく、社会保障、高齢化など他分野とも併せて包括的にとらえ、その上で世代間の望ましい予算配分のあり方を正面から議論していくことに他ならない。

＊　＊　＊

以上述べてきたような関心を踏まえて、〝せめぎ合い〟の時代という時代認識を軸に、科学とこれからの経済社会のありようを大きな視点で考えていくのが本書の内容である。

議論の流れとして、まず第1章（『火の鳥』２０５０——未来を考えるとはどういうことか）は本書の土台にある関心を示すものであり、私が近年行ってきた「ＡＩ（人工知能）を活用した未来シミュレーション」に関する共同研究や人類史的視座、さらに科学とコスモロジーという視点から、人間が「未来」について考えることの意味を、様々な角度から掘り下げてみたい。

第2章（なぜいま「幸福」が社会的テーマとなるのか）では、先ほどもふれた「幸福（ウェルビーイング）」の現代的意味や科学・技術との関わりを考え、第3章（科学と社会の共進化）では科学・技術と社会の歴史的な関わりをレビューしつつ今後の展望を提起する。

これらを踏まえて、第4章（ケアとしての科学）ではこれからの科学のあり方を「ケア」という視点からとらえ直し、新たな方向を考える。併せて第5章（資本主義の論じ方）では、そもそも資本主義とは何かという問いを掘り下げると同時に、「資本主義・社会主義・エコロジーのクロスオーバー」という展望を示す。

これらを受けて、第6章（鎮守の森と生態都市）、第7章（医療・超高齢社会と科学）、第8章（生命・情報・エネルギー）は、いくつかの個別領域における科学・技術と社会の意味を論じる。そして第9章（科学予算と世代間配分）では、先ほどもふれた世代間配分の見直しと若い世代への支援という、現在の日本においてもっとも対応が急がれる話題について論じる。

以上が本書のアウトラインであり、科学、資本主義そして「未来」というテーマを軸として、これからの時代の社会や人間のありようについて考えていく本書が、読まれる方々にとって何らかのヒントを少しでも提供することができれば望外の幸せである。

目次『科学と資本主義の未来〈せめぎ合いの時代〉を超えて』

はじめに 3

〝集団で一本の道を登る時代〟からの移行 6

成熟社会における科学と技術 9

科学・技術への予算配分 11

第1章

『火の鳥』2050
――未来を考えるとはどういうことか 25

1 AIを活用した未来シミュレーション――数十年の時間軸……27

AIは未来を予測できるか 27

AIを活用した日本社会の未来シミュレーション 29

AIにできること／できないこと 34
AIと〝現代版「ラプラスの魔」〟 38

2

人類史における拡大・成長と定常化——数万年の時間軸……42

人類史の巨視的把握 42
定常化への移行期における文化的創造 47

3

ビッグ・ヒストリーとコスモロジー——数億年超の時間軸…53

近代科学とコスモロジー 53
「ビッグ・ヒストリー」という試み 56
「未来」の諸次元 59
地球、太陽そして宇宙の「死」 63
現代科学とコスモロジー 65
「持続可能性」の意味、そして「死」の先 66
マルチバースとコスモロジー 70
「科学とコスモロジーの再融合」をめぐる展望 72

第2章 なぜいま「幸福」が社会的テーマとなるのか 75
「幸福」をめぐる政策展開の流れ 77
幸福の重層構造――個体・つながり・自己実現 80
公共政策としての「幸福」 83
なぜいま「幸福」か 85
「ポジティブな価値」の発見の時代 87
ビジネスとしての「幸福」または「ウェルビーイング」 88
マズローの再評価と「自己超越」 90
マズローの議論と人類史 94
科学と幸福 95
「幸福」について考える時代とは――2500年前と現在 98

第3章 科学と社会の共進化 101
1 科学と資本主義……103

科学と資本主義をめぐる5つのステップ 103
ケインズ政策と「科学国家」 107

2 経済成長と科学……109
「成長のための科学」という発想 109
70年代以降の変容と日本の位置 113
「基礎研究ただ乗り」論 115
「情報」の時代と「イノベーション政策2・0」 117

3 「ポスト・デジタル」と「生命」の時代……121
「情報」から「生命」へ——科学の基本コンセプトの進化 121
生命は情報に還元できるか 123
「生命関連産業」ないし「生命経済」の展開 125
経済構造は変化する 128
「生産性」の再定義——科学・技術と雇用の関係性 130

4 イノベーションと持続可能性……132
科学・技術は何のためにあるのか 132
「持続可能な福祉社会」と科学 136
イノベーションの動機——何のためのイノベーションか 139

第4章 ケアとしての科学 145

はじめに——気候変動と生物多様性 146
近代科学の二つの軸 149
科学（サイエンス）とケアの分裂 155
ケアとしての科学 159
「再現可能性」をめぐる問題 161
個別性・多様性の科学と「ローカル・グローバル・ユニバーサル」 163
「複数の科学」あるいは「多様な科学」という発想 165

第5章 資本主義の論じ方 167

1 そもそも資本主義とは何か……168

資本主義の意味 168
「緑の成長」と「脱成長」 172
「資本主義の多様性」と進化 174
資本主義の進化と「二重の修正」 177
「持続可能な福祉社会」のビジョン 179

2 資本主義・社会主義・エコロジーのクロスオーバー……183

社会的セーフティネットの構造と進化 183
「事後的救済」から「事前的対応」へ――資本主義の進化と社会化 186
これからの社会システムの構想 189
「コミュニティ経済」という発想 193
経済成長主義からの脱却と「成熟社会のデザイン」 197

第6章 鎮守の森と生態都市 201
「ガーデン・シティ」と日本 202
「ガーデン・シティ」から「生態都市」へ 206
鎮守の森コミュニティ・プロジェクト 208
鎮守の森と自然エネルギーをつなぐ 210
環境保全・SDGsと「文化」 214
商店街の復権 217
「ウォーカブル・シティ」と「多極集中」 222
人口減少社会におけるストック管理 225
人口減少社会と「土地の公共性」 227
第7章 医療・超高齢社会と科学 231
1 複雑系としての健康・病気 …… 233

アメリカの科学政策・医療政策からの示唆　233
「医療政策」と「科学政策」の交差――医療分野における政府の役割とは　237
医療のパフォーマンスと科学　240
環境問題としての医療　243
「持続可能な医療」と「持続可能な社会」　246

2
超高齢社会への新たな視点……250
高齢化の地球的進行　250
高齢期の創造性と「人間の3世代モデル」　252
「老年的超越」という視点　256
現代版「不老不死」の夢　258
「長寿」への二つのアプローチ　262

付論
新型コロナ・パンデミックと日本の医療システム……265
医療の公共性の強化　266
医療費の配分の見直し　269

第8章 生命・情報・エネルギー 271

1 「生命」をめぐる科学史的展開……273

エネルギーと生命 273
遺伝子研究と「情報的生命観」の展開 276
「情報」の意味と現在 280
エネルギー・生命・情報 285
科学的真理とは 288
遺伝子と「情報」の先へ 290

2 新しいアニミズム……294

非生命—生命—人間 294
ヘッケルとオストヴァルト——エネルギー一元論と汎神論的自然観 298
一元論・機械論・アニミズム 301

第9章 科学予算と世代間配分 305

1 科学・教育予算と社会保障予算の一体的議論を……307
科学研究あるいは大学の窮状 307
55兆・5兆・1兆 308
日本における世代間配分のゆがみ 311
年金をめぐる問題構造 314

2 持続可能党あるいは未来世代党の必要性……318
日本政治の議論において根本的に欠けているもの 318
日本において借金が将来世代にツケ回しされ続ける理由 321
環境問題との共通性 324

おわりに 327
参考文献 338

第1章

『火の鳥』2050——未来を考えるとはどういうことか

未来のことを知りたい、あるいは未来について何らかの展望をもちたいという思いは、人間が大なり小なり有している欲求だろう。

それでは科学はどこまで未来を予想あるいは展望できるのだろうか。ここではそれを（1）数十年の時間軸、（2）数万年の時間軸、（3）数億年超の時間軸というタイム・スケールの長さにそくして、異なるアプローチから考えてみたい。

それは、単に未来がどうなるかという問いを超えて、いわゆる「私（たち）はどこから来て、どこへ向かうのか」という基本的なテーマにつながるものである。またそれは、本章のタイトルにも示したように、私自身が大きなインパクトを受けた手塚治虫の『火の鳥』「未来編」の、ささやかなアップデート・バージョンと呼べるような試みでもある。

1 AIを活用した未来シミュレーション——数十年の時間軸

AIは未来を予測できるか

そもそも「未来」を予想ないし予測するというのはきわめて難しい。

これについて、ある意味で私たちにとって一番わかりやすい例は、新型コロナウイルスによる感染症の拡大だろう。言うまでもなく、新型コロナの災禍で日本と世界の状況が一変した。しかし、コロナ禍の勃発した2020年の初めの時点で、誰がこうした事態の展開と世界の変化を予想していただろうか。

つまりこれほど世界を大きく変えるような出来事を、誰も明確な形で予想できていなかったのであり——感染症の勃発に気をつけるべきという警告は様々な形でなされていたが——、「未来」を予想ないし予測するのが難しいということは、この一つの例だけで十分に示されているだろう。

図表1-1　AIシミュレーションにおける因果連関モデル（イメージ）

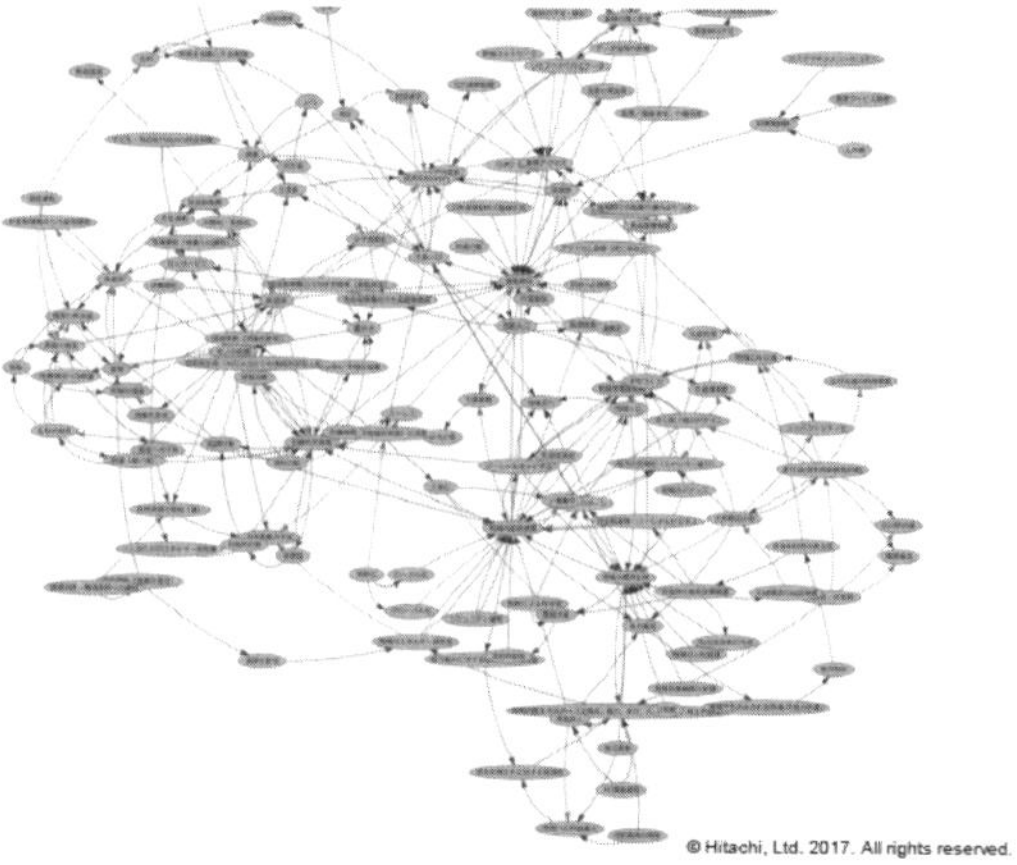

多くの社会的要因が互いに因果関係で結びつきながら、全体として複雑な系をなしている。シミュレーションにおいては、各因果関係の「強さ」と「時間差」に数字を入れ、かつそれぞれの不確実性についても考慮する。イメージとしては、これら多くの要因が互いに影響を与えながら時間とともに進化し、未来が無数に分岐していく（ある種のパラレルワールド）。その2万通りの未来パターンを分析した。

新型コロナが勃発して以降の展開を見ても、「科学」がこれほど発達しているように見える現代においてなお、〝専門家〟が語る内容もきわめて不確実かつ多様であり、また感染の予測に関するシミュレーションも、ごく単純な仮定やモデルに基づく大雑把なものが多かった。皮肉にも、いかに「わかっていないこと」、「科学が解明できていないこと」のほうが多いかが明るみに出たとも言える。

一方、手前味噌に響いてしまうことを承知の上で記すことになるが、私たちの研究グループが2017年に公表した、AI（人工知能）を活用した日本社会の未来に関するシミュレーションは、新型コロナ禍が明らかにした現代社会の課題――特に「集中型」社会の脆弱性という点――と、深い関わりを持つものだった。具体的にはそれは、京大キャンパスに2016年に設置された日立京大ラボとの共同研究として行った研究である（ウェブサイト「AIの活用により、持続可能な日本の未来に向けた政策を提言」及び広井［2019］参照）。

これは一言で言えば、2050年に向けて日本社会が持続可能であるためにはどのような対応が必要かを探るためのシミュレーションだった。そこでは、日本社会の現在そして未来にとって重要と考えられる、人口、高齢化、経済、エネルギー、環境等に関する約150個の社会的要因についての因果連関モデルを作成し（図表1―1参照）、その後AIを用いたシミュレーションにより2050年に向けた2万通りの未来シナリオを導き出し、その結果を分析し評価した。評価にあたっては、「①人口、②財政・社会保障、③都市・地域、④環境・資源」という4グループの持続可能性に関する指標群と、雇用、格差、健康、幸福という4つの観点に関わる指標群に注目した。

AIを活用した日本社会の未来シミュレーション

シミュレーションの結果として明らかになったのは次のような内容だった。

（1）2050年に向けた未来シナリオとして主に「都市集中型」と「地方分散型」のグループがあり、その概要は以下のようになる。

（a）都市集中型シナリオ

主に都市の企業が主導する技術革新によって、人口の都市への一極集中が進行し、地方は衰退する。出生率の低下と格差の拡大がさらに進行し、個人の健康寿命や幸福感は低下する一方で、政府支出の都市への集中によって政府の財政は持ち直す。

（b）地方分散型シナリオ

地方へ人口分散が起こり、出生率が持ち直して格差が縮小し、個人の健康寿命や幸福感も増大する。ただし、次項以降に述べるように、地方分散型シナリオは、政府の財政あるいは環境（CO_2排出量など）を悪化させる可能性を含むため、このシナリオを真に持続可能なものとするには、細心の注意が必要となる。

（2）2025〜27年頃までに都市集中型か地方分散型かを選択して必要な政策を実行すべきである。

2025〜27年頃に都市集中型シナリオと地方分散型シナリオとの分岐が発生し、以降は両シナリオが再び交わることはない。持続可能性の観点からより望ましいと考えられる地方分散型シナリオへの分岐を実現するには、労働生産性から資源生産性への転換を促す環境課税、地域経済を促す再生可能エネルギーの活性化、まちづくりのための地域公共交通機関の充実、地域コミュニティを支える文化や倫理の伝承、住民・地域社会の資産形成を促す社会保障などの政策が有効である。

研究を進めた私自身にとってもある意味で予想外だったのだが、AIによる日本の未来についてのシミュレーションが示したのは、日本社会の未来の持続可能性を実現していく上で、東京一極集中に象徴されるような「都市集中型」か「地方分散型」かという分岐ないし対立軸が、もっとも本質的な分岐点ないし選択肢であるという内容だった。そして、「地方分散型」のほうが人口・地域の持続可能性や格差、健康、幸福といった点において優れているという内容が示されたのである。ちなみに図表1-2はシミュレーションで示された日本の未来の分岐イメージ（2042年時点）で、実際には動画になっている（動画は日立製作所サイト「2050年、より多くの人々が幸せに暮らせるように――AIが描き出す2万通りの未来シナリオから持続可能な社会の形を模索する」で閲覧可能）。

このシミュレーションを公表したのは上記のように2017年で、新型コロナ禍より前だったが、いま述べた内容はコロナ禍によって浮かび上がった課題と重なる面が大きいだろう。つまり新型コロナの勃発時において、感染がまず広がったのはニューヨーク、パリ、ロンドンそ

図表1-2　日本の未来の分岐シミュレーション（イメージ）〔2042年時点〕

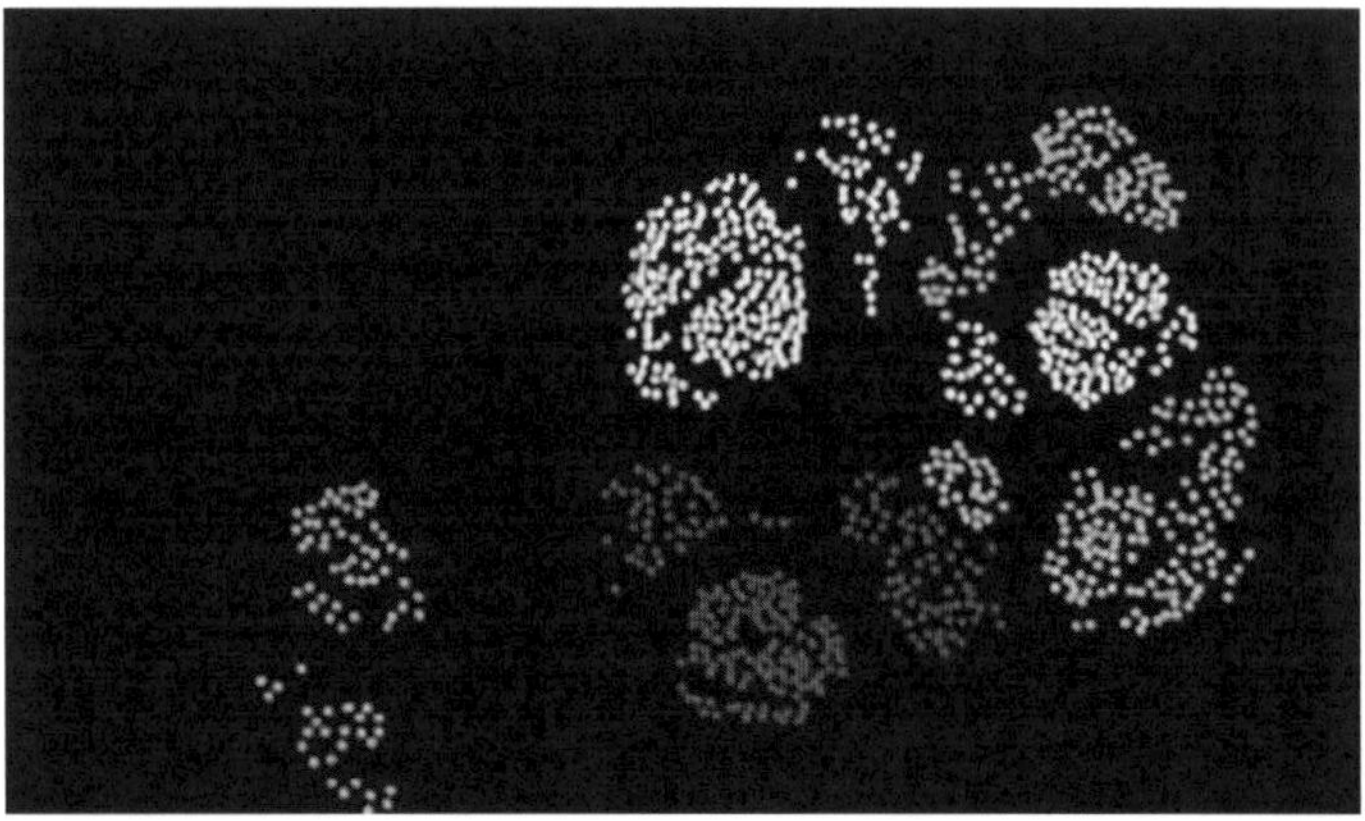

（注）左下のグループが「都市集中型」シナリオで、他が「地方分散型」シナリオ。

して東京など、人口の集中度が特に高い数百万人規模以上の大都市圏だった。これらの際立った「集中型」地域は、他でもなく〝3密〟が常態化し、感染症の拡大が容易に生じやすく、現にそうしたことが起こり、そこから各地へと急速に拡散していったのである。

今回のコロナ禍は「都市集中型」社会のもたらす脆弱性や危険度の大きさを明るみに出したと言うべきであり、この点に絞って見れば、AIが出した未来シミュレーションと、新型コロナ禍が示した課題との間にかなりの関連性が見られたことになる。

ちなみに私たちがAIを活用して行った以上のような研究は、あまり他に例のないものだったこともあり、公表以降、政府関係機関や地方自治体、企業等から多くの問い合わせがあり、その後長野県、文部科学省、岡山県真庭市、広島県福山市、兵庫県、岩手県、愛知県高浜市、山口県山口市等と同様のシミュレーションや共同研究等を行ってきている（以上の内容の多くは各自治体等のホームページ上で閲覧可能）。

さらに、新型コロナ禍が生じたことを受けて、コロナ発生後のデータや新たな分析手法を盛り込み、「ポスト・コロナ」の日本社会に関するシミュレーションと、望ましい未来に向けて必要となる政策についての分析と提言を2021年にまとめた。

ここでその詳細を述べる余裕はないが、シミュレーション結果の主な結論を述べると、そこでは女性活躍あるいは男女の役割分担、働き方等の多様化に関する要因等が望ましい未来（都市・地方共存型シナリオ）に向かうにあたり重要なものとして抽出された。そして**これまでの日本における〝単線的〟な働き方や住まい方、生き方のモデルにとらわれない、すなわち（空間的な意味での「集中／分散」にとどまらない）包括的な意味での「分散型」社会への移行**が、出生率低下ないし人口減少をめぐる状況の改善にとっても、また東京と地方のバランスのとれた発展にとっても、もっとも重要な要因となるという分析結果が示されたのである（日立コンサルティングウェブサイト「AIの活用により、ポストコロナの望ましい未来に向けた政策を提言」参照）。

この内容は、本書の「はじめに」で述べた、「〝集団で一本の道を登る時代〟からの移行」というテーマともつながっているだろう。

AIにできること／できないこと

以上のような試みは、「AIに基づく政策立案」あるいは「AIBP（AI-based Policy Making）」と呼ぶこともできる。なお未開拓の領域であり、私たちの研究も試行錯誤の段階だが、それは長所としては、

①無数のありうる「未来」――一種のパラレル・ワールド――を網羅的に列挙することを通じ、現状や未来についての人間の「認知のゆがみ」を是正し、

②多くの要因間の「複雑」な関係性や影響を分析でき、

③「不確実性」やあいまいさを組み入れた予測をなしうる

といった特徴を持っている。

期待を込めて言えば、それは1972年に公表され、地球資源や環境の有限性を（当時なお珍しかった）コンピューター・シミュレーションを通じて初めて明らかにしたローマ・クラブの『成長の限界（*The Limits to Growth*）』の、いわば〝AIバージョン〟ないし現代版と言える側面を持っている。

そして、まだまだ精度などの課題は多いのだが、ここで述べているAIを活用した分析手法は、ありうる未来シナリオの明確化とともに、各々のシナリオに至るために重要となる要因ないし政策を明らかにするという意味で、全体として、「フォアキャスティング（未来予測）」と「バックキャスティング（未来逆算）」の両者を組み合わせた方法――いわば〝フォアバック・キャスティング〟――と呼びうる性格を持つと言える。

ところで以上のように記すと、人間ではなくAIが「未来」の予測をしているように聞こえるかもしれないが、それは正しくない。すなわち、シミュレーションの土台となる「モデル」の作成を行うのも、シミュレーション結果を踏まえた意味の解釈、評価軸の選定、価値判断等を行うのもあくまで人間であり、AIはあくまで補助的な「ツール」に過ぎない。

私はこれを〝サンドイッチ型〟の構造と呼んでいるのだが、つまりモデル作成という初めの部分と、シミュレーション結果の解釈という終わりの部分を、人間が「はさみこむ」ような形で行っており、AIが行うのは中間のシミュレーション（計算）の部分のみである。いわば〝AIが人間の手のひらの上で踊っている〟ような構造になっているのである。

思えば近年、アメリカの未来学者カーツワイルの「シンギュラリティ」論などを含めて、AIの能力をいささか過大評価するような議論が多い。しかし以上のようなAIを活用した未来シミュレーションについて見ても、実際にAIができることはきわめて限られているのが実状だ。

ここで重要なのは、**「そもそもAIには何ができ、何ができないか」**という点に関する基本的な整理だろう。ここで手がかりになるのは、マクリーンというアメリカの神経学者が提案した「脳」の構造と進化に関する議論である。

すなわち人間の脳は基本的に3つの部位から成り立っており、もっとも土台にあるのは脳幹と呼ばれる部分で、これは本能や生存に関わっている。2番目は大脳辺縁系と呼ばれる部分で、これは感情や社会性に関わり、哺乳類以上で大きく発達したものだ。そして3番目は前頭葉ないし新皮質と呼ばれる部分で、これは他でもなく「知」、つまり思考や論理や認識に関わる部分で、人間において飛躍的に発達した部分である（図表1―3参照）。

重要なことは、以上のような脳の進化とともに人間は〝高次〟の認識を持つようになっていったわけだが、しかしこの進化のプロセス自体が示すように、**人間の「知」の機能は、その土台にある「本能」や「感情」の部分に支えられてこそ初めて成り立っている**という点だ。

話が少々哲学的になるが、それは次のようなことである。私たち人間が「世界」を認識する時、そこでは無数の「情報」を見ているわけだが、それは決して無機質な情報の集積を見ているのではない。むしろ私たちはそこに様々な「意味」を見出しているのであり、言い換えれば、**私たちは世界にある無数の情報の中から、私たちの生存にとって重要なものを選別し、価値づけ**

**図表1-3　脳の進化と構造：AIにできること／できないこと
マクリーンの脳の3層構造説から**

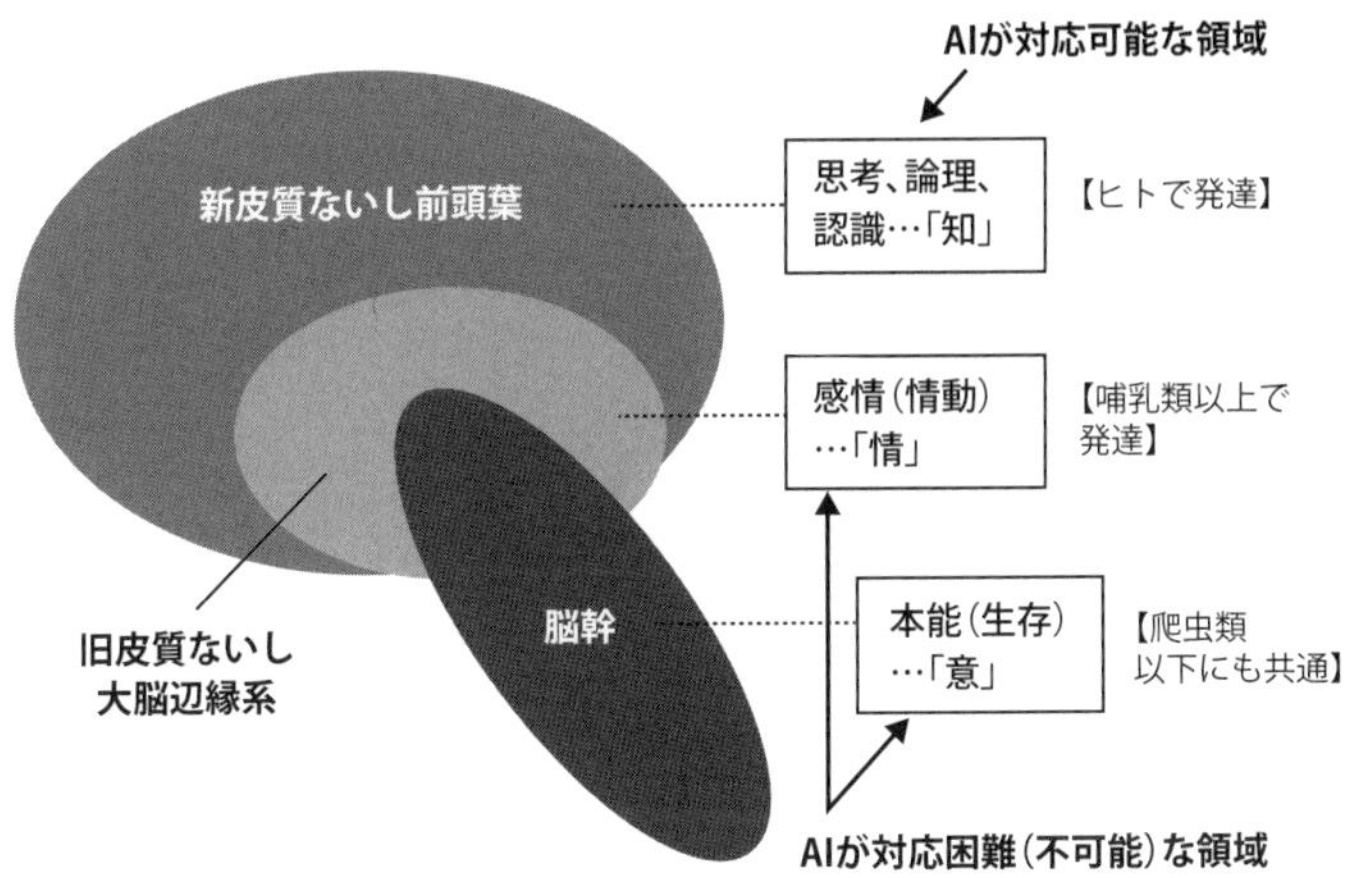

ているのであって、それが世界の「意味」、あるいは世界そのものとして立ち現れるのである。

一方、ＡＩは以上のような脳の３つの機能の中で、**最後の「知」の部分だけを切り離して機械にしたもの**である。したがって純粋に論理や計算に関する面では人間を凌駕しうる半面（たとえば計算スピードや記憶容量など）、その土台にある価値判断や意味の理解、感情といった機能は持ちあわせておらず、要するにＡＩはそれだけで「自立」することはできない。

先述のようにＡＩは、多数の要因間の複雑な関係性、そして不確実性を含むシミュレーションを行うことができるという点において有効なツールとして活用でき、それは今後も着実に発展させていくべきである。しかし同時に、ここで述べてきたようにＡＩが行う計算のベースとなる基本的なモデル作りや、結果の意味解釈、そして未来社会の構想を行うのはすべて人間である。

私はこうした共同研究を行う中で、次のようなことを思うようになった。すなわちＡＩの登場によって、あるいはここで述べているような「ＡＩを活用した未来構想と政策提言」というＡＩと人間の〝協働〟において、逆説的にも〝人間でなければできない〟固有の領域が浮かび上がったのである。言い換えれば、人間による真の意味での未来の「構想力」が問われる時代を迎えていると言えるだろう。

ＡＩと〝現代版「ラプラスの魔」〟

いま述べている話題は、「およそ人間は未来というものを予測できるのか」「そもそも未来を予測するとは一体どういうことか」という根本的なテーマにつながっていく。この点をもう少し掘り下げてみよう。

それは〝現代版「ラプラスの魔」〟と呼べるようなテーマである。

ピエール＝シモン・ラプラス（１７４９－１８２７）は、18世紀から19世紀を生きたフランスの数学者ないし天文学者で、ニュートンの重力理論を使って太陽系の安定を数学的に証明したことや、確率論に関する業績（ＡＩ関連でも用いられるベイズ推定ないしベイズ確率を発展させた点）などで知られる（山本［２０２１］参照）。

そして彼が後世において特によく言及されるのは、「ラプラスの魔」と呼ばれる決定論的な自然観に関してである。「ラプラスの魔」とは、ある時点において作用しているすべての力学的・物理学的状態を完全に把握できれば、未来はすべて完全に予測できるという世界観をいう（「ラプラスの魔［デーモン］」という言葉自体は、19世紀ドイツの生理学者デュ・ボア＝レーモンの造語）。

たとえばラプラスは『確率についての哲学的試論』という著作（１８１４年）の中で次のように述べている。

「与えられた時点において自然を動かしているすべての力と、自然を構成するすべての実在のそれぞれの状況を知っている英知が、なおその上にこれらの資料を解析するだけの広大な力を持つならば、……この英知にとって不確かなものは何一つないし、未来は過去と同じようにみとおせるだろう」（ラプラス［１９７９］）

ラプラス『確率についての哲学的試論』

現代風に言えば、〝**現在の世界のすべてのデータが得られれば、未来はすべて予測できる**〟という世界観である。

科学史的に見れば、こうした世界観は17世紀の科学革命そして18世紀の啓蒙主義をへた後の、物理学ないし力学を中心とする因果論的決定論の象徴であり、ただし、それはその後の量子力学の展開において非決定論的な自然把握が台頭する中で、背景に退いていったと論じられることが多い。

しかし考えてみよう。近年のＡＩをめぐる議論は、たとえば「ビッグデータ」に関する話題などを見ても、ある種の〝**現代版「ラプラスの魔」**〟と呼べるような性格を帯びてきているのではないか。つまり、「ビッグデータを通じて世界を把握すれば、消費者の購買行動にせよ、選挙での投票行動にせよ、世界の現象のすべてを予測することができる」といった類の議論であり、これはまさに一つの「ラプラスの魔」である。

ここでは、あたかもＡＩが世界のすべてを予見する神のような存在として理解されることになる。それは**「ラプラスの魔」ならぬ「ＡＩの魔（デーモン）」**と呼べるかもしれない。

では私たちはこうした議論をどう理解すればよいのか。

結論的に言えば、私自身はこの種の論には基本的に「ＮＯ」という見解である。思えばこれは、先ほどＡＩを活用したシミュレーションについて述べた議論とつながる。

すなわち、〝人間の手のひらの上で踊っている〟と表現したように、ＡＩが行う計算は人間の認識枠組みに依存している。ビッグデータについても、それは「世界のすべて」では決してなく、そこには何らかの情報の選別が存在している。さらに加えて、そうした人間の認識自体も、脳の構造にそくして述べたように、人間が生存にとって重要な世界の一部ないし断片を切り取り、それに意味を与えているものである（この話題は第8章でもう少し詳しく論じたい）。

したがって〝現代版「ラプラスの魔」〟＝「ＡＩの魔（デーモン）」が世界のすべてを把握し未来を見通すということは原理的にありえない。こうした意味で、ビッグデータ論を含め、ＡＩの能力に関する過大な評価は退けられるべきだろう。

2 人類史における拡大・成長と定常化——数万年の時間軸

人類史の巨視的把握

新型コロナに関する話題から始めて、未来の予測とＡＩの関係について述べたが、次に少し視点を変えて、人類史を踏まえた長期の歴史把握と未来というテーマについて考えてみよう。なぜなら、およそ未来の予想あるいは構想においては、「過去から現在」がどのような流れをたどってきたか、そしてその全体をどのような視点から把握するかが重要な意味を持つからである。

手がかりとして、気候変動あるいは環境をめぐる話題を考えてみよう。気候変動という時、昨今の動きの中でやはり連想されるのは、スウェーデンの環境活動家グレタ・トゥーンベリさんの言動だろう。二酸化炭素排出に伴う気候変動ないし地球温暖化問題を中心にすえ、未来世代のことを考慮しない現在の政治家等の意識・行動を容赦なく批判する内容やそのパフォーマンスが、賞賛と非難の両極の反応を引き起こしている。私がここで考えてみたいのは、彼女の主張そのものを論評することではなく、グレタさんのような言動や主張、あるいはそれに関連する様々な現象が、もっと大きな歴史の流れの中で、どのような意味を持っているかという点である。

さてこうした話題について吟味しようとする時、まず確認しておくべき基本的な認識について述べてみたい。

それは、**人類の歴史を大きく俯瞰すると、それは人口や経済の「拡大・成長」と「成熟・定常化」というサイクルをこれまで3回繰り返してきており、しかも、拡大・成長から成熟・定常化への〝移行〟期において、それまでに存在しなかったような革新的な思想や観念が生まれる**という点だ。

これは以前の拙著でも論じてきた内容だが、以下その要点を記したい。まず図表1－4を見てみよう。これは世界人口の超長期推移について先駆的な研究を行ったアメリカの生態学者ディーヴェイの仮説的な図式を示したものであり、世界人口の拡大・成長と成熟・定常化に関する3つのサイクルがたしかに見て取れる。

すなわち、第一のサイクルは私たちの祖先である現生人類（ホモ・サピエンス）が地球上に登場して以降の狩猟採集段階であり、第二のサイクルは約1万年前に農耕が始まって以降の拡

図表1-4　世界人口の超長期推移（ディーヴェイの仮説的図式）

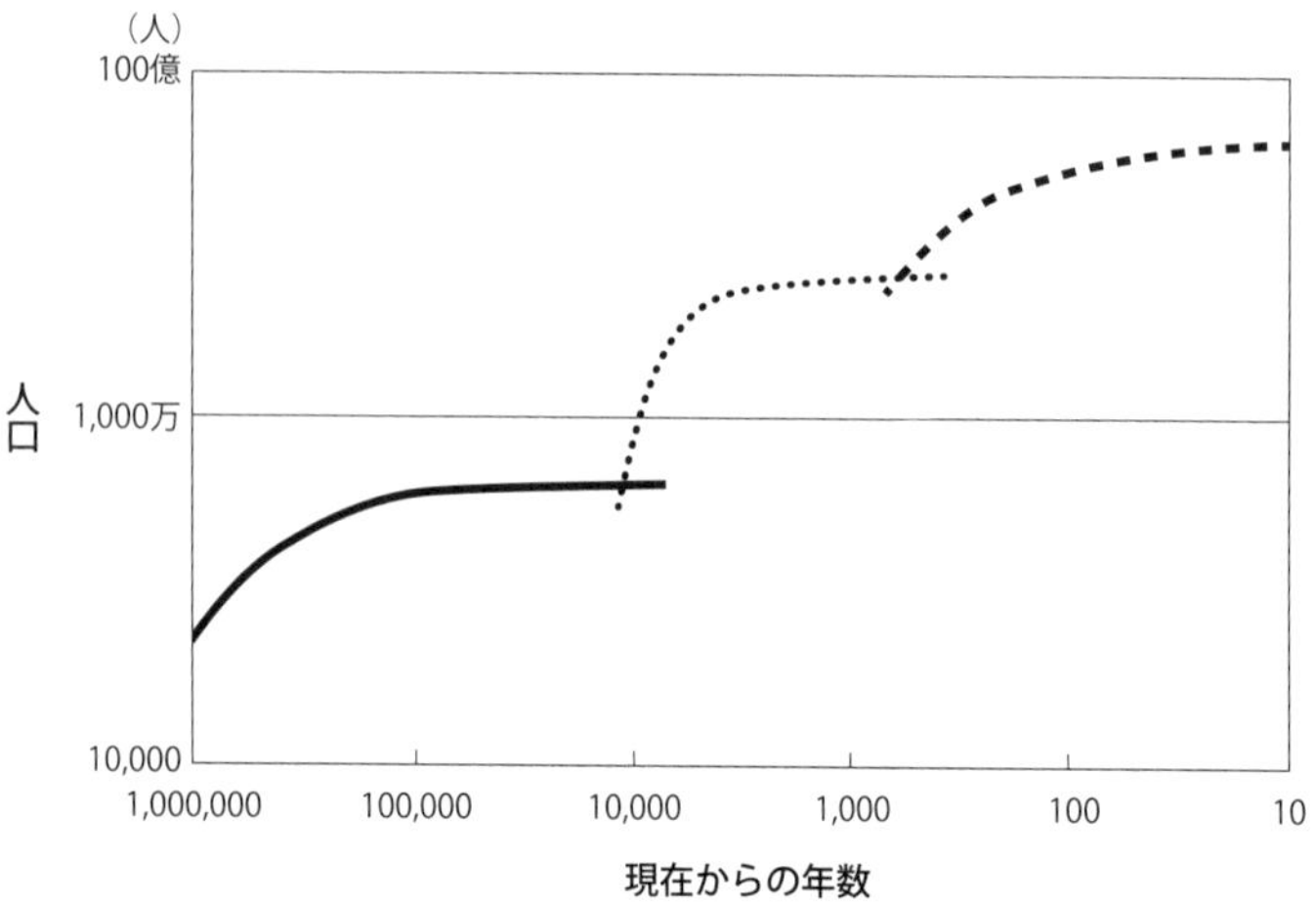

（出所）Cohen（1995）より作成。

大・成長期とその成熟であり、第三のサイクルは、近代あるいは産業革命以降ここ300〜400年前後の工業化社会である。この意味では、**現在の私たちは人類史の中での「第三の定常化」の時代への移行期に立っている**ことになる。

ところで、ではそもそもなぜ、人類の歴史においてこうした人口や経済の拡大・成長と定常化のサイクルが起こるのだろうか。

これは端的に言えば、**人間による「エネルギー」の利用形態**、あるいは少し強い言い方をすると、人間による〝自然の搾取〟の度合いという点と対応しているだろう。

つまり栄養分ないし有機化合物を自らつくることができるのは植物（の光合成という営み）だけなので、動物は植物を食べ、人間はさらにそれらを食べて生存を維持している。それが狩猟採集段階ということになるが、農耕が1万年前に始まったのは「食糧生産」、つまり植物の光合成をいわば人間が管理し、安定的な形で栄養を得る方法を見出したということである。

さらに近代ないし工業化の時代になると、「化石燃料」と呼ばれる石炭や石油を燃やし、大量のエネルギーを人間は得るようになった。しかしそもそも「化石燃料」とは何かというと、それは生物の死骸が〝数億年〟にわたって地下に蓄積した結果できたものである。

したがって、私たちは数億年という長い時間かかって作られた資源を、〝数百年〟でほとんど燃やし、使い尽くそうとしていることになる。その燃焼の過程で生まれる二酸化炭素量の急激な増加が温暖化を導くのは、ある意味で当然のこととも言えるだろう。

こうして人類史の話と、グレタさんや気候変動のテーマはつながっていくことになるし、同時にそれは昨今話題になることの多い「人新世（Anthropocene）」――オゾン層の研究でノーベル化学賞を受賞したクルッツェンが広めた、人類が地球の生態系に与える影響がこれまでの時代とは異なる新たな局面に入っているという把握――をめぐる議論とも関わってくる。ちなみに先ほどの人類史の議論での1万年前以降の農耕時代は、地質時代区分での「完新生（Holocene）」と対応しており、現在の世界はこの区分では説明できないというのが上記クルッツェンの問題意識だった。

話題を広げると、気候変動に関しては、セルビアが生んだ天才科学者といえるミルティン・ミランコビッチ（1879－1958）が発見した「ミランコビッチ・サイクル」というものがある。これは約10万年のサイクルで地球は氷期（9万年）と間氷期（1万年）を繰り返しており、その原因は地球の公転軌道に関する3つの要因（自転軸の傾斜角、離心率、歳差）の組み合わせであるという鮮明な把握だった。こうしたものを含めて気候変動については数万年から数億年に及ぶ学問分野横断的な探究が進んでおり、またそれらは近年における「プラネタリー・バウンダリー（地球の限界）」をめぐる議論ともつながっている（これらについてガフニー他［2022］、横山［2018］、中川［2017］参照）。

実は先ほど言及した「完新生」つまり農耕の開始時期以降、1万年以上にわたり地球の温度は間氷期の比較的温暖な気候で推移しており、ということはミランコビッチ・サイクルの論理でいけば、地球は今後むしろ〝寒冷化〟することも予想される。しかしそれを上回る規模の、二酸化炭素濃度増加による温室ガス効果があり、したがって今後も温暖化が進行していくというのが共通した認識となりつつある（たとえばベルギーの研究者ベルジェのシミュレーションでは、現在のような高い二酸化炭素レベルでは、少なくとも5万年は間氷期が続くとされている。横山［2018］）。

裏返して言えば、氷期と間氷期の交代に関するミランコビッチ・サイクルに示されるような、

10万年単位の自然のサイクルを変えてしまうほどの改変を、人間はここ数百年行っているということになり、それがすなわち「人類史における第三の拡大・成長」あるいは「人新世」ということになるだろう。

定常化への移行期における文化的創造

ともあれ以上のように、人間の歴史には「拡大・成長と定常化」のサイクルがあり、その3度目の定常化の時代を迎える入り口に立っているのが現在の私たちである。

そして、私が特に注目したいのは次の点にある。すなわちそれは、先ほど少しふれたように、人間の歴史における**拡大・成長から成熟・定常化への移行期において、それまでには存在しなかったような何らかの新たな思想ないし価値、あるいは倫理と呼べるものが生まれた**という点だ。

議論を駆け足で進めることになるが、しばらく前から人類学や考古学の分野で、**「心のビッグバン（意識のビッグバン）」**あるいは**「文化のビッグバン」**などと呼ばれている興味深い現象がある。たとえば加工された装飾品、絵画や彫刻などの芸術作品のようなものが今から約5万年前の時期に一気に現れることを指したものである（内田［2007］、海部［2005］、クライン他［2004］、ミズン［1998］）。

身近なイメージとしてはラスコーの洞窟壁画のような例が該当するが、日本の文脈では、時代はやや下るがいわゆる縄文土器（あるいは関連して発掘される耳飾りや首飾りなど）がわかりやすいケースだろう。

ここでのポイントは、こうした作品は〝実用性〟という機能を超え出ているという点である。これら土器の〝装飾〟的部分は、たとえばそれを使ってお湯をわかすとか食物を煮るといった実用性とはさしあたり無縁のもので、むしろ無駄だったり邪魔になったりする。

しかし視点を変えて見れば、そうした実用性、あるいは「現実世界」の利用ということを〝超え出た〟何かが生まれたということが、他でもなく人間の「心（あるいは意識）」が生まれたということとイコールなのではないか。

一方、人間の歴史を大きく俯瞰した時、もう一つ浮かび上がる精神的・文化的な面での大きな革新の時期がある。それはヤスパースが「**枢軸時代**」、科学史家の伊東俊太郎が「**精神革命**」と呼んだ、紀元前5世紀前後の時代である（ヤスパース［1964］、伊東［1985］、同［2022］）。

この時期ある意味で奇妙なことに、現在に続く普遍的な原理を提起するような思想が地球上の各地で〝同時多発的〟に生まれた。すなわちインドでの仏教、中国での儒教や老荘思想、ギリシャ哲学、中東での（キリスト教やイスラム教の源流となる）ユダヤ思想であり、それらは共通して、何らかの内的な価値ないし倫理を説いた点に特徴を持つものだった。

しかもそれは狭い意味での思想の領域にとどまらず、これら普遍思想の生成に伴って、やがて仏像・寺院建築などの仏教芸術、教会建築やキリスト教音楽、絵画など、様々な文化や芸術が大きく開花していったのである。

いま「奇妙なことに」これらが〝同時多発的〟に生じたと述べたが、その背景ないし原因は何だったのだろうか。興味深いことに、最近の環境史と呼ばれる分野において、この時代、以上の各地域において、農耕による開発と人口増加が進んだ結果として、森林の枯渇や土壌の侵食等が深刻な形で進み、農耕文明がある種の資源・環境制約に直面しつつあったということが明らかにされてきている（石他［2001］、ポンティング［1994］、広井［2011］参照）。

したがって、枢軸時代ないし精神革命に生成した普遍思想は、そうした資源・環境的制約の中で、いわば**「物質的生産の量的拡大から精神的・文化的発展へ」**という新たな発展の方向を導くような思想として生じたと考えられるのではないか。

言い換えると、いわば〝外〟に向かってひたすら拡大していくような「物質的生産の量的拡大」という方向が環境・資源制約にぶつかって立ち行かなくなり、そうした方向とは異なる、資源の浪費や自然の搾取を極力伴わないような、しかもポジティブな充足を伴うような発展への移行や新たな価値の創発がこの時代に生じたのではないか。

思えば、先ほどふれた「心のビッグバン」についても、それが同様のメカニズムで、狩猟採集文明の拡大・成長から定常化への移行の時期に生じたと考えてみるのは不合理なことではないだろう。つまり狩猟採集段階の前半において、狩猟採集という生産活動とその拡大に伴ってもっぱら外に向かっていた意識が、有限な環境の中で資源的制約にぶつかる中で、いわば〝内〟へと反転し、そこに物質的な有用性を超えた装飾やアートへの志向、それらを含む「心(意識)」の生成、そして「自然信仰」が生まれたのではないか。

以上の議論をまとめると、狩猟採集段階における成熟・定常化への移行期に「心のビッグバン」が生じ、農耕社会における同様の時期に枢軸時代／精神革命の諸思想(普遍思想ないし普遍宗教)が生成し、両者はいずれも「物質的生産の量的拡大から精神的・文化的発展へ」という内容において共通していたと考えられる(以上について詳しくは広井[2011]、同[2021]参照)。

以上述べてきたような、もっとも巨視的な人類史への視点をまとめたのが図表1-5となる。そして、現在が人類史における第三の定常化の時代だとすれば、「心のビッグバン」や「枢軸時代／精神革命」に匹敵するような、根本的に新しい思想や価値が生成する時代の入り口を私たちは迎えようとしていることになる。そうした思想について、私自身はこれまで「地球倫理」ということを考え、拙著の中で論じてきた(広井[2009b]、同[2021]等)。この話題については、次章での「幸福」に関するテーマにそくしてさらに考えてみたい。

図表1-5　人類史における拡大・成長と定常化のサイクル

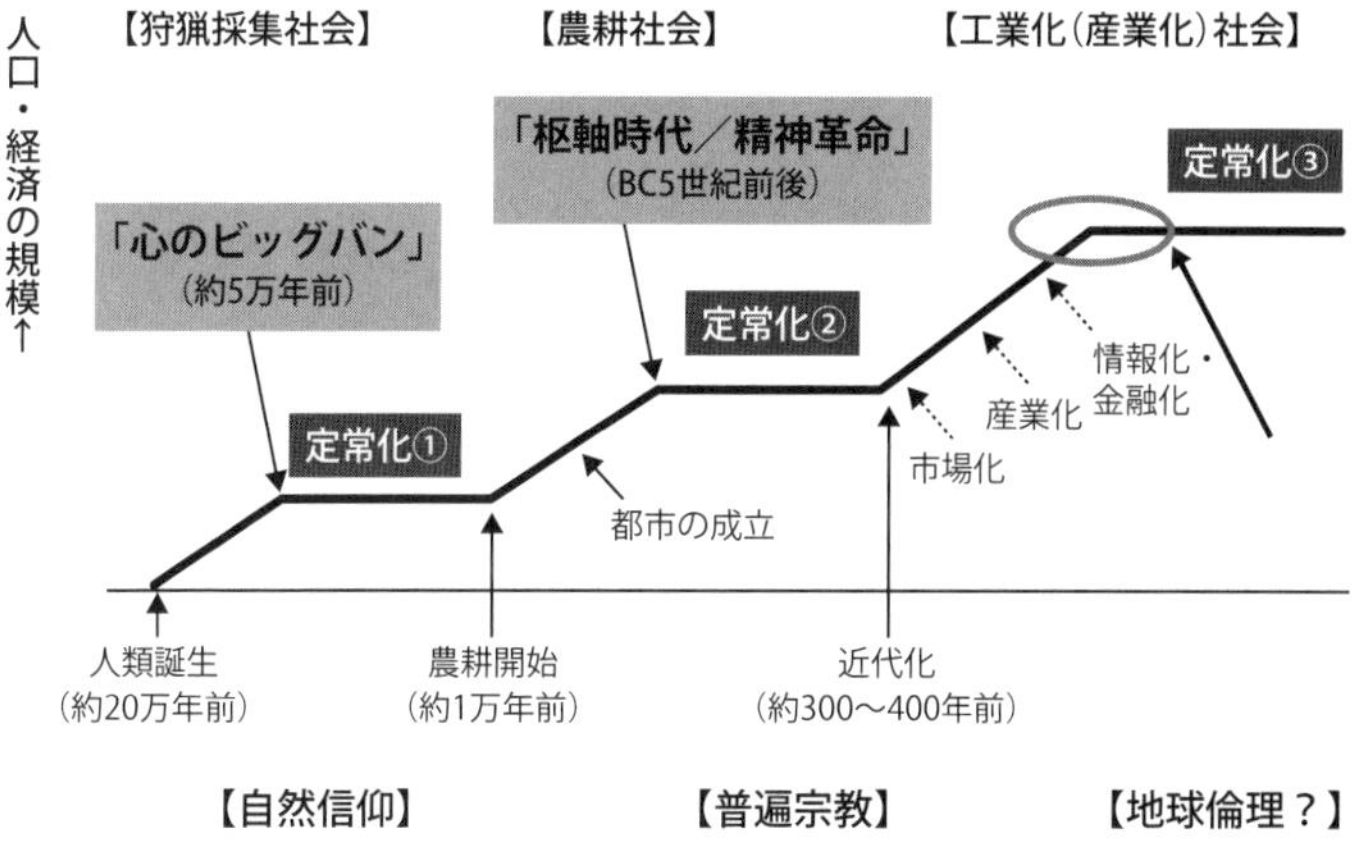

本節の最後に、私たちが人類史における「第三の定常化」への移行期を生きつつあることを、近年の人口の推移に関して補足しておこう。

世界人口のトレンドについて人口学者のルッツは、「20世紀が人口増加の世紀――世界人口は16億から61億にまで増加した――だったとすれば、21世紀は世界人口の増加の終焉と人口高齢化の世紀となるだろう」と述べている（Lutz et al.［2004］）。この把握は、これからの時代の基本認識として重要と言えるだろう。

実際、先進諸国や東アジアの人口はすでに成熟ないし（日本のように）減少局面に入っている（中国も2022年から人口減少）。当面人口増加が維持されるのはアフリカだが、それも21世紀半ばには成熟期に入る。その結果、昨年（2022年）出された国連の人口推計では、世界人口は

図表1-6　世界人口の展望

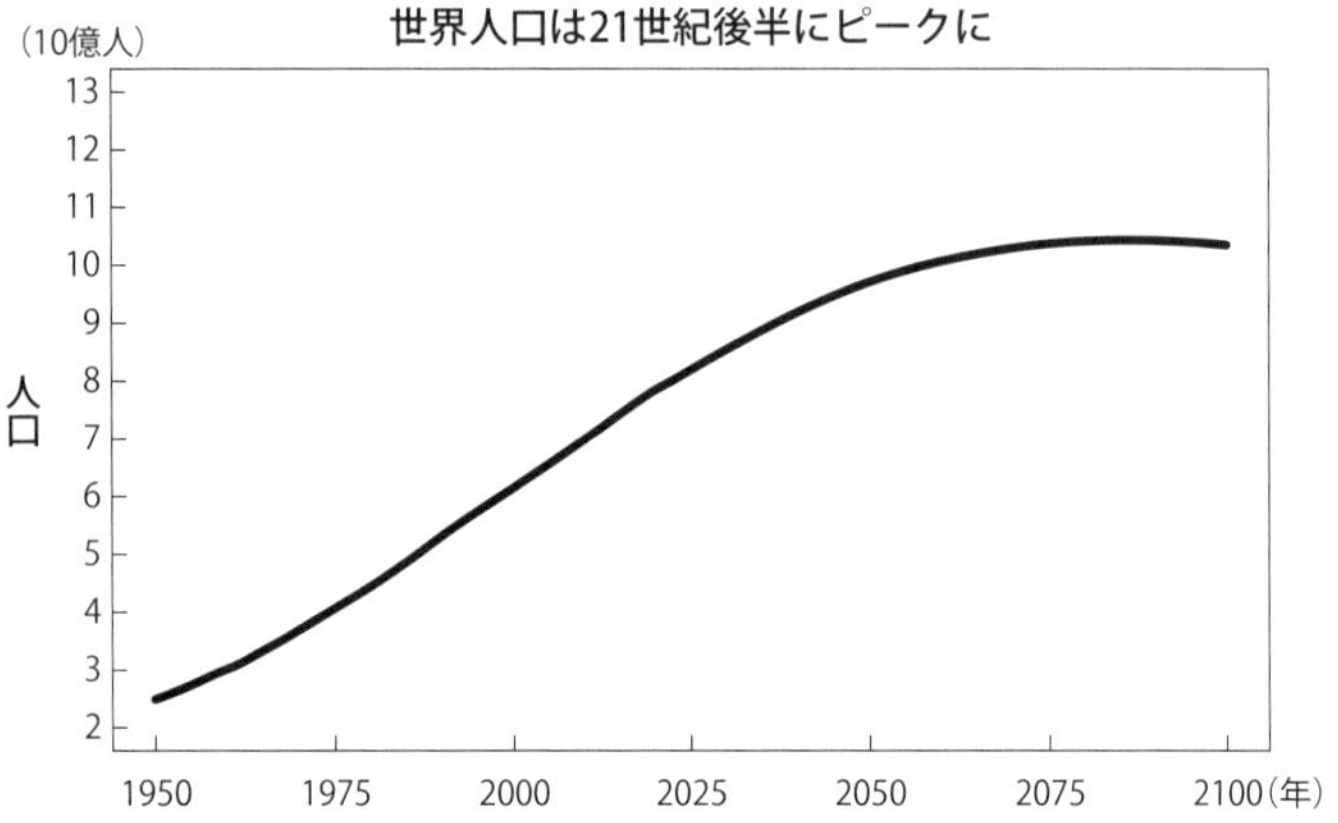

（出所）United Nations, *World Population Prospects 2022* より作成。

2086年に104億人でピークに達すると予測されている（図表1-6）。これは前回の国連推計では2100年に109億人でピークに達するとされていたのが〝下方修正〟されたものである（今回に限らず、ここしばらくの国連の人口推計は下方修正が続いている）。

私はこうした展望を以前から「**グローバル定常型社会**」と呼んできた。それは「21世紀半ばに向けて世界は、高齢化が高度に進み、人口や資源消費も均衡化するような、ある定常点に向かいつつあるし、またそうならなければ持続可能ではない」という把握である（広井［1999］、同［2009b］）。

いずれにしても、こうした点からも現在という時代が「人類史における第三の定常化」への移行期であることは確かであり、本書の中でも様々な形で述べていくように、「限りない拡大・成長」を前提とする思考様式や価値観からの転換が求められている。

3 ビッグ・ヒストリーとコスモロジー——数億年超の時間軸

近代科学とコスモロジー

本章では、「未来」と科学の関わりをテーマとしつつ、(1)では私たちの研究グループが近年進めているＡＩを活用した未来シミュレーションを手がかりに、(2)では「人類史における拡大・成長と定常化」という視点を軸に議論を行ってきた。

大きく言えば、(1)は話題がＡＩであるため〝理系〟的な色彩が強く、(2)は「心のビッグバン」や「枢軸時代／精神革命」を含め〝文系〟的な性格が強いアプローチと言えようが、しかしそれぞれに〝文・理〟の要素が含まれている。つまるところ、人間や社会、環境や自然の

「過去・現在・未来」を展望しようと思えば、それは文系・理系といった区分、あるいは個々の学問分野に収まるはずはなく、文字通り〝文理融合〟的、あるいは分野横断的な発想や探究が重要になってくる。

ところでいま「過去・現在・未来」という表現を使ったが、これは言い換えれば、本章の初めで言及した「私（たち）はどこから来て、どこに向かうのか」という問いとつながるだろう。そしてそれは「コスモロジー」、つまり宇宙や世界全体の中で私たちはどういう場所にいるのかという理解の枠組みないし世界観と重なり、ひいてはその中で私の生や死にどのような意味があるのかという、死生観をめぐるテーマとも連結する。本節で考えてみたいのは、そうした「コスモロジー」と科学との関係であり、話題の性格上、時間軸あるいは「未来」の射程はさらにスケールが大きくなり、数億年あるいはそれ以上に広がることになる。

ちなみに『火の鳥』「未来編」では、地球に一人残った主人公（マサト）は、やがて時間と空間を超越した「超生命体」となり、地球の歴史の中で「生物が現れて何十億年もの間にゆっくりと進化し、おしまいに人間に進化するまで」を見守ることになり、そこで「ナメクジ文明」の盛衰を見届けた後も生き、やがて「宇宙生命（コスモゾーン）」となって、物語が終盤に至るという展開をとっていた。

さて「コスモロジー」と科学との関係については、一般に17世紀に成立した近代科学は、こうしたコスモロジー、つまり人間がこの世界や宇宙に存在することの「意味」について直接言及するのを避けてきたと言われる。

たとえば、20世紀の代表的な科学史家の一人であるアレクサンドル・コイレは、著書『閉じた世界から無限宇宙へ』の中で、中世まで人々は（キリスト教の信仰を含め）秩序ある「コスモス」の中を生きていたが、近代科学の成立とそれ以降の展開に伴い、無機的な「無限宇宙」の中に放り出されていった過程を論述している。こうして世界からは「意味」が失われ、人間ないし個人はそうした機械的な無限宇宙の中で振る舞う原子のような存在として位置づけられた（コイレ［1973］）。

これは、近代社会以降、それまで社会の中で「宗教」（あるいは神話）が果たしていた役割が相対的に弱まり、それに「科学」が取って代わっていったプロセスと言うこともできるし、「宗教と科学」が互いに分離していった過程と言うこともできる。

しかし人間は生きていく上で、狭い意味の（特定の教義に根差した）宗教でなくとも、先ほど「コスモロジー」あるいは死生観と呼んだような、何らかの形で生（と死）を意味づける世界観を求めるのではないか。それは他でもなく、先述の「私（たち）はどこから来て、どこに向かうのか」という問いに関わるものである。

こうした話題について、ここで取り上げてみたい近年の展開がある。それは、歴史学者デヴィッド・クリスチャンを中心とする「ビッグ・ヒストリー」という試みだ。

「ビッグ・ヒストリー」という試み

デヴィッド・クリスチャンはオックスフォード大学で歴史の学位を取得した後、シドニーにあるマッコーリー大学教授として長く過ごした研究者で、１９９１年に「ビッグ・ヒストリー」というコンセプトを唱え、２００４年にはその内容を体系的に記述した６００ページに及ぶ大著『時間の地図（*Maps of Time*）』を刊行している（Christian［２００４］）。

関連して記すと、デヴィッド・クリスチャンがビッグ・ヒストリーの概要を20分弱で講義した「ＴＥＤ」のプレゼンテーション動画（２０１１年公開）は、驚くべきことに全世界で１２００万ビューを超える視聴を得ている。また、マイクロソフトのビル・ゲイツがこのビッグ・ヒストリーの試みに大きな感銘を受け、その内容を世界の中学生等に教えるプログラムに積極的な支援を行っている。

ちなみに私は京大での「現代社会論」というゼミで、上記のＴＥＤ動画を教材として何度か使ったことがあるが、学生の反応は結構大きく、世界を見る新たな視点を得たといった類の意見が多く出された。

では「ビッグ・ヒストリー」とは何かというと、ある意味でそれはシンプルで、宇宙の誕生から地球の生成、そこでの生命の発生、そして人間の誕生とそれ以降の歴史を一貫した視座の下でとらえ返し、私たち人間が今いる場所を明らかにし、未来に向けた展望を得ようとする内容のものである。

単純に言えば、以上のうち宇宙、地球、生命の歴史に関わる領域は主に〝理系〟が扱ってきたテーマであり——ただし〝理系〟と一口に言ってもそれは（宇宙）物理学、地球科学、進化生物学、生命科学系の諸分野など多領域に及ぶ——、人間の歴史に関わる領域は人類学、考古学、歴史学など〝文系〟が扱ってきたテーマになるので、それらの全体を統合的に把握していこうとする「ビッグ・ヒストリー」の試みは、自ずと文理融合的ないし学問分野横断的な性格のものになる。

また、ビッグ・ヒストリーでのもっとも基本な軸になっているのは、宇宙の歴史は「複雑さ」が増していく過程であるという把握であり、そこには何度かの「敷居（閾、threshold）」あるいは「創発（emergence）」と呼ばれる節

デヴィッド・クリスチャン『時間の地図』（2004年）

目があるとされる。具体的には「(1)ビッグバン：宇宙の起源」「(2)恒星」「(3)より重い化学元素」「(4)惑星」「(5)生命」「(6)ホモ・サピエンス」「(7)農業」「(8)現代世界／人新世」という段階である。なお閾の設定の仕方や複雑性の視点等については、同じくビッグ・ヒストリーの論者の一人であるフレッド・スピアの影響なども受けつつクリスチャンの一連の著作の中で変遷が見られる(Spier［2011］)。

ビッグ・ヒストリーのもう少し詳しい内容や、それに対する私の若干のコメントについては、拙著『無と意識の人類史』(2021年)の中である程度述べたので、ここでは深入りしない。しかしいずれにしても、以上の記載からもある程度うかがえるように、こうした試みは、自然科学から人文・社会科学までを含む科学あるいは学問の様々な分野を横断し総合化することを通じて、上記のような宇宙、地球、生命、人間の全体を包含する時間の流れを一つの視座の中に定位し、まさに先ほどの「私(たち)はどこから来て、どこに向かうのか」という問いに対する(現在までの諸科学の探究の到達点を踏まえた)一つの展望を示そうとする試みであり、きわめて意義の大きいものと私は思う(ただし、内容的には様々な不満や「もの足りなさ」もあり、それらについては前掲の拙著を参照いただければ幸いである)。

そして考えてみれば、こうしたビッグ・ヒストリーの試みは、先ほど述べたように近代科学において失われていった「コスモロジー」を、もう一度回復しようとする取り組みであるとも言えるだろう。

この点とも関連するが、そもそもなぜ今、こうした試みが浮上し、あるいはこうしたテーマに対する人々の関心が高まっているのだろうか。

いくつかの背景が考えられるが、もっとも根本的な点として次のような時代状況があるのではないか。すなわち、本書の中でこれから考えていく話題ともつながるが、経済社会あるいは資本主義のあり方が変容し、あるいは様々な矛盾が顕在化し、「限りない拡大・成長」や「人間による自然のコントロール」をひたすら追求するような方向に疑義が生じているのが現在である。そうした中で、**環境の有限性を視野に入れながら、人間と自然の両者を含む生態系や宇宙の歩みを、大きな視座において理解しとらえ返そうという関心**が高まっているという点である。

「未来」の諸次元

ところで、ここまでの記述に示されているように、ビッグ・ヒストリーは基本的にビッグバンを通じた宇宙の誕生から「現在」までの歴史、つまりその意味では「過去」の話を中心とするものだが、興味深いことに、ビッグ・ヒストリー関連の著作群の中で、その最後に「未来の歴史」に関する章を入れている作品がある（クリスチャン他［２０１６］）。

それは「私（たち）はどこから来て、どこに向かうのか」という問いの、「どこに向かうのか」

に照応するものとも言えるが、そこでは「未来」がさしあたり以下の3つに区分して論じられている。

①近未来：これからの約100年間
②中期的な未来：これからの数千年間
③はるか先の未来：これからの数十億年単位の先の未来

このうち①は、比較的予測がしやすいとされ、そこでは世界人口の動向、そして化石燃料や食糧の限界、気候の不安定化、生態系の劣化等、いわゆる地球環境問題の文脈で語られるような論点が指摘され、並行して民主主義やグローバリゼーション、コミュニケーション、都市等をめぐるテーマが示される。確かにこれらの話題は、その正確な予測は困難であるにしても、少なくとも何が課題であるかの〝地図〟ないし展望のようなものはある程度把握することができるだろう。

これに対し、上記②の「中期的な未来」は、①〜③のうちでもっとも予測が困難とされ、SF作品などがしばしば扱ってきた領域であるとされている。

思えば先ほどもふれた、手塚治虫の『火の鳥』は、その時間軸の壮大な長さ、そして〝文理融合的〟性格といった点で、ある意味で「ビッグ・ヒストリー」そのものとも言える作品だが、その「未来編」での舞台は「紀元3404年」の地球だった。今から約1400年後の未来である。

いわゆるユートピア／ディストピアという視点や、他の惑星あるいは太陽系外への移住といったテーマも、この「中期的な未来」においてしばしば登場する話題である。しかし一方、こうした数千年先の未来となると、自分たちの孫、あるいは想像可能な将来世代が生きる世界という範囲を大きく超えていくので、具体的なリアリティを持った議論にはなりにくい面があるだろう。

ではさらに遠い、③の「はるか先の未来」はどうか。興味深いのは、**意外にもこの次元になると、むしろ②よりもある意味で未来の予測が容易になる**、と同書が論じている点だ。

その理由は、このレベルの未来（数十億年単位の先の未来）になると、人間社会についての予測というよりは、地球そして宇宙の未来という次元のテーマとなり、しかもそれらについては近年の地球科学や宇宙物理学の発展の中で、（なお諸説があるにしても）かなり多くのことが明らかになってきているからである。

逆に言えば、人間の社会や個人の行動はこの世界の中でももっとも〝複雑〟な現象であって予想が困難であるのに対し、自然現象（の超長期展望）はある意味で予想が容易なのだ。これは言われて見ればその通りだが、どこか不思議な感覚をもたらす面があり、いずれにしてもこの点は「未来」というものを考えるにあたっての重要なポイントになるだろう。

具体的には、この「はるか先の未来」の記述では、たとえば今から1億年ほど先に、地球上の諸大陸が集合して「超大陸アメイジア」が形成されるとか、30億年ないし40億年後には太陽の燃料が燃え尽き、やがて太陽は再び膨張し始めて赤色巨星の段階に進み、地球は太陽に飲み込まれることになるといったことが、かなりの確度で予測されるということが示されている。

さらに太陽は再び縮小して白色矮星となり、やがてその寿命を迎え、一方その頃には私たちの銀河（天の川）が近隣のアンドロメダ銀河と衝突する等々といったことが語られる。

そして宇宙全体については、次第に収縮していく（ビッグクランチ）、膨張と収縮を繰り返す（サイクリック宇宙論）等々の諸説がなお存在し、定まった結論に至っていないが、時間とともに宇宙の膨張速度が加速していることが明らかになったので――この発見は２０１１年のノーベル物理学賞の対象となった――、多くの宇宙論研究者はその方向での展開が順次進んでいくと考えるようになっている。具体的には、恒星がなくなる、膨張し続ける宇宙の中で残された物質はばらばらに孤立していく、ブラックホールも蒸発しやがて消滅する等々であり、こうした過程をへて、宇宙は一種の「死の世界」へと還《かえ》っていくとされる（クリスチャン等前掲書）。

なお、これらは「10（年）を10乗し、さらにその76乗」といった時間軸の話であり――比喩的に「億兆」という単位が使われる――、それは宇宙が誕生してから現在までの138億年という年月よりもはるかに長い時間である。つまり興味深いことに私たちは、宇宙全体の歴史ないし寿命――これも上記のように様々な論があり確定しているわけではないが――の中で、比較的その〝初期〟の時代を生きていることになる。

地球、太陽そして宇宙の「死」

ちなみに、左の写真は一般向け科学雑誌『Newton』の2020年2月号の表紙だが、この号の特集テーマは「宇宙の終わり」となっており、以上の話と同様の事柄がわかりやすいイラストとともに述べられている。

『Newton』2020年2月号

そこでは「太陽系の終わり」「天体の時代の終わり」「宇宙の死と転生」という3つのパートで議論が構成されており、たとえば「太陽系の終わり」のところでは「灼熱化する地球」、「地球の死」、「太陽の死」といった話題にそくして解説がなされている。そしてさらにその後の展開として、先ほどのビッグ・ヒストリーでの記述と同様に、「恒星の死」「ブラックホールの死」「宇宙の死」等々という具合に話が進んでいく。

もちろんここでの「死」という表現は一種の比喩であるにしても、宇宙論の領域でこのように〝終わり〟あるいは世界の〝有限性〟に関する記述が見られるのは、私にとってそれ自体印象的である。

多少話題を広げることになるが、昔さだまさしの歌に「防人《さきもり》の詩」というのがあり、その歌詞が記憶に残っていた。生きとし生けるもののすべてに生命の限りがあるのだとすれば、「山は死にますか」「風はどうですか」「空もそうですか」と問いかける内容である。

ある意味で以上のような現代の宇宙論は、そうした問いに対して一つの答えを提示しているとも言えるだろう。

それをどう解釈し、受け止めるかというのは各人の世界観や死生観に委ねられているが、私自身について言えば、このような把握――遠い未来に、地球も太陽も、そして宇宙もやがて終わりを迎える――は、それ自体決してネガティブなものではなく、見方によってはある種の安堵に通じる感覚を与えてくれるものであるようにも思える。それは（時間の果てにおいて）「私の無と宇宙の無が重なり合う」、「私も宇宙も無に還る」と呼べるような理解である。

現代科学とコスモロジー

ビッグ・ヒストリーに関連する書籍群のうち、ここで紹介している著作はその最後を次のような文章でまとめている。

「こうした未来予測の観点からするとそれほど歳をとっていない宇宙（もちろん138億年という宇宙の年齢は私たちにとっては、とてつもなく古いと思われるが）に、それが緑あふれる春の時期に、すなわち宇宙が恒星、惑星および生物、さらには人間さえも含む複雑な存在を生み出すのに必要な、多大なエネルギーと物質的な成分その他もろもろに満たされている時期に、私たちが生きていることを知る」（クリスチャン等前掲書）

宇宙の全歴史の中の、その比較的初期の「緑あふれる春の時期」に私たちは生きているという把握が示されている。ある意味でずいぶん悠長というか、〝浮世離れした〟記述に感じられるというのが多くの人が抱く印象だと思われるが、私自身はこうした展望――一つのコスモロジー――は、一概に否定されるべきものではないように思う。

それはおそらく、本章で述べている「私（たち）はどこから来て、どこに向かうのか」という問いに対する、新たな現代的回答の一つなのである。もちろん、こうした見方を支持するかどうかは、当然のことながらそれぞれの個人に委ねられている。

このように考えていくと、科学はコスモロジーそのものを示すというよりは、人々あるいは個々人がよりどころとしうるような、「コスモロジーの素材」ないしその土台の一つを提供するものととらえられるかもしれない。あるいは、少なくとも現代における科学の展開（の一部）は、そうしたコスモロジーの素材になりうるという性格を持つに至っているのではないか。

つまり、ビッグ・ヒストリーの試みがそうであるように、文系・理系を問わず、様々な学問分野を横断していくような総合化の動きが生まれ、また先述のように、人間が環境ないし世界の有限性を認識する中で「人間と自然の両者を含む生態系とその歩みをトータルに理解」することが進展していく。そうした中で、科学がコスモロジーの素材となるものを提供し、あるいはその限りにおいて科学とコスモロジーが接近し、それを手がかりの一つとしながら各人がそれぞれの自然観や死生観を考えていく時代になっていくと思えるのである（この話題は最後にもう一度立ち返りたい）。

「持続可能性」の意味、そして「死」の先

以上で私は本章の記述をいったん終えようと思っていたが、やはりここでどうしても生じる、

以下のような問いに触れないわけにはいかないだろう。

それは、①「持続可能性（サステナビリティ）」の意味、そして②「死の先にあるもの」という二つの問いである。

まず前者について。本章でもすでに言及してきたように、昨今、気候変動や地球環境問題などの文脈で「持続可能性」ということがしばしば言われるわけだが、もしも以上のように**地球や太陽、そして宇宙も最後には消滅するのだとしたら、人類や地球の「持続可能性」を論じることにどれだけの意味があるのか**、それは多少の〝延命措置〟に過ぎないのではないか、という疑問である（地球について言えば、太陽の明るさが増しやがて膨張して地球を飲み込むとすれば、少なくともその前段階で人類が消滅することは言を俟たない）。

これについては、まず次のように答えることが可能だろう。すなわち、以上のような議論は「時間軸」のスケールの違いを無視している。気候変動などの文脈で論じられる「持続可能性」は、さしあたりこの100年（ないし200年）、つまり先ほどのビッグ・ヒストリーでの「近未来」に相当するような時間の話であり、それに対して上記の地球の死、太陽の死等をめぐる議論は数十億年かそれ以上の時間軸のもので、時間の射程が全く異なっており、同列に論じることができないという点である。

さしあたり以上が上記の疑問に対する回答になると思うが、それでもなお次のように問う人がいるかもしれない。

それはこの場合、時間の長短はさして問題ではない。つまり（はるか遠い未来であっても）〝最終的に〟人類や地球、太陽等に終わりが来るのであれば、気候変動などの文脈で人類や地球の「持続可能性」を論じることには本質的な意味がないのではないかという意見だ。

一見観念の遊びのように響くかもしれないが、ここには無視できない根本的なテーマが含まれていると思う。

この話題については、以前の拙著（『グローバル定常型社会』）でも言及したが、私は次のような視点が重要ではないかと考えている。それは、**「持続可能性」というコンセプトは単に〝量的な時間の長さ〟を意味するのではなく、そこには〝質的〟な要素が含まれている**のではないかという点だ。つまり、人類が有限な地球環境の中でどれだけ「長く」存続していけるかという点だけが問題なのではなく、人間と自然の関係性のありようや、人間社会内部の関係性や格差、支配、平等、共生等といった事柄――そこには「世代間」の関係性も含まれる――が問われている、ということである。

思えばこの話題は、個人の人生の長短や死生観をめぐる議論ともつながる性格のものである。つまりいわゆる延命医療をめぐるテーマがそうであるように、人生の価値や意味をその「長さ」だけで考えてよいのかという話題である。

ここでは「ＱＯＬ（Quality of Life）」という、ある意味で使い古されてきた言葉――これは〝生活の質〟とも〝生命の質〟とも、また〝人生の質〟とも訳すことができる――が、新たな重みを持って浮かび上がってくるだろう。

一方、先ほど「二つの問い」と記したうちの第二の問い、つまり「死の先にあるもの」という問いについてはどうか。それは**「宇宙の死」、つまり「すべてのものの死」の〝先〟には何があるのか**という問いである。

これについては、やはりこれまでの拙著（広井［１９９４ａ］、同［２００１ｂ］、同［２０２１］）の中で様々に論じてきた話題なので、詳述することは避けたいが、あえて一言で言えば、それは「有と無のいずれをも超えた世界」「時間そのものがない世界」ということになる。そして、少し考えてみればわかるように、そもそも時間そのものが存在しないという点において、実はそれは「宇宙の始まる〝前〟」の世界と同じになる。この意味で、「死」とは〝未知の世界〟への移行と言うより、むしろ「もといた場所に〝還っていく〟こと」と考えられるのである。

先ほど「宇宙の終わり」に関する箇所で、（時間の果てにおいて）「私の無と宇宙の無が重なり合う」、「私も宇宙も無に還る」という表現を使ったが、これらはいま述べたこととつながるだろう。

マルチバースとコスモロジー

コスモロジーに関するここでの話題に関して最後にもう1点付け加えると、現代の物理学ないし宇宙論に「マルチバース」という考え方がある。

それは文字通り、「ユニバース」に対する「マルチ（=複数の）バース」であり、つまり私たちの宇宙は、無数に存在する宇宙の一つに過ぎないという見方だ。宇宙は無数に生成し消滅していると言ってもよい。こうしたマルチバースについては、世の中に多く存在する一般向けの宇宙論の本でも様々な形で述べられており、私自身も以前の拙著でその意味について論じたことがある（広井［2013］）。

では、こうしたマルチバースの考え方は、本章で述べているコスモロジーあるいは死生観とはどのように関係するだろうか。この点に関して、宇宙物理学者でカリフォルニア大学バークレー校教授の野村泰紀氏の最近の著書『なぜ宇宙は存在するのか』に、次のような印象的な一節がある。

「マルチバース理論は、私たちが全宇宙と思っていたものが、無数の泡宇宙の中のたった一つにすぎないと教えてくれます。（中略）タンパク質のような小さな分子も、太陽のような恒星も、生まれては消えていきます。そして、宇宙もまたそうであるようなのです。**マルチバースは、現代物理学が到達した極めて「革命的」な描像ではありますが、諸行無常に慣れ親しんだ私たち日本人にとっては、もしかしたらより自然なものに感じられるかもしれません**」（野村［2022］、強調引用者）

強調した部分は、この書物全体の最後の文章であり、さらりと書かれた印象の一節だが、なるほど確かにそうかもしれないという余韻を私に与えてくれるものだった。

思えば先ほど「宇宙の死」について述べた部分で、「遠い未来に、地球も太陽も、そして宇宙もやがて終わりを迎える」という把握は「それ自体決してネガティブなものではなく、見方によってはある種の安堵に通じる感覚を与えてくれる」と記したのだが、マルチバースに関する上記の野村氏の指摘はこれとも通じるもののようにも思える。それはまた、さしあたって「生命」「地球」そして「（この）宇宙」をめぐる物語としての手塚治虫の『火の鳥』の関心や射程を、現代宇宙論の知見にそくして新たに展開した議論とも言えるかもしれない。

ところでこの場合、無数のマルチバースが泡のように生まれては消えると言っても、個々のマルチバースを超えて存在する独立した時間座標があるわけではない。

振り返れば、ビッグ・ヒストリーの議論には、どこか（「世界の始まりと終わり」という）キリスト教的な直線的（線分的）時間をベースとする世界観のニュアンスがあった。それはビッグ・ヒストリーが、近代科学がその宗教的な基盤やコスモロジーから離れていったことに対して、もう一度それを回復するという意味を持った試みであることからの帰結とも言える（と言っても、宇宙あるいは世界の終わりの「先」に究極の〝救済〟や〝永遠の生命〟が控えているといった終末論的な内容が含まれているわけではない）。

しかし上記のマルチバース論にまで至ると、宇宙あるいは世界の全体を貫く唯一の時間座標という観念は背景に退き、したがって（個々の）宇宙はいわば時間を超えた永遠（空）の中に浮かぶ〝島〟のようなものとして把握されるので、ある意味で仏教的とも呼びうるような世界観に接近するとも言える。

私は前著『無と意識の人類史』の終わりの部分で、「現代における物理学や関連諸科学の展開は、（中略）意外にもキリスト教と仏教の時間観ないし世界観を接近させている（あるいは総合化している）」と記したが、マルチバースをめぐる議論はそうした方向を象徴しているとも思えるのである。

「科学とコスモロジーの再融合」をめぐる展望

本節では、近代科学の成立以降、「科学とコスモロジー」は互いに分離していったが、それが再び〝再融合〟する時代を迎えているということを述べてきた。

なぜそうなるのだろうか。本節の冒頭でコイレの『閉じた世界から無限宇宙へ』にそくして述べたように、近代科学においては〝宇宙あるいは世界の「無限性」〟ということが基本的な前提とされたのだった。

しかしながら、逆説的なことに、近代科学とそれに基づくテクノロジーによって地球環境の改変と資源の枯渇が進んだ結果、人間は環境や世界（ひいては宇宙）の「有限性」を再び自覚するに至った。

そしてまさにその過程と並行して、科学そのものの自然理解も、（a）人間とそれをとりまく環境や自然を連続的なものとしてとらえるようになり、また（b）要素還元主義的な自然理解でなく生態学的ないしシステム的・有機的な自然理解が進展する中で、近代科学の基本的な軸であった①「人間と自然の切断」（ないし人間による自然支配）、②「要素還元主義」という二つの原理が変容しつつあるのである。

こうしたテーマを含め、これからの時代の科学と社会、人間のあり方について、本書の中で多面的な角度から考えていきたい。

第2章

なぜいま「幸福」が社会的テーマとなるのか

昨今、「幸福」あるいは「ウェルビーイング」というテーマへの関心が高まっている。「GDP（国内総生産）」に代わる「GDW（グロス・ドメスティック・ウェルビーイング）」というコンセプトが唱えられたり、様々な企業が「ウェルビーイング」に注目した展開を進めたりするなど、ビジネスや経済・経営の領域にまで広がっているのが最近の動きの特徴と言えるだろう。

こうした動きの背景にあるのは、GDPのような従来型の経済指標だけでは、現在という時代にそくした「豊かさ」や人々の求めるものは把握できず、それに代わる指標ないしコンセプトが必要になっているという認識である。

私自身は、以前の拙著（『ポスト資本主義』）でも言及したように、これからの時代においては「持続可能性（サステナビリティ）」と「幸福（ウェルビーイング）」の二者が、いわば〝車の両輪〟

のような形で中心的な重要性を担っていくと考えている。

つまり、これまでのような「GDPの限りない拡大・成長」を追求するような経済社会のありようが、地球環境や資源の有限性にぶつかる中で、「持続可能性」ということに軸足を置いた姿への転換を余儀なくされると同時に、では「GDPの増加」という従来の目標に代わる「価値」はそもそも何かという問いが浮上し、そうした文脈において「幸福（ウェルビーイング）」というテーマが立ち上がるのである。

ここではこうした「幸福」ないし「ウェルビーイング」をめぐる近年の動向の意味を、科学との関係を含めて幅広い視点からとらえ返してみたい。

「幸福」をめぐる政策展開の流れ

もともとこうした「幸福」ないし「ウェルビーイング」への注目は、すでにある程度知られているように、ヒマラヤ山脈の麓に広がる小国ブータンが1970年代から唱えている「GNH（グロス・ナショナル・ハピネス、国民総幸福量）」に一つのルーツを持つものだった。

時代の流れを確認すると、こうした話題への関心はリーマンショックが起こった2008年頃から新たな局面に入り、たとえば2010年には、フランスのサルコジ大統領（当時）の委託を受け、ノーベル経済学賞を受賞したスティグリッツやセンといった著名な経済学者が「GDP

に代わる指標」に関する報告書を刊行している（Stiglitz et al.［2010］）。

また、先進諸国の集まりであるOECD（経済協力開発機構）も「Better Life Initiative（よりよい生活に向けたイニシアチブ）」と呼ばれるプロジェクトをスタートさせ、2011年には幸福度指標に関する報告書（"How's Life?: Measuring Well-being"）をまとめ、さらに続編を逐次公刊している。

日本での動きはどうか。日本の場合、内閣府に設置された「幸福度に関する研究会」の報告書が2011年にまとめられているが（私も委員の一人として参加）、**実は日本において特徴的なのは、意外にも地方自治体がこうした動きに先駆的に取り組んできていること**である。

もっとも先駆け的な展開を進めたのは東京都荒川区で、同区は2005年という早い時期に「GAH（グロス・アラカワ・ハピネス。荒川区民総幸福度）」を提唱するとともに、2009年には区独自のシンクタンク（荒川区自治総合研究所）を設立し、住民の幸福度に関する調査研究や指標づくりに着手し、2012年には6領域、46項目にわたる独自の幸福度指標を策定し公表している。さらに指標づくりだけにとどまらず、並行して「子どもの貧困」、「地域力」といったテーマを順次取り上げ、幸福度に関する研究を具体的な政策にフィードバックさせる試みを行ってきているのである。

さらに、以上のような展開に共鳴した全国各地の市町村が、「幸せリーグ（住民の幸福実感向上

自治体における幸福政策の展開

を目指す基礎自治体連合）」というネットワークを発足させ（2013年）、幸福度に関する指標づくりや政策展開について様々な連携を進めている（現在約80の市町村が参加しており、私は顧問の一人）。

ちなみに、都道府県のレベルでも幸福度指標に関する様々な動きが進んでいるが、特に近年、幸福度指標に関する展開を丹念な調査とともに進め、かつそれを政策に具体的につなげる形で展開してきている県として岩手県が挙げられる。同県は2016年から17年にかけて有識者からなる「『岩手の幸福に関する指標』研究会」を設置して検討を行い、独自の幸福度指標を策定すると同時に、さらにその内容を2019年3月に策定された「いわて県民計画」に盛り込んだのである。

以上、この話題をめぐる世界と日本の大きな流れをまず確認したのだが、こうした話をすると、ある意味で当然のことながら、次のような根本的な疑問が浮かんでくるだろう。それは、

「幸福は個人によってきわめて多様かつ主観的なものであり、それを数字で指標化することなどできないし、ましてやそれを行政が政策に活用するといったことはありえない」


という疑問である。

これはごくもっともな疑問で、このテーマだけで一冊の本になるような広がりと深さを持つような話題だが、しかし基本的な論点はある意味でシンプルであり、以下これについてさらに考えてみよう。

幸福の重層構造――個体・つながり・自己実現

ポイントは、幸福をいくつかの重層的な構造からなるものとしてとらえるという点だ。

この点について、図表2-1を見ていただきたい。これはいま述べた「幸福の重層構造」を示したもので、まずピラミッドの図の土台のほうは「生命／身体」に関わるような次元である。

図表2-1　幸福の重層構造

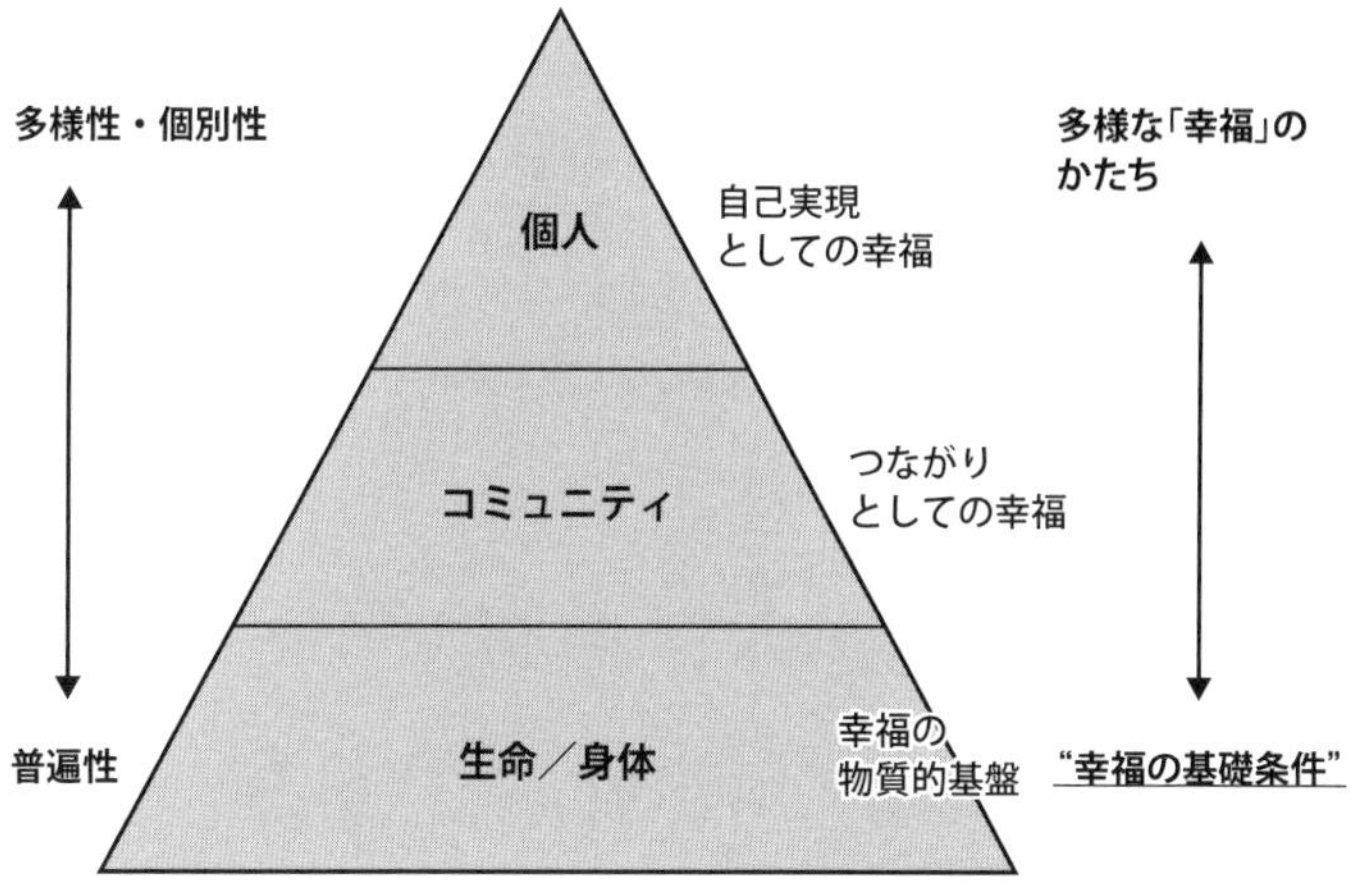

具体的には日々の十分な食料を得ているとか、身体の健康や安全が保たれているといった基本的なレベルであり、これは人間が生きていくにあたり不可欠のニーズに対応するもので、“**幸福の物質的基盤**”とも言える。それは「幸福の基礎条件」あるいは「幸福の土台」をなすものであり、しかもこうした次元は個人差を超えて大方共通しており、「人間」にとって普遍的なものと言える。

以上が主として「個体」レベルに関わるものとすれば、真ん中にあるのは「コミュニティ」あるいは他者とのつながりに関わる次元である。言うまでもなく、人間はコミュニティあるいは社会的関係性の中で生きる存在であり、たとえば狩猟採集の時代を想像すれば見当がつくように、食べ物を得るにしても外敵から身を守るにしても、人間は〝一人では生きていけない〟生き物なので、「コミュニティ」を作ることを通じて個体としての「生存」を確実にしようとしたわけである。

もちろんそれは〝快適〟な面ばかりではなく、そこには「愛憎」や「葛藤」、様々な「しがらみ」「拘束」等々といったネガティブな要素も生まれる。しかしそれらを含めて、コミュニティあるいは他者との関係性から生まれる情緒的安定や帰属意識、「承認」や誇り、自尊心といったものが、人間の「幸福」にとってきわめて重要な位置を占めているのは確かなことだろう。

冒頭で述べた「GDP」との関連で言えば、以上のような「コミュニティ」や「つながり、関係性」に関わることは、実はGDPそのものには含まれていないことに気づく。けれどもこうした側面が、上記のように人間の情緒的安定や精神的な充足に深く関わっており、したがって「幸福」と何らかの関係にあることは確かだから、ここに「GDP」と「幸福」の間に乖離が生じる理由の一つがあるとも言えるのである。

ちなみに、国連の関係組織である「持続可能な発展ソリューション・ネットワーク」が数年前から『世界幸福報告（*World Happiness Report*）』を毎年公表しているが、その2021年版では日本は56位で、かなり低いポジションにある。この報告書はそれをいくつかの要素に分解して説明しているのだが、日本において特に低い項目の一つに「社会的サポート」があり、これは〝困った時に助けてくれる人がいるか〟という点に関するものだ。まさにここで論じている

「コミュニティ」や「つながり、関係性」に関わる点であり、現在の日本社会の根本にある課題と言えるだろう（広井［２００９b］参照）。

以上、幸福の重層構造ということで、「個体（生命／身体）」のレベル、「コミュニティ」のレベルと見てきたわけだが、最後にピラミッドの一番上の層は「個人」に関わる次元である。これは「自由」や「自己実現」「創造性」といった価値に対応するものだが、ここで重要な点は、想像できるように**この層に至ると個人の「多様性」ということが前面に出る**ことである。したがってこの次元に注目すれば、先ほどの幸福指標への「疑問」にも示されていたように、まさに〝幸福のかたちは人によって多様〟となり、一律の尺度をあてはめることは困難になる。人生の姿は無限に多様であり、それぞれの人の人生の「幸福」を、一つの物差しで評価できるはずなどないというのは、他でもなくこの次元に対応していると言える。

公共政策としての「幸福」

以上、「幸福の重層構造」ということを指摘し、人間の幸福にはある程度共通的な〝土台〟の部分から、個人差の大きいレベルまでの階層的な構造があることを述べた。ではこれは先ほど指摘した、幸福に関する「政策」は可能かという問いや、あるいは幸福をめぐっての「公共政策（政府）」と「民間企業」の役割分担はどうあるべきかといった点とどう関係してくるだろうか。

ある意味で、その答えは以上に述べた「幸福の重層構造」についての説明の中にすでに含まれている。つまり、**政府ないし行政が「幸福の公共政策」として重点的に取り組むべきは、他でもなく先ほど「幸福の基礎条件」あるいは「幸福の土台」と呼んだ、ピラミッドの下部の「生命／身体」に関わる領域に関する保障**であるだろう。

具体的にはそれは、医療・福祉などの社会保障、人生における〝共通のスタートライン〟を保障する教育、雇用などに関するセーフティネット等である。実際、先ほど紹介したように幸福度に関する政策をパイオニア的に進めてきた東京都荒川区が、最初に取り組んだテーマも「子どもの貧困」だった。人生における〝共通のスタートライン〟の保障とも呼べることであり、それはまさに「幸福の基礎条件」である。

本章の前半で、「幸福政策」という考え方への疑問として、「『幸福』は個人によってきわめて多様かつ『主観的』なものであり、それを数字で指標化することなどできないし、ましてやそれを行政が『政策』に活用するといったことはありえない」という批判があると述べた。しかし以上のような「幸福の基礎条件」ないし「幸福の土台」の領域は、先ほども指摘したように十分に客観的であり、個人の多様性の基盤にある、普遍的な領域と言える。

このように、政府あるいは公共政策がまずもって取り組むべきは「幸福の重層構造」のうちの土台部分であるが、若干の補足をするならば、近年、ピラミッドの真ん中の「コミュニティ」

の重要性が様々な面で注目されており――たとえば、高齢者がコミュニティでの様々な関わりを持っていることが心身の健康につながり、ひいては〝介護予防〟の効果も持っているといった例――、したがってそうした「コミュニティ支援政策」も公共政策として重要な意味を持っていることを付言しておきたい。

なぜいま「幸福」か

さて、ここで少し視点を変えて、そもそもなぜ今、「幸福」や「ウェルビーイング」というテーマへの関心が高まっているのかについて考えてみたい。

近年、「ポジティブ」、つまり（マイナスではなく）プラスの価値を積極的に見つけていこうという考え方が様々な分野で浮上しているように思われる。

たとえば心理学の領域では、「ポジティブ心理学」と呼ばれる分野が台頭している。これは従来の心理学が、どちらかというと人間のネガティブな面やその治療ということに主たる関心を向けていたのに対し、もっと一人ひとりの持つプラスの側面や可能性に目を向け、それを伸ばしていくことに重点を置こうとする考えだ（ポジティブ心理学については後ほどあらためて立ち返る）。

確かに、たとえば誰かからもらった感謝の一言で一日全体が明るくなったり、ちょっとしたほめ言葉で気分がプラスに転じたりしたという経験は誰でもあるだろう。

一方、人間の心には「ネガティビティ・バイアス」があることが様々な研究から明らかになっている。つまり、**人間は放っておけば「プラス」のことより「マイナス」のことに注意が向きやすい**ということだ。

私自身の例を挙げてみる。授業のアンケートなどで、100人の学生のコメントを読んだ場合に、99人がプラスの感想を記していたとしても、一人の学生が授業の内容についてさんざんマイナスの感想を記していたとすると、それだけで非常に気分が重くなり、まるで全員がマイナスの感想を記しているかのように感じられる。このように人間の心は「マイナス」のものにより強く反応する傾向があるのだ。

実はこれには理由があって、それは〝マイナスの事態を敏感に察知すること〟が、人間の「生存」にとって重要だからである（それが鈍感だと様々な危機に対処できない）。つまりマイナスの事柄への強い感受性が、生物の進化の過程で形成されたわけだ。しかしこれが働きすぎると、かえって逆効果になるだろう。さらに、昔に比べて生存の危機に直面することが少ない現代社会においては、いわば〝過剰〟反応を引き起こしてしまうので、それは誰にでも生じがちな普遍的なテーマとなる。

フランスの哲学者アランのよく知られた幸福論に「悲観主義は感情に属するが、楽観主義は意志である」との有名な一節があるが、これは以上のような人間の特性に根差しているとも言える。

「ポジティブな価値」の発見の時代

話を「ポジティブ」に戻そう。「ポジティブ」への注目は心理学だけではない。90年代以降のイギリスでは「ポジティブ・ウェルフェア」ということが唱えられるようになった。これはたとえば高齢者ケアの領域で、「この高齢者はこれもできない、あれもできない」という具合にマイナスの側面ばかりに目を向けるのではなく、むしろ「このおばあさんは実はこうした特技がある」というように、人のプラスの可能性に注目し、それを引き出していくのが「福祉」であるという考え方だ。

同様に、地域再生あるいは〝地元学〟と呼ばれる領域で、「あるもの探し」という考え方がある。これは、自分の地域にはあれもこれもないといった「無いものねだり」ではなく、実はこうした社会資源がある、あれも活用できるという具合に、地域の「あるもの探し」をしていくことが重要という発想である。

このように昨今、様々な分野において「ポジティブ」ということが重視されるようになっている。なぜだろうか。

それは高度成長期に象徴されるような、経済成長あるいは物質的な富の拡大の時代が過去のものとなり、人口減少ということも含めて、「ポスト成長」の時代に日本や世界が移行しつつあるという時代状況と関係していると思われる。

つまり高度成長期のような時代には、物質的な富やGDPなどの経済指標が半ば自動的に増加していくので、とりたてて「ポジティブな価値」といったことを考える必要もない。しかしモノがあふれて人々の物質的な需要も大方飽和し、経済もほとんど成長しないという今のような時代には、積極的かつ意識的に「プラスの価値」を発見したり、新たに創り出したりすることが重要になってくるのだ。そうでなければ、世の中はマイナスの話題であふれることになるだろう（実際、現在の日本は半ばそうなりかけている）。

そのような時代だからこそ、日常の中の小さな事柄を含めて、ポジティブな価値を創造したり発見したりしていくことが大切になっているのである。

ビジネスとしての「幸福」または「ウェルビーイング」

さてここで、議論を再び「幸福の重層構造」に戻したい。先ほどは政府ないし行政が「幸福」に関わる主領域について述べたが、では民間企業の場合はどうか。

まず大きく言えば、政府や行政とは逆に、「幸福の重層構造」におけるピラミッドの〝中層〟以上の部分、つまり「コミュニティ」や「つながり」、そして上層の「個人」の自己実現や創造性（クリエイティビティ）に関わる領域が、民間企業のビジネスと親和性が高いと言えるだろう。

同時に先ほども指摘したように、こうしたピラミッドの上層部分になればなるほど、それはきわめて「多様性」に富むものになっていくので、それらは従来よりも〝細分化ないしセグメント化されたマーケット〟になっていき、画一的な製品や一律のサービスでは対応できなくなっていく面がある。

もちろん、ピラミッドの土台にある「生命／身体」に関わる領域、つまり〝幸福の物質的基盤〟の次元も、実際には日々の食事を含めて日常生活の〝衣食住〟がそれに該当するので、これらの財・サービスはマーケットを通じて民間企業によって提供されているわけである。しかし現在の先進諸国においてはこうした〝物質的需要〟は大方満たされつつあるので、自ずと今後発展していくマーケットはどこかとなると、やはりピラミッドの中層・上層部分ということになる。

逆に言えば、冒頭から述べているように、経済ないしビジネスの領域において近年「幸福」あるいは「ウェルビーイング」というテーマへの関心が高まっているのは、こうした「幸福の重層構造」のピラミッドにおける中層そして上層部分（特に上層部分）が、いわば人々の需要の〝最後のフロンティア〟として立ち現れ、かつ認知されるに至っているからと言えるだろう。

しかし一方、この〝「幸福の重層構造」のピラミッドにおける中層・上層部分〟は、先ほど指摘した「多様」であることに加えて、ある意味で非常につかみどころのない、定量化や把握が難しい領域である。ピラミッドにそくして上層部分を説明した際、それは「自己実現」や「創造性」といった価値に関わる領域であると述べたのだが、はたしてそれはどのような中身になるのだろうか。

マズローの再評価と「自己超越」

実は、意外にもここで手がかりとなるのが、よく知られたアメリカの心理学者マズローの議論である。あらためて言うまでもないかと思うが、マズローは図表2-2に要約されるような人間の欲求の階層構造を示した（図のうち「個体」「コミュニティ」「個人」という記載は先ほど図表2-1にそくして行った議論と関連を持たせたものである）。

これについては様々な批判もあり、また私自身、〝このくらいの内容なら中学生でも考えるだろう〟といった感じで以前はマズローの議論をとらえていたのだが、最近になって彼の議論には、地球環境問題との関わりなどを含め、きわめて現代的な状況に通じるような深い論点が含まれていることに気づかされるようになった。

ちなみに、本章のテーマである「幸福」や「ウェルビーイング」をめぐるテーマに光をあて、それを学問的な研究対象そして社会的な関心事にしていくにあたり貢献したのは、１９９０年

図表2-2　マズローの再評価と幸福・ウェルビーイング

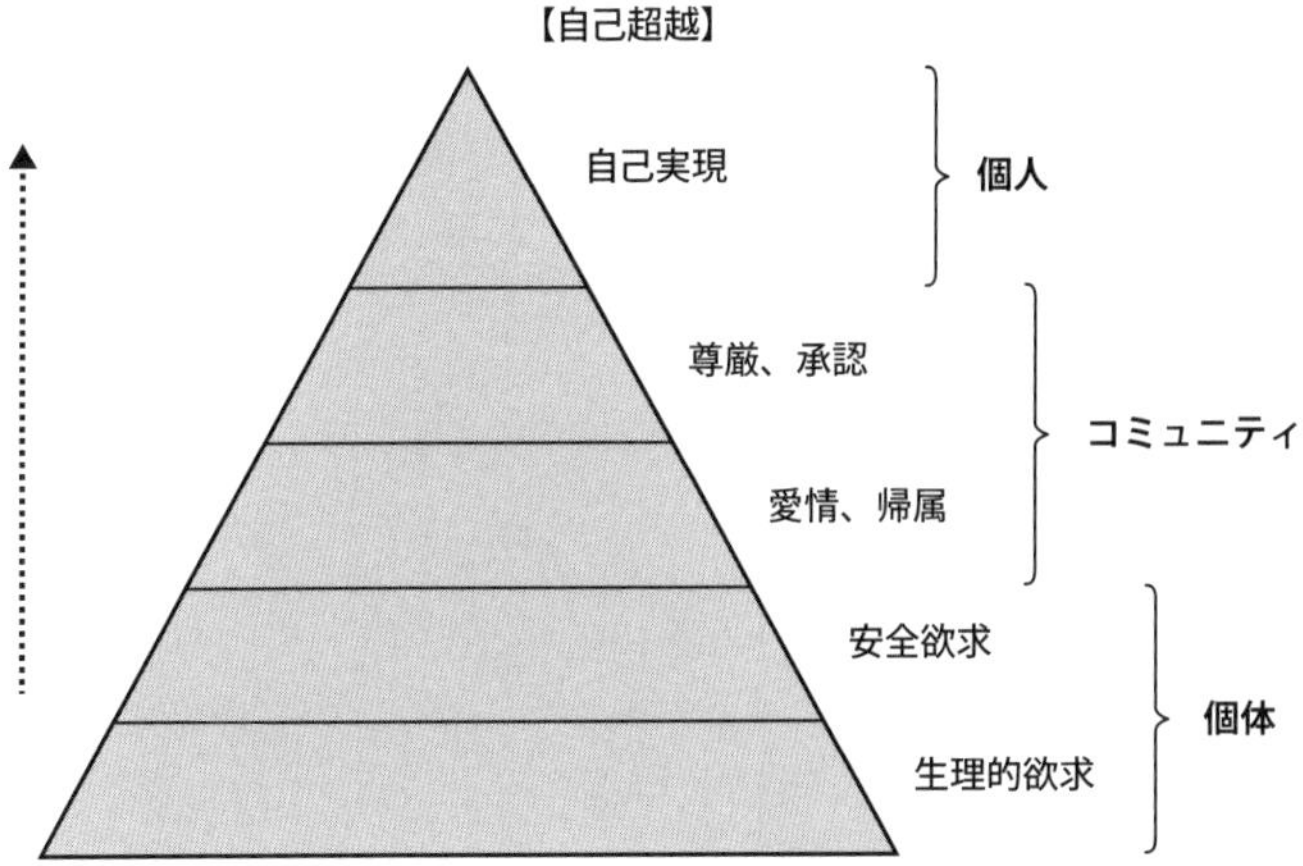

代頃から浮上してきた先述の「ポジティブ心理学」と呼ばれる領域である（ポジティブ心理学については例えばセリグマン［2014］、小林［2021］参照）。そして、実は**マズローの議論や彼の「人間性心理学（humanistic psychology）」と呼ばれるアプローチは、ポジティブ心理学の主要な源流の一つとされている**のであり、つまりこうした流れにおいてもマズローと「幸福」のテーマは自ずと結びつくのだ。

そしてここで特に注目したいのは、晩年のマズローが、上記のような欲求の階層構造の最後に位置づけていた「自己実現」のさらにその先に、「自己超越」（または単に「超越」）という次元を付け加えたという点だ。「自己超越」とは、マズローによれば「自分自身、そして大切な他者、人類全体、他の生物、自然、そして宇宙とつながること」を意味している（Maslow［1993］）。

ちなみに私自身は、前章でもふれたように、これまでの拙著で「地球倫理」ということを論じ、それを「地球環境の有限性や多様性を認識しつつ、個人を超えてコミュニティや自然、生命、その根源にあるものとつながる」ような志向として述べてきた（広井［2009b］、同［2021］参照）。

「自己超越」という言葉を含め、このように記すとずいぶんと抽象的でいささか〝浮世離れ〟した議論をしているように響くかもしれないが、必ずしもそうではない。

こうした点に関する、私にとって身近な例を挙げてみよう。近年、いわゆるソーシャル・ビジネスや社会的企業を立ち上げるような学生の志向や、若い世代の一部に見られる社会貢献意識は、ここで述べている「自己超越」と通底するところが大きいように思える。

たとえば、農業と再生可能エネルギーを組み合わせた「ソーラーシェアリング」という事業――田んぼや畑の上部に特殊な形の太陽光パネルを設置して食料生産と自然エネルギーの一石二鳥を図る試み――を進める環境系のベンチャー企業を立ち上げた卒業生の言動には、そうした志向が感じられる。

また、社会的課題の解決に向けた会社をスタートアップした別の卒業生は、自分がやりたいのは「自己実現」ではなく「世界実現」であると語っていた。つまり「自己実現」というと、

ソーラーシェアリング（農業と再生可能エネルギーの融合）

（出所）千葉エコ・エネルギー株式会社のホームページ。

どこか自分の中で完結したようなニュアンスが残るのに対し、彼の場合は、むしろ世界（ないし社会）そのものを望ましい方向に近づけていくこと――世界実現――が基本にある関心であるというのがその趣旨だった。

こうした若い世代の関心や活動は、いみじくもマズローの言う「自己実現／自己超越」と重なっているように見える。つまりそれは、個人が限りなく利潤を極大化する、あるいはGDPの無限の増加を追求するといった近代資本主義のベクトルとはやや異なり、コミュニティや自然とのつながり、社会貢献、持続可能性、ゆるやかに流れる時間といったものへの志向を含んでいる。

そして以上に挙げたような例が示しているように、それは〝ビジネス〟としての事業性を持ちながら、それに尽きない、ＳＤＧｓ（持続可能な開発目標）的な理念とも通じるような性格を併せ持っている。そうした方向が、本章で論じた「幸福の重層構造」のピラミッドの最上層部とつながり、言い換えれば「人間の需要の〝最後の未開拓の領域〟」としての「幸福」「ウェルビーイング」という発想と重なるのではないか。

それは人間にとっての究極的な「イノベーション」の段階であるとも言え、人類史的な展望の中で取り組んでいくべきテーマと言っても過言ではないのである。

マズローの議論と人類史

ところで、実はマズローの欲求段階論は、人類史、具体的には「狩猟採集社会—農耕社会—近代（工業化）社会」という進化的発展と結びつけて理解することもできる。すなわち欲求の第一・第二の層（生理的欲求、安全欲求）は、主に「個体」に関わるものだが、狩猟採集社会においては個体の活動が相対的に大きな比重を持っていた。それが農耕社会になると、食糧生産は集団的な協力行動や同調性を強く必要とするので、コミュニティの重要性が大きくなり、それに関する欲求が展開していく。マズローの第三・第四の層（愛情・帰属の欲求や尊厳・承認に関する欲求）はこの段階で特に進化していったと考えられる。

さらに近代（工業化）社会になると、市場経済が広がり、独立した「個人」が自由に活動を行っていくことになるが、これは他でもなく「自己実現」と対応する。ただし、それは近代社会における経済や人口の「限りない拡大・成長」と一体のものだったのであり、しかし今私たちが迎えつつあるのは、第1章の人類史のサイクルのところで述べたような、地球環境の有限性が顕在化し、拡大・成長から成熟・定常化への移行が課題となる、いわば「近代・後期」である。いみじくもマズローの「自己超越」はまさにこの次元に重なり、それは上述の「地球倫理」と共通の時代状況から生まれると考えられるのである。

科学と幸福

さてここで、以上述べてきたような「幸福」「ウェルビーイング」と科学との関係について述べておこう。

それには大きく次の3つの側面があると思われる。第一は、「幸福」「ウェルビーイング」が科学的探究のテーマそのものになっていくという側面である。これはすでに進行中であり、先ほどふれたポジティブ心理学のような心理学的研究や、「幸福の経済学」と呼ばれるような、本章の初めに言及したGDPに代わる「豊かさ」の指標等をめぐる研究がその代表的なものと言える。私自身は先ほど述べたような公共政策との関わりや、まちづくり、都市政策、自然環境との関連などが今後さらに掘り下げられていくべき領域と考えている。

第二に、幸福やウェルビーイングに寄与するような科学や技術の開発というテーマがある。これは「はじめに」でも述べた、「そもそも科学・技術は何のためにあるのか」という問いについて、従来はそれが「経済成長」とか「生産の効率性」であったのに対し、そこに幸福やウェルビーイングが浮上するということだ。

先ほどの幸福の重層構造との関連で言えば、これまでの科学や技術は、主にピラミッドの土台の部分、つまり「幸福の物質的基盤」の領域に主たる関心を向けてきたと言えるだろうが、今後は特にピラミッドの真ん中の部分、つまり人と人との様々な「つながり」や「コミュニティ」的関係性を豊かにするような科学・技術というものが重要度を増していくだろう。

ただし、幸福を〝増進〟する技術という話題については、『アンドロイドは電気羊の夢を見るか？』などで知られる作家のフィリップ・ディックが、その作品で未来社会での「気分を改善させる装置や器具」などについて描いていたことが思い出される（SF作家グレッグ・イーガンの『しあわせの理由』も同様のテーマを扱っている）。

私はこうした方向については懐疑的で、それは依存性的問題に加え、背景や根本原因としての社会的状況（たとえば格差や差別、いじめ等々）から目を背けてしまうおそれがあるからである。こうした話題は社会的な視点や対応とセットで考えていく必要があるだろう（これは第7章の医療のところでも同様の課題を取り上げる）。

科学と幸福がつながる第三の点は、広い意味での科学的探究そのものが、人々にとっての「幸福」の源泉の一つになっていく時代をこれから迎えるという点である。これは本書の「はじめに」で、「物質的な豊かさが一定以上実現した社会においては、知的な探究あるいは創造性ということが人間にとってのもっとも大きな歓びの一つになっていく」と記したこととも重なっている。

ここで述べている「科学的探究」とはかなり広い意味のもので、〝専門的（ないし職業的な）科学研究〟に限らず、たとえば自分の住んでいる地域の自然や生態系、あるいは歴史的建造物や伝統行事などについて調べるとか、心身の健康に効果的な種々の技法ないし療法について試してみるとか、小水力発電など比較的簡単に設置可能な再生可能エネルギーの導入プランを地域の仲間と考えてみるとか、多様な形をとりうるものである。それは知的好奇心の充足ということと同義のものと言える。

思うに、そもそも科学的探究の存在意義は何かと問うならば、それは最終的に「純粋な知的好奇心の追求」と「社会的貢献（ないし社会的課題の解決）」という二つに行き着くだろう。そしてこれらは、本章で述べてきた「幸福の重層構造」でのもっとも最上層、マズローの枠組みで言えば先述の「自己実現／自己超越」に他でもなく対応している。

「幸福」について考える時代とは――2500年前と現在

本章の最後に、「なぜいま『幸福』が社会的テーマとなるのか」という問いを、大きな時間軸の中でとらえ返してみたい。

「幸福とは何だろう」というテーマについては、いつの時代も人間はそれについて考えをめぐらせてきたとも言えるが、人間の歴史を大きく振り返ると、人々が特にそうしたテーマについて真剣に考えた時代というものが浮かび上がる。

それは第1章で述べた、今を去ること約2500年前（紀元前5世紀前後）の、哲学者のヤスパースが「枢軸時代」、科学史家の伊東俊太郎が「精神革命」と呼んだ時代であり、興味深いことにこの時期、人間にとっての普遍的な価値を追求するような思想が、地球上の異なる地域に〝同時多発的〟に生まれたのだった。

このうちギリシャのアリストテレスは、『ニコマコス倫理学』の中で「われわれがもって政治の希求する目標だとなすところの『善』、すなわち、われわれの達成しうるあらゆる善のうちの最上のものは何であるだろうか」という問いを立てている。そして、「それは幸福（エウダイモニア）にほかならない」とし、「のみならず、よく生きているということ……を、幸福にしているというのと同じ意味に解する」と述べている（アリストテレス［1971］）。

約2500年前の時代に、ちょうど今と同じように「幸福」ないし「ウェルビーイング」と政策や政治の関係が論じられているのであり、ある意味でこれは驚くべきことではないか。

この点はギリシャに限ったことではない。仏教では「慈悲」や「ニルヴァーナ（涅槃）」、儒教では「仁、徳」、旧約思想を源流とするキリスト教では「愛」といった原理が提起されたが、思えばこれらはすべて人間にとっての究極的な「幸福」ないし「ウェルビーイング」の意味を明らかにしようとしたものだったと言えるだろう。

それでは、そもそもなぜこの時代に、こうした普遍的な思想が生まれ、また「幸福」の意味が探求されたのだろうか。

これも第1章で言及したように、興味深いことに最近の環境史（environmental history）と呼ばれる分野の研究などによれば、この時代は、約1万年前に生じていた農耕文明が飽和し、森林の枯渇や土壌の侵食なども生じる中で、ある種の資源的・環境的な限界に直面していた時代だった。そうした状況の中で、それまでの〝物質的生産の量的拡大〟という方向ではなく、むしろ文化的な発展や精神的な豊かさに大きく舵を切ろうとしていたのがこの時代だったのである。

つまり、単純に「モノ」の豊かさないし資源消費では人々の充足にはつながらず、また資源・環境面でもそれは〝持続可能〟ではないということが初めて意識されるようになり、だからこそ上記のような、新たな精神的価値や文化的創造が生成したのではないか。

しかもそれは、資源消費を単に〝我慢する〟という消極的なものではなく、**新たな価値の創造（イノベーション）を伴う、ポジティブな内容のもの**だった。そしてそのようにして、つまり**発展の方向をそれまでの発想から大きく切り替えることを通じて、人類は新たな生存の道を見出していった**のである。

読者の方々はすでにお気づきのとおり、これは現在ときわめてよく似た時代状況である。つまり、ここ200〜300年前に始まった産業化ないし工業化の大きな波が飽和し、また資源・環境制約に直面する中で、私たちは再び「拡大・成長から成熟・定常化へ」の移行期を迎えようとしている。

このような意味でも、本章の冒頭で述べたように、これからの時代において「持続可能性（サステナビリティ）」と「幸福（ウェルビーイング）」の二者は〝車の両輪〟のような形で重要性を担っていくと考えられるのである。

第3章

科学と社会の共進化

第1章では「未来」、第2章では「幸福」という視点を軸に議論を行ったが、ここでは「科学」と「社会」——資本主義というシステムのあり方を含む——の関係性に焦点をあて、これからの時代の展望を探ってみよう。

1 科学と資本主義

科学と資本主義をめぐる5つのステップ

科学という営みは、〝真空〟の中で展開していくのではなく、その時代の経済社会のありようと深く連動しながら進んでいく。それは「科学と社会の共進化」と呼べるようなテーマだが、ここでは特に資本主義の生成と展開という点に注目しながら、そうした科学と社会の関わりの流れを吟味してみたい。

科学と資本主義をめぐる歴史的展開を、科学における基本コンセプトの変遷とともにまず大きく概括するならば、それはさしあたり図表3-1のような5つのステップにまとめられるだろう。

まず最初のステップは、17世紀における「科学革命（Scientific Revolution）」と資本主義の本格的始動の時代である。

図表3-1　科学と資本主義をめぐる5つのステップ

時期	内容	特質及び社会的背景	科学の基本コンセプト
(1) 17世紀	科学革命	• いわゆる「(西欧) 近代科学」の成立 • 資本主義の勃興（＝市場経済プラス限りない拡大・成長）	物質（と力）
(2) 19世紀	科学の制度化	• 工業化（産業化）の時代 • 科学と技術の結びつきの強化（science-based technology） • 国家による研究機関や大学システム等の整備 • 職業としての「科学者」の成立、現在に連なる学問分野の形成・制度化	物質／エネルギー
(3) 20世紀半ば～	「科学国家」の成立	•「経済成長のための科学」という枠組みの成立（含GNPという「指標」の成立） • いわゆるケインズ政策との連動 • 政府による大規模な研究投資……典型例としてのアメリカ＝「科学国家」	エネルギー／情報
(4) 1980年代～	科学のベンチャー化・商業化	•「イノベーション政策」の形成 • 大学からのスピン・オフやベンチャー企業の増加（情報、生命科学関連など）	情報／生命
(5) 近年～21世紀全体	「持続可能な福祉社会」のための科学	• 気候変動やSDGs等への関心の高まり •「STEAM」など文理融合やアート、デザインとの連携 • 当面は“せめぎ合い”の時代（持続可能性vs限りない拡大・成長、ポスト資本主義vsスーパー資本主義）	生命（含環境、生態系）

そもそも私たちが現在「科学」と呼んでいるものは、実質的に「西欧近代科学」を指しているわけだが——その内容や自然観の特徴については第4章で掘り下げていきたい——、そうした近代科学が「科学革命」と呼ばれる現象を通じてヨーロッパで勃興するとともに、それと並行する形で資本主義が本格的に始動し、これらを通じて〝ヨーロッパの世界制覇〟が展開していったのがこの時代だった。

資本主義の生成を示す特徴的な出来事としては、いわゆる東インド会社の成立（イギリス［1600年］、オランダ［1602年］、フランス［1604年］）があり、また科学革命に関しては、ガリレオ（1564－1642）やケプラー（1571－1630）といった人々の仕事を受けて、近代科学の確立を象徴するニュートン（1643－1727）の『プリンキピア』が刊行されたのが1687年のことだった。

議論を急ぐことになるが、やがて18世紀後半にいわゆる産業革命が起こり、工業化社会が展開していく中で、「科学」と「技術」ないしテクノロジーの結びつきが次第に強固なものとなっていく。こうして科学と資本主義をめぐる進化の「第2ステップ」が始動する。

とりわけ19世紀以降の重工業を中心とする〝第二次産業革命〟においては、科学研究が技術革新のベースとして重要な役割を果たすことになった。すなわち、ニュートン力学では十分扱われていなかった〝熱〟現象や〝電磁気〟などに関する研究が進む中で、ドイツの医師・物理学者ヘルムホルツらによって「エネルギー」というコンセプトが作られ定式化されるとともに、これら熱力学や電磁気学などの研究は、単なる基礎研究を超え、電力や石油の大量消費をベースとする工業化社会を先導していったのである。

同時に時代は資本主義の全面展開の様相を呈し、ヨーロッパを中心とする各国が植民地獲得や資源等をめぐって壮絶な戦いを始める中で、産業技術の強化そして軍事技術の開発という点からも、各国は〝国策〟としての科学研究の振興を本格化することになっていく。

具体的には、18世紀フランスにおける国防と国家再建のためのエンジニア養成校たる「エコール・ポリテクニーク」の創設（1795年）、19世紀ドイツにおける実験室を備えた研究型大学の建設など、国家による研究機関や「大学」というシステムの整備がなされるとともに、従来のようなパトロンに庇護される職人的存在とは異なる、専門職業人としての「科学者」が生まれていった。

「サイエンティスト scientist」という言葉がこの時期、ケンブリッジ大学教授ウィリアム・ヒューエルによって作られ、広く使われるようになっていったという点も、科学史の文脈でよく指摘される事実である（野家［2015］）。並行して、現在に続く物理学、化学、生物学、経済学、政治学等々といった学問分野（academic discipline）が形成されて大学の中で制度化され、科学研究ないし学問の〝専門分化〟が進んでいったのもこの時期だった。

以上が科学と資本主義の進化をめぐる第2ステップであり、これらは全体として**「科学の制度化」**の時代と呼ぶことができる（中山［1974］、吉田［1980］、古川［1989］参照）。

こうした流れは、上記のように資本主義の全面展開と覇権争い、植民地の拡大といった動きと軌を一にして進み、やがて20世紀前半の二度の世界大戦にまで至ることになる。

ケインズ政策と「科学国家」

これに続く科学と資本主義をめぐる「第3ステップ」は、20世紀の半ば以降、特に第二次大戦後から1970年頃にかけての時代である。

この時期は、いわゆるケインズ政策的な理念——政府財政の大幅な拡大を通じた経済成長の追求——のもとで、科学研究への予算配分ないし投資が飛躍的に拡充し、このことを通じて科学がより明確に国家の政策の中に組み込まれていった時代である。これを科学史家の廣重徹は「科学の体制化」の時代と呼んだが（廣重［2003］）、同時にこの時代は資本主義が空前の成長を遂げた〝資本主義の黄金時代〟と呼ばれる時期（1950〜60年代頃）でもあった。

この時代の科学政策を象徴するのは明らかにアメリカであり、ルーズベルトの科学技術顧問を務め、戦時期からアメリカの科学政策に大きな影響力を持っていたヴァネバー・ブッシュが1945年に発表した報告書『科学　その終わりなきフロンティア（*Science: the Endless Frontier*）』は、この時代の科学政策の理念を象徴するものとしてしばしば言及される文書である。

この中でブッシュは、科学研究こそが国の経済的繁栄や安全保障においてもっとも本質的な役割を果たすことを説き、基礎研究を中心とする科学分野への、政府による大規模な投資を訴えたのである。

図表3-2　ヨーロッパ諸国のGDPの推移（1500-2000年）

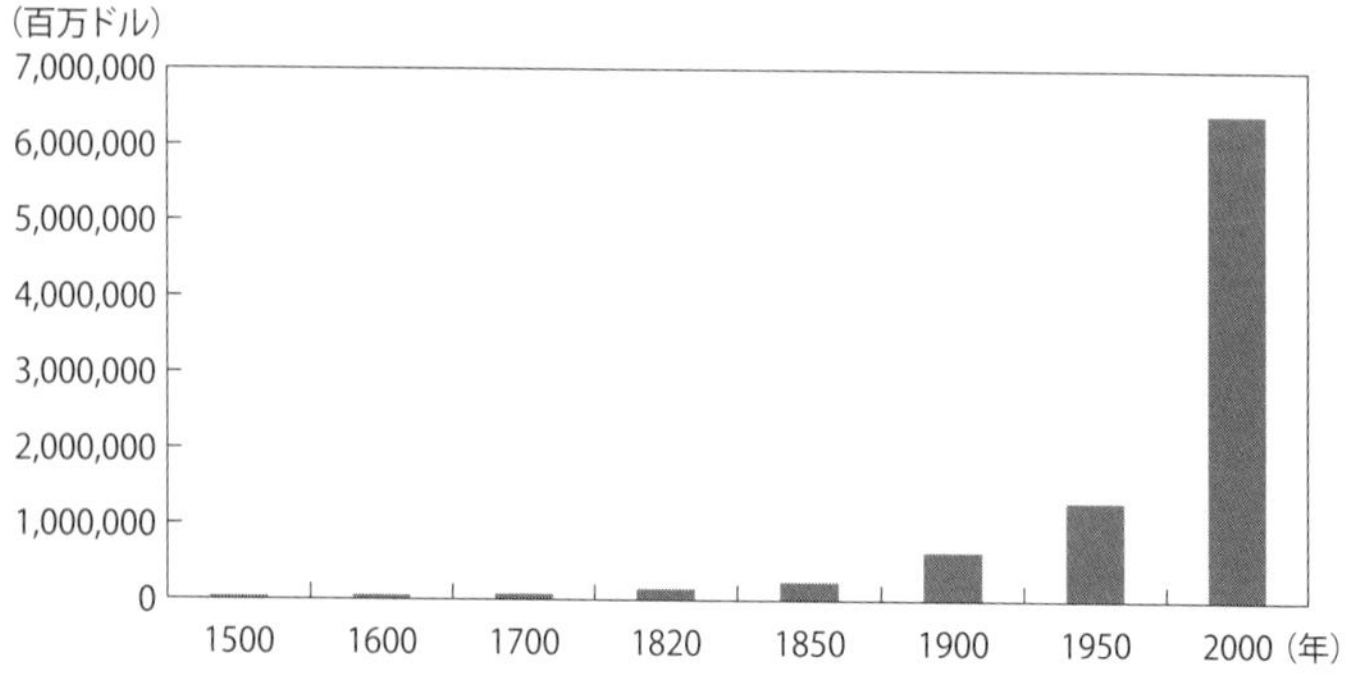

（注1）対象国はオーストリア、ベルギー、デンマーク、フィンランド、フランス、ドイツ、イタリア、オランダ、ノルウェー、スウェーデン、スイス、イギリス。
（注2）ドルは1990年換算。
（出所）Angus Maddison, *The World Economy: Historical Statistics*, OECD, 2003より作成。

この場合、実はこの時代の前史として1929年の世界大恐慌があり、そこから先ほどもふれた第二次大戦へと至る破局的な時代があったのだった。世界大恐慌は、大きく見れば（マルクスが論じたように）資本主義がある種の〝生産過剰〟に陥り大量の失業者が発生した事態であり、これを踏まえてマルクス主義サイドは、生産そのものの国家的管理としての社会主義への道が不可避と論じた。

それに対して、いわば〝資本主義の救世主〟として現れたのがケインズだったと言える。すなわちケインズは、生産そのものは市場経済ないし企業に委ねつつ、政府が積極的な財政政策（公共事業や社会保障、基礎研究支援など）を行うことを通じて人々の需要を創出ないし喚起することができ、それによって失業減少そして「不断の経済成長」を実現させることができるとしたのである。

実際それは70年代頃まで大きな成功を収めたのであり、図表3-2は1500年以降のヨーロッパ12か国の経済規模の推移を見たものだが、20世紀後半の成長の大きさが示されている。

2 経済成長と科学

「成長のための科学」という発想

ところで、実は「GNP（国民総生産）」ないし「GDP（国内総生産）」という、現在の私たちが自明のこととして知っている「指標」が作られたのもこの時代だった。

すなわち先述の世界大恐慌を受けて、アメリカ商務省が経済学者サイモン・クズネッツ――経済成長と格差の関係に関する「クズネッツの逆U字カーブ仮説」でも知られるロシア出身の学者で、1971年にはノーベル経済学賞も受賞――に経済規模に関する統計の開発を依頼し、そこで出来たのがGNP統計（「国民経済計算」）だった。クズネッツは戦後、世界各国でのGNP統計の開発を指導し、世界はこうして「GNPの時代」に入っていく。

言い換えれば20世紀後半、「GNP」という指標を得たことで、資本主義はその「拡大・成長」という中心軸に関する（あるいは資本主義というシステムそのものに関する）重要な〝後ろ盾〟を得たとも言える。「指標」とは単なる数字にとどまらず、その時代の人々の価値観や社会の方向を大きく規定するものなのだ。

こうした流れの中で、科学・技術について見れば、**「経済成長のための科学・技術」**という発想が浸透していったのもこの時代だった。言い換えれば、〝そもそも科学や技術は何のためにあるのか〟という問いに対し、それは経済成長ないしGNPの増加に寄与するものだから、という答えが自明なものになっていったのがこの時代だったと言える。

ところで、いま20世紀後半という時代を見ているのだが、この話題をもう少し広い視座の中でとらえる意味で、**「科学国家と福祉国家」**という話題を考えてみたい。

ケインズ政策は、上記のように政府が市場経済への様々な介入を行い、それによって需要の創出ひいては経済成長を図ろうとする考え方だが、具体的にどのような領域に政府が関わっていくかは、国によって異なる形態をとった。教科書的な整理をすれば、市場に政府が介入することが肯定されるのは、

（a）「市場の失敗」の是正……たとえば「公共財」の提供（道路などの公共事業、科学の基礎研究への投資など）

（b）所得再分配……特に社会保障や税制

のいずれかであり、考え方としては（a）は〝市場原理の補完〟（＝市場の失敗が生じないようにすることで「効率性」を実現させる）、（b）は〝市場原理の修正〟（＝市場によっては果たされない「公平性［ないし平等］」を実現させる）ということになる。

以上のようなケインズ政策的枠組みにおいて、「科学研究」への公的投資に圧倒的な力を注いできたのが上記のようにアメリカであり――アメリカの科学政策については第7章であらためて論じる――、他方、社会保障を通じた再分配等にプライオリティを与えてきたのがヨーロッパだったと言える。この意味で、象徴的に前者を「科学国家 science state」、後者を「福祉国家 welfare state」と呼ぶことが可能だろう（広井［2003／2015］参照）。

一方、〝資本主義の黄金時代〟たるこの時代の駆動力になったのは、決してそうした政府の政策だけではない。言うまでもなくこの時期は自動車、多様な家電製品、石油化学製品などの耐久消費財等が一気に普及した時期であり、それは「エネルギー」の大規模な利用を土台とする

図表3-3　科学と資本主義の進化

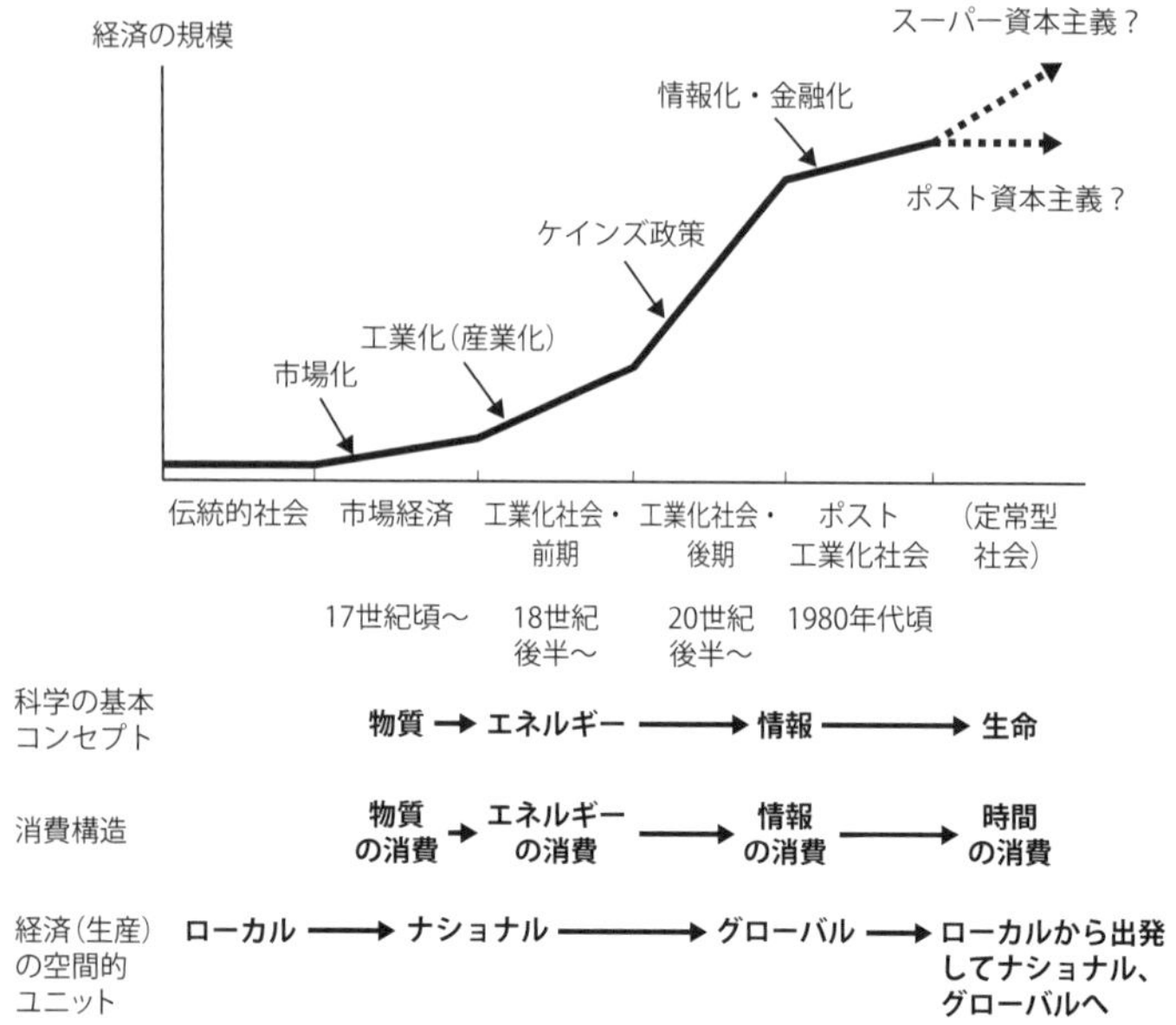

ものだった。

　同時にそれは「消費社会」の展開という状況と重なり、社会学者の見田宗介が『現代社会の理論』で印象深く論じたように、それは単なるモノの消費ではなく、むしろデザインやモードなどへの関心に導かれた、「情報の消費」という性格を色濃く持つものだった。

　ここでの「情報の消費」とは、ITやインターネットといった意味でのそれではなく、たとえば服を買う場合にそれを〝寒さをしのぐための素材〟として購入するのではなく、そのデザインやファッションに注目して購入するという意味である（見田［1996］）。

こうして、科学の基本コンセプトにそくして見るならば、「エネルギー／情報」が両輪となって、この時期の生産・消費とその成長を支えたと言えるだろう。

ケインズ政策を軸とする20世紀後半について見てきたが、この後の議論も含めて全体的な展望を見やすくするために、ここで17世紀前後からの資本主義の進化と今後の展望を図表3―3のように整理しておこう。

70年代以降の変容と日本の位置

やがて70年代に入ると、第1章でもふれたローマ・クラブの『成長の限界』（1972年）が象徴的に示したように、工業化社会の進展が地球レベルの資源・エネルギーの有限性とぶつかることが自覚されるようになり、いわゆるオイルショックが翌年の1973年に生じる。また公害やベトナム戦争等を背景として、科学・技術に対する根本的な疑義が提起されるようになり、他方では、モノがあふれて物質的な需要が飽和していく中で、先進諸国は構造的な低成長時代に移行していく。

一方、こうした状況において、工業化国家群の中で相対的に高い経済成長率を維持していたのは日本だった。そしてハーバード大学のエズラ・ヴォーゲルが1979年に出した著書のタイトルでもあった「ジャパン・アズ・ナンバーワン」といった言辞とともに、日本の〝成功〟の秘密は何かといった議論が盛んになされ、またその〝ハイテク先進国〟的なイメージが流布したのである。

こうした論調は、少なくとも90年代初頭（バブル崩壊）頃まで続いたわけだが、ここで若干の個人的な思い出を記すことを許していただきたい。

私は80年代の終わりの2年間をボストンで（マサチューセッツ工科大学［ＭＩＴ］の大学院生として）過ごす機会を持ったのだが、当時はいわゆる日米貿易摩擦が先鋭化し、また上記の「ジャパン・アズ・ナンバーワン」的な日本のイメージがなお健在だった時期であったため、科学や技術との関連を含め、この時代の日本に関する海外の論調や〝空気〟を肌で経験することになった。具体的には、日本の科学・技術に関してもっとも象徴的だったのは、この後にふれる「基礎研究ただ乗り（フリー・ライダー）」論だった。

当時からＭＩＴでは、大学の性格も反映して、科学・技術の展開が人間や社会に対して持つインパクトや科学政策のあるべき姿など、科学・技術の社会的、政策的側面についての研究が盛んで、私自身は政治学部に所属しつつ、ＳＴＳ（Science, Technology and Society）と呼ばれる、やがて日本でも「科学技術社会論」として活発になっていくプログラムを専攻の一つとしていた。

そして、科学・技術がアメリカの経済社会にとって持つ意味といったテーマについてのセミナー等も当時よく開かれていたのだが、それらのうち特に印象に残っているものの一つに、1989年4月に開かれた「科学技術の開発過程——国際比較の観点から」と題するシンポジウムがある。この場合、〝国際比較〟と題してはいても、先ほど述べたような当時の日本に対する関心の高さから、実際には「日本との比較」が中心的な話題になったのである。

「基礎研究ただ乗り」論

たとえばシンポジウムの中で、日本社会の研究でよく知られるロナルド・ドーア教授は次のように述べていた。

「日本は基礎研究ではなく製品の開発に直結する研究ばかりやっているからうまい製品は作れるがそれ以上の新しいことはできない、という考えはそろそろ見直す必要がある。それはアメリカとヨーロッパのかつての関係を見ればわかる。1930年代頃はヨーロッパの人間は〝アメリカにできるのは製品の開発だけだ〟とタカをくくっていたが、それからアメリカはどんどん力をつけ、50年代には基礎研究でもヨーロッパをしのぐようになった。日本とアメリカの関係が今後これと同じパターンをとることは十分ありうるのだ」

これは大きくは「ジャパン・アズ・ナンバーワン」論に通じるような、日本の潜在力を高く評価した見解だろう。一方、科学技術政策の研究者として著名なハーバード大学のハーベイ・ブルックス教授は、「アメリカの政府は基礎研究は十分やっているがその成果の普及や応用が全く不十分で、日本とは対照的である。たとえばバイオテクノロジーの分野を見るがよい。今この分野の基礎研究でアメリカは圧倒的な優位を誇っているが、日本はやっかいな基礎研究の段階はアメリカにおいてその成果だけを持っていき、利益を生み出しやすい開発研究に一気に参入してくるおそれがある」と論じていた。

日本はリスクの大きい基礎研究はあまりやらず、商業的利益につながりやすい応用・開発研究に力を注いで〝甘い汁を吸っている〟という指摘であり、まさに「基礎研究ただ乗り（フリー・ライダー）」論の典型例である。同様の指摘は、たとえば当時アメリカ議会に設けられていたOTA（技術評価局、Office of Technology Assessment）が出した『商業的バイオテクノロジー：国際的視角』という報告書（1984年）等でもなされていた。

以上は80年代末頃の、科学・技術に関する日本の評価をめぐっての議論の一端である。私はこうした内容を当時出した著書の中で記しており（広井［1990］、同［1994a］）、今回それらを久しぶりに読み直してみた。読者の方も感じられたかもしれないが、約30年の時の流れをへて、「日本」のポジションや存在感をめぐる状況の変化の大きさに様々な感慨を抱かざるをえない。

上記のドーア氏とブルックス氏の日本に関する指摘について見れば、その後の日本が〝失われた30年〟等々と呼ばれる経過をたどったこと、あるいはイノベーションについて様々な研究を行っている物理学者の山口栄一氏（京都大学名誉教授）が著書『イノベーションはなぜ途絶えたか――科学立国日本の危機』で論じている内容を踏まえると（山口［2016］）、日本の〝実力〟について現実的な評価をしていたのはブルックス教授のほうであったというのがさしあたり大方の見方だろう。

そして、山口氏が上記の著書の中で「日本は今、21世紀型のイノベーション・モデルを見つけられないまま漂流を続けている」と述べるように、その後の日本は（当時得意とされた）商業化や応用・開発研究という面でも多くの面で後退していったのである。こうした点を私たちはどう考えていけばよいのだろうか。

「情報」の時代と「イノベーション政策2・0」

いま指摘した話題は、実はここで論じてきた17世紀以来の科学と社会をめぐる歴史的展開とつながってくる。議論の大きな流れを確認すると、「科学と資本主義をめぐる5つのステップ」ということで、図表3－1のような見取り図を描き、（1）17世紀の科学革命、（2）19世紀の「科学の制度化」、（3）20世紀半ば以降の「科学国家」の成立という流れを追ってきたのだった。

これに続く第4のステップは、同図表にも示しているように、1980年代頃からの**「科学のベンチャー化・商業化」**という局面であり、この時代の特徴は、良くも悪くも大学からのスピン・オフ企業やベンチャー企業（情報、バイオ関連など）を通じた科学・技術の「イノベーション」が活発になされるようになったことである。

同時にそれは、**科学・技術の基本コンセプトが（工業化時代の「エネルギー」から）「情報」にシフトしていくという構造変化**とも呼応していた。1980年代には先述の〝ジャパン・アズ・ナンバーワン〟といった表現とともに「経済成長（あるいは工業化社会）の申し子」のように言われた日本の〝後退〟は、さしあたりこの第4ステップ、つまり「エネルギー」から「情報」への移行と関係しているように見える。

ちなみにこの時代の科学・技術のありようは、科学政策に関する研究で著名なイギリス・サセックス大学の研究者によって「イノベーション政策2・0」と呼ばれることがある。これは「イノベーション政策1・0」と対比的に述べられる表現であり、「イノベーション政策1・0」とは、先ほどの戦後アメリカでのヴァネバー・ブッシュの言明に見られるような、政府が基礎研究中心の支援を行えば、単線的（リニア）な形で技術開発や商業化につながるとする考え方をさしている。

この点について、科学史家の隠岐さや香氏は、「イノベーション政策2・0の一番わかりやすい例は、20世紀末から、とりわけ米国において誕生した情報産業、および生命科学系や薬学系のベンチャー企業です。有名なのはグーグルなどシリコンバレーのICT関連産業ですが、その多くが大学での研究者や博士課程学生による起業であり、大学の研究成果（とりわけ応用的研究）を特許化して、商業的成功につなげていきました」と述べている（隠岐［2018］）。

要するに、イノベーションのパターンあるいは基礎研究と応用・開発研究との関係性、あるいは政府と民間の役割分担の構造が大きく変わったというのが、「イノベーション政策2・0」論の主眼ということになる。

そして、科学・技術をめぐるこうした文脈において、日本は大きく〝後塵〟を拝することになったというのが先ほども言及した話題である。またそうした認識が、しばらく前から「イノベーション」ということが日本における科学技術政策の文脈において強調され、またたとえば（菅義偉政権などで示されたように）政府がとりわけ「デジタル化」ということを鼓舞する流れの背景の一部にもなっているわけである。

では日本は今、そうした「イノベーション政策2・0」的な発想を中心に据え、デジタルないし情報を軸としたイノベーションないし科学技術政策を展開していくことが「解」なのだろうか。

そうではないと私は思う。すなわち本書の中で述べていくような、これからの時代の科学・技術のあり方、そして今後の資本主義の変容といったより大きな視点で見るならば、事態はさほど単純ではない。そしてこの点を見誤ると、次のような意味で日本は再び〝迷走〟を続けることになると私は考えている。それは〝**「前の時代の後追い」に終始してしまい、「次の時代」を十分展望できない**〟という、明治以来の〝キャッチ・アップ（追いつき追いこせ）〟型思考に由来する、日本にありがちなパターンだ。

ここでのポイントは2点ある。一つは私たちは**「ポスト情報化」ないし「ポスト・デジタル」、つまり「情報」の先の時代を見据えた展望を持つべき局面に入っている**という点であり、もう一つは、これまでの時代の基調をなしていた**「経済成長のための科学」という発想や価値の枠組みそのものを乗り越えていくべき時代を私たちは迎えている**という点である。

この場合、もっともシンプルに言うならば、**前者に関わる基本コンセプトは「生命」、後者に関わるそれは「持続可能性（サステナビリティ）」**であり、これらは他でもなく、「科学と資本主義の進化」の第5ステップと対応する。こうした点について以下考えてみよう。

3 「ポスト・デジタル」と「生命」の時代

「情報」から「生命」へ――科学の基本コンセプトの進化

まず第一の点、つまり私たちは「ポスト・デジタル」の時代を構想していく段階に入っており、そこでの科学の基本コンセプトは「情報」から「生命」へとシフトしていくという点について。

本章のここまでの記述も踏まえて整理すると、17世紀にヨーロッパで「科学革命」が生じて以降、**科学の基本コンセプトは、大きく「物質」→「エネルギー」→「情報」という形で展開し、現在はそれが「生命」に移行しつつある時代である**ととらえることができる。

すなわち、17世紀の科学革命を象徴する体系としてのニュートンの古典力学は、基本的に物質ないし物体（matter）とその運動法則に関するものだった。やがて19世紀に入ると、先述のようにニュートン力学では十分扱われていなかった熱現象や電磁気などが科学的探究の対象になり、先述のように新たな概念としての「エネルギー」が考案されると同時に、それは工業化あるいは石油・電力の大規模な使用という経済社会の変化を導いていったのである。

そして20世紀になると、二度の世界大戦における暗号解読や「通信」技術の重要性とも並行して、「情報」が科学の基本コンセプトとして登場するに至る。具体的には、アメリカの科学者クロード・シャノンが情報量の最小単位である「ビット」の概念を体系化し、情報理論の基礎を作ったのが1950年頃のことだった（こうした展開の科学史的な意味については第8章でさらに深掘りする）。

重要な点だが、一般に科学・技術の革新は、「原理の発見・確立→技術的応用→社会的普及」という流れで展開していく。そして一見すると、「情報」に関するテクノロジーは現在爆発的に拡大しているように見えるが、その原理は上記のように20世紀半ばに確立されたものであり、それはすでに技術的応用と社会的普及の成熟期に入ろうとしている。

つまり、科学・技術に関する、数十年を単位とする中長期的な時間軸の中で見るならば、**「情報」やその関連産業は〝S字カーブ〟の成熟段階に入ろうとしている**のである。

そして、「情報」の次なる基本コンセプトとして浮上しているのは「生命」であり、それはこの世界におけるもっとも複雑かつ根源的な現象であると同時に、英語の「ライフ」がそうであるように、「生活、人生」という意味を含み、しかもそれは（生命科学といった）ミクロレベルのみならず、生態系（エコシステム）、地球の生物多様性、その持続可能性といったマクロの意味も包含している。

こうした包括的な意味の「生命」あるいはそれと人間との関わりが、これからの「ポスト・デジタル」時代の科学や経済社会の中心的なコンセプトとなっていくということを、私自身は一連の拙著の中で論じてきたが（広井［1994a］、同［1996］、同［2015］）、今回の新型コロナ・パンデミックは、ある意味でそれをきわめて逆説的な形で提起したと言えるだろう。

あらためて言うまでもなく、新型コロナそれ自体がすなわち感染症であり、「生命」に直接関わる現象である。また第4章でも述べるが、今回のような世界規模のパンデミックが発生した背景には、人間と自然あるいは生態系の間のバランスが根本的なレベルで揺らいでいるという状況が背景にある。

生命は情報に還元できるか

こうして「情報から生命へ」というテーマを話題にする時、論点として重要なのは次の点である。すなわち昨今の「デジタル」をめぐる議論で、しばしば私たちは、膨大な「ビッグデータ」や様々な「アルゴリズム」で世界のすべてを把握し、コントロールできるという世界観に引き寄せられがちである。そして、「生命」それ自体も「情報」によってすべて理解し把握できると考えがちなのであり、私は以前からそれを**「情報的生命観」**と呼んできた（広井［2003

カーツワイル『シンギュラリティは近い』（2005年）

／2015］参照）。

これは第1章で「AI」に関して行った話題ともつながるが、近年のその典型は、いわゆるシンギュラリティ論で有名なアメリカの未来学者レイ・カーツワイルの議論であり、彼の主書『シンギュラリティは近い（*The Singularity is Near*）』のサブタイトルは、いみじくも「人間が生物学を超えるとき（*When Humans Transcend Biology*）」となっている（カーツワイル［2007］）。要するに、「生命」はすべて「情報」で把握することができる、あるいは「生命は情報に還元できる」というのがその基本思想である。

しかし今回の新型コロナ・パンデミックは、「生命」はそれほど簡単に「情報」によってコントロールできるような存在ではないということを、私たちに冷厳な形で突き付けたのではないだろうか。細菌やウイルスはある種の〝創発性〟を持っており、人間が設計したアルゴリズムのコントロールをすり抜ける形でさらに進化していく。

形式的に言うならば、かりに生命を「物質＋エネルギー＋情報」として把握するとした場合、たしかに生命に〝固有〟の部分は「情報」ということになる。しかしながら、ここでの「情報」はその土台をなす「物質＋エネルギー」から独立して存在するのではない。

つまり「情報」の部分のみを切り離して、「情報＝生命」ととらえるのは誤りであり、根底にある「物質＋エネルギー」との相互作用、あるいは「物質＋エネルギー＋情報」の全体をとらえた探究が求められるのである。これは第1章で「AIにできること／できないこと」をめぐる話題について、脳の構造に立ち返りながら行った議論の構造と共通しているだろう。

「生命関連産業」ないし「生命経済」の展開

一方、今後の時代のコンセプトとして「生命」が重要になると言うとき、それは科学の基本コンセプトが「情報」から「生命」へとシフトしていく点と並行して、次のような経済社会あるいは産業構造に関する側面とも関係している。

すなわち端的に言えば、これからの時代には、いわば**「生命関連産業」あるいは「生命経済」**と呼ぶべき領域が、社会の中で大きな比重を占めるようになっていくと考えられるのである。

ここでいう「生命関連産業」とは、具体的には少なくとも次の5つの分野を指している。すなわち、①**健康・医療**、②**環境（再生可能エネルギーを含む）**、③**生活・福祉**、④**農業**、⑤**文化**であり、これらはいずれも先ほど述べた広い意味での「生命」に関連している。最後の「文化」はやや意外に聞こえるかもしれないが、これはドイツのメルケル前首相が、新型コロナが広がっている状況にあっても「文化」に関する活動は絶やしてはいけないとし、〝文化は生命の維持に不可欠〟という印象的な言葉を残したことと関わっている。

ここで留意すべきは、以上のような「生命関連産業」は、いずれも概して比較的小規模で、「地域」に密着した〝ローカル〟な性格が強いという点だ。したがって、こうした分野を発展させていくことは、昨今のいわゆる「地域再生」あるいは地方創生の流れと呼応すると同時に、ローカルな経済循環や地域コミュニティの再生にも寄与するだろう。

またそれは、第1章で紹介したように、私たちの研究グループが近年進めてきているAIを活用した未来シミュレーションにおいて、「地方分散型」という姿が、2050年に向けた日本社会の持続可能性を実現していくにあたって重要になるという内容とも共鳴するのである（広井（2019）参照）。

ちなみに、以上述べたような生命関連産業を発展させていくことは、「デジタル」という方向と必ずしも〝対立〟するものではなく、次のような意味で相互補完的な面も持つと言えるだろう。

つまり「デジタル」とは突き詰めれば「手段」であって、その内容（コンテンツ）となる産業分野が重要であるわけだが、その主要な領域がまさに今述べている「生命関連産業」なのである。

図表3-4　経済システムの進化と新型コロナ・パンデミック

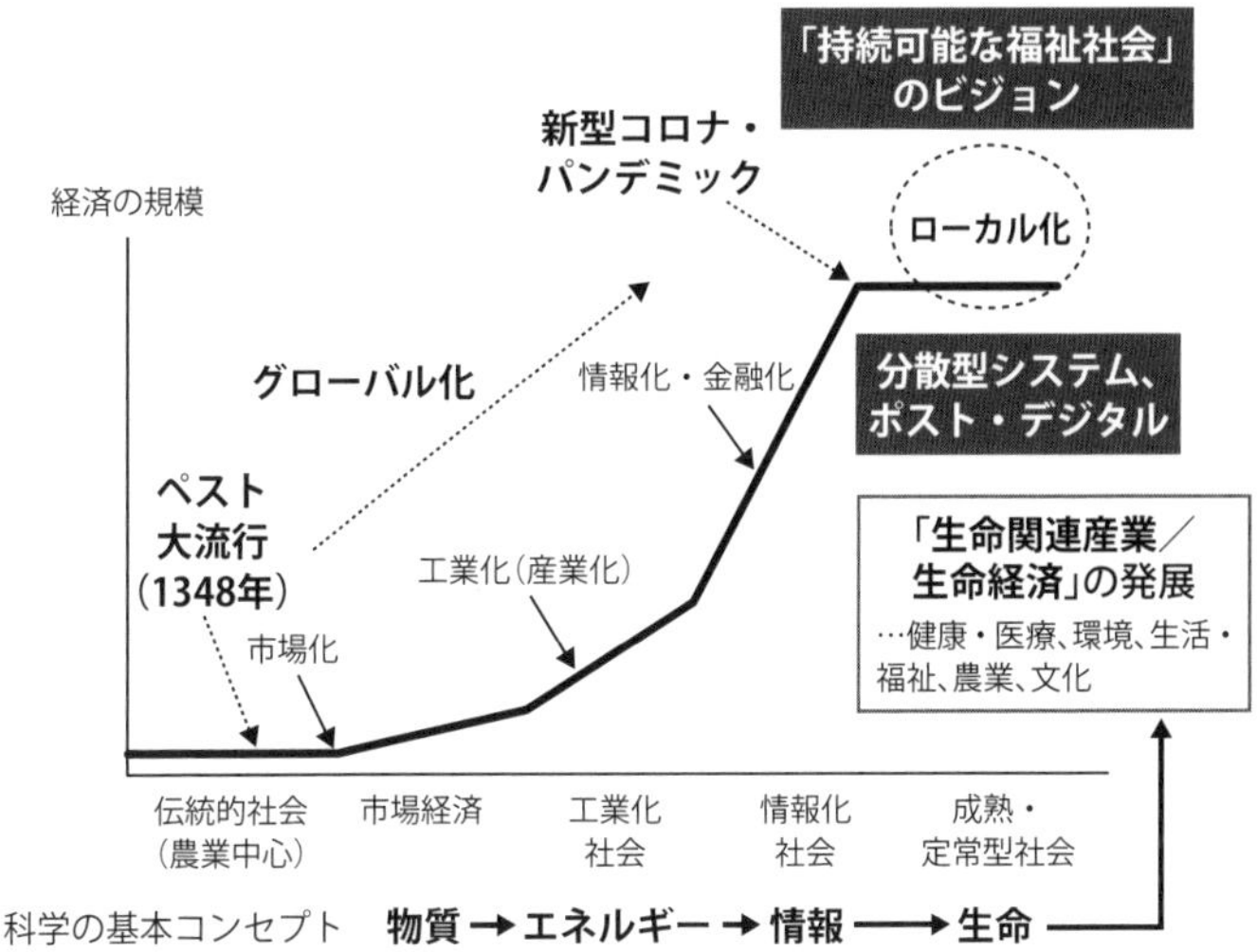

具体的には、先ほど示した「生命」関連の5つの領域それぞれと「デジタル」の組み合わせが様々に考えられる。すぐに思い浮かぶだけでも、①健康・医療→デジタル・ヘルスなど、②環境→スマート・グリッドなど、③生活・福祉→介護ロボットなど、④農業→スマート農業など、⑤文化→メディアアート等々という具合であり、これらはいずれも今後発展性のあるものと言えるだろう。

一方、先ほど「生命関連産業」として挙げた領域は、単純な〝利潤極大化〟とは異なる側面、つまり相互扶助とか循環、持続可能性といったコンセプトと親和性が高い領域であり、通常の意味での「産業」という概念に単純に収まらない性格を持っている。

それゆえに、「生命関連産業」という言葉と並べて先ほど「生命経済」という表現を使ったのだが、大きく言えば、それは資本主義の今後のありようというテーマともつながり、また昨今議論が活発なＳＤＧｓ（持続可能な開発目標）やいわゆる「ＥＳＧ投資」などをめぐる話題とも接続することになる。

こうした点を本書の中でさらに掘り下げていく予定だが、論点が多岐にわたってきたので、ここで述べてきた「ポスト・デジタル」、「生命関連産業」、「分散型システム」等の話題を、新型コロナ・パンデミックあるいは本書でこれから取り上げていく論点との関連を含めて大きな視座でまとめたのが図表３–４である。

経済構造は変化する

以上のような構造変化に関し、次の点を補足しておきたい。

時折「時価総額の世界ランキング」ということが話題にされ、たとえば１９９０年頃はそのベスト10の大半を日本の企業が占めており――実際、バブル盛んな頃の１９８９年（平成元年）において時価総額の世界最上位は①ＮＴＴ、②日本興業銀行、③住友銀行、④富士銀行、⑤第一勧業銀行となっていた――、しかしそれが現在では、いわゆるＧＡＦＡを中心とするＩＴないしデジタル系企業によって占められているということが語られる。そしてそうした点も踏まえて、〝だからこれからはデジタルが経済にとって大事だ〟という議論がしばしばなされるのである。

しかしこうした論は、少し考えてみるとかなり「あやしい」ことに気づくのではないか。

つまり、以上の事実によって示されているのは、**「20〜30年の時間軸で経済構造の変化をとらえれば、上位を占めるような産業分野ないし企業群は（想像ができないほど）大きく変化する」**ということなのだ。

ということは、今からたとえば20〜30年後のこうした「ランキング」において、その時もなおGAFA等のような企業が上位を占めているということは、逆にむしろ考えにくいという結論になるはずではないか。

残念ながら現在の日本において大きく欠落しているのは、そうした「真に新たな未来」あるいは「中長期的な未来」についての想像力ないし構想力であるように思える。

つまり、〝今GAFAが上位にいるから、それと似たようなことを（追いかけて）やればよい〟といった近視眼的な発想ではなく――それでは〝失われた○○年〟を繰り返すだけだろう――、むしろ本章で述べてきたような、「デジタル化」のその先、そして「ポスト情報化」の「生命」の時代を見据えた、真にイノベーティブで長期的な未来ビジョンの創出こそが重要ではないだろうか。

「生産性」の再定義――科学・技術と雇用の関係性

生命関連産業との関連も踏まえ、「科学と資本主義の進化」と今後の展望を考えるにあたり重要な論点となる「雇用」との関連についてふれておきたい。

「デジタル」ないし情報化はたしかに〝ポスト工業化〟の軸になる領域であるが、ＡＩなどの議論でも出てくるように、それは「効率的」であるがゆえに〝少ない労働力ですむ〟ことが特徴の一つであり、つまりデジタル化の推進はかえって雇用を減らす方向に働くことがしばしば生じる。

実際、デジタル化の進展の中で経済格差が広がっているのは、要は〝少ない労働力によって多くの生産を上げることができ、したがって失業または非正規雇用が増加し、その結果（一部の者に富が集中し）経済格差が拡大する〟というメカニズムである。それに対し、上記のような「生命関連産業」は概して「労働集約的」、つまり「人」が重要な意味を持つ分野であり、したがって雇用という面に関しては〝雇用創出的〟な性格ないし効果が実は大きいのである。

これは、そもそも「生産性」（ないし効率性）という概念をどうとらえるかという根本的なテーマと関連している。

これまでの「生産性」の考え方は、イコール「労働生産性」ということであり、つまり〝少ない労働力で多くの生産を上げる〟ことに価値が置かれていた。そしてその暗黙の前提として、〝自然資源は無限に存在しているから、それはどんどん使えばよい〟と考えられていたりである。

しかし状況は大きく変わり、現在はまさにそうした自然資源の「有限性」や、環境への負荷が問題になっている。同時に、失業や非正規雇用が慢性化しており、むしろ「人を積極的に使う」ことが重要になっている。したがって、**「生産性」をめぐる考え方を大きく変え、それを「労働生産性」から「環境効率性」ないし「資源生産性」に転換していく**ことが求められているのだ。環境効率性ないし資源生産性とは、〝資源消費や環境負荷をできるだけ抑え、むしろ人は積極的に使う〟という考え方である。

そしてこうした方向を進めていくためには、それを支える政策対応が重要なポイントになる。

ドイツが1999年に行った「エコロジー税制改革」と呼ばれる政策は、まさにこの「労働生産性から環境効率性（資源生産性）へのシフト」を誘導するための政策だった。それは「労働への課税から環境負荷への課税へ」という内容を軸とするもので、具体的には環境税を導入して環境負荷にブレーキをかけると同時に、その税収を年金財源にあて、そのぶん年金の社会保険料を引き下げて企業の雇用関連負担を軽減する（それによって雇用を増やす）という中身だった。

こうした総合的な政策を行うことで、環境、福祉、雇用、経済（企業の国際競争力）についての分野横断的な効果が生まれ、次節で述べるような「持続可能な福祉社会」と呼びうる社会像の実現が志向されたのである（ドイツのエコロジー税制改革については広井［2001a］、同［2015］参照）。

日本においても、省庁のタテワリを超えた、かつ環境・経済・福祉（社会）のバランスに配慮した分野横断的な政策対応が求められている。

4 イノベーションと持続可能性

科学・技術は何のためにあるのか

ここまでの議論を振り返ると、科学と資本主義の進化をめぐる「第5のステップ」の一つとして、科学の基本コンセプトが「情報」から「生命」へとシフトしつつあり、「ポスト・デジタル」を見据えた構想が重要になっているという点について述べたのだった。それでは、第5のステップのもう一つの柱として挙げた、これまでの時代の基調をなしていた「経済成長のための科学」という発想あるいは価値の枠組みそのものを乗り越えていく、という論点についてはどうか。

多少教科書的な確認を行うと、こうした文脈で引き合いに出されるのは、１９９９年にブダペストで開かれた「ブダペスト会議」が示した方向である。「ブダペスト会議」とは国連のユネスコと国際科学会議（ＩＣＳＵ）が共催した「世界科学会議（World Conference on Science）」の略称で、「21世紀のための科学——新たなコミットメント」をテーマに開かれ、「科学と科学的知識の利用に関する世界宣言」（ブダペスト宣言）が採択された。

宣言の内容は、「(1)知識のための科学、(2)平和のための科学、(3)開発のための科学、(4)社会における科学と社会のための科学」という4つの柱から構成されているが、特に4番目の柱で、環境問題や福祉を意識しながら、科学が（経済成長を超えて）「社会」に貢献すべきことを明記した点に特徴があるとされる。

またこの会議を受けて、それ以降「世界科学フォーラム」という会議が隔年で開催されているが、ブダペスト宣言から20年をへて、２０１９年の同フォーラムでは「科学、倫理、そして責任」と題する宣言が採択され、そこでは「グローバルな幸福に貢献する科学（Science for global well-being)」が第一の柱として挙げられている。

「幸福」や「ウェルビーイング」をめぐる話題については前章で論じたが、ここでもそれらと「科学」の関係がテーマになっているのだ。

科学をめぐるこうした新たな方向を、具体的な政策として展開しつつあるのはヨーロッパである。たとえば「Horizon 2020」と題する、イノベーション政策に関して2014年から開始された欧州委員会の枠組みプログラムでは、「社会的課題への取り組み」に予算の重要部分があてられており、それに続く2027年までの「Horizon Europe」と題する枠組みでは、全体予算の35％が気候変動対策に充てられることになっている。

これらは、2015年にスタートした先述のSDGsともつながる理念であり、従来から環境政策の分野で論じられてきた〝トリプル・ボトムライン〟、つまり（経済だけでなく）「環境、経済、社会」の三者を同等に重視するという考えとも重なるものだ。

また、科学と社会の関わりを重視する以上のような流れは、自ずと科学・技術と人文・社会科学との連携ないし〝文理融合〟的研究の展開という方向とリンクするだろう。実際、これまで言われてきた「STEM（science, technology, engineering and mathematics）」という〝理系〟的分野について、これからの時代はそれだけでは不十分で、「アート」やデザイン的志向、さらには人文学的知見が実はイノベーションにとっても重要という趣旨で、上記の「STEM」に「A（arts）」を加えた「STEAM」ということが言われるようになり、様々な試みが進んでいる。

図表3-5　科学とデザインをめぐる「創造性のクレブス回路」（MIT・ネリ・オクスマン教授による）

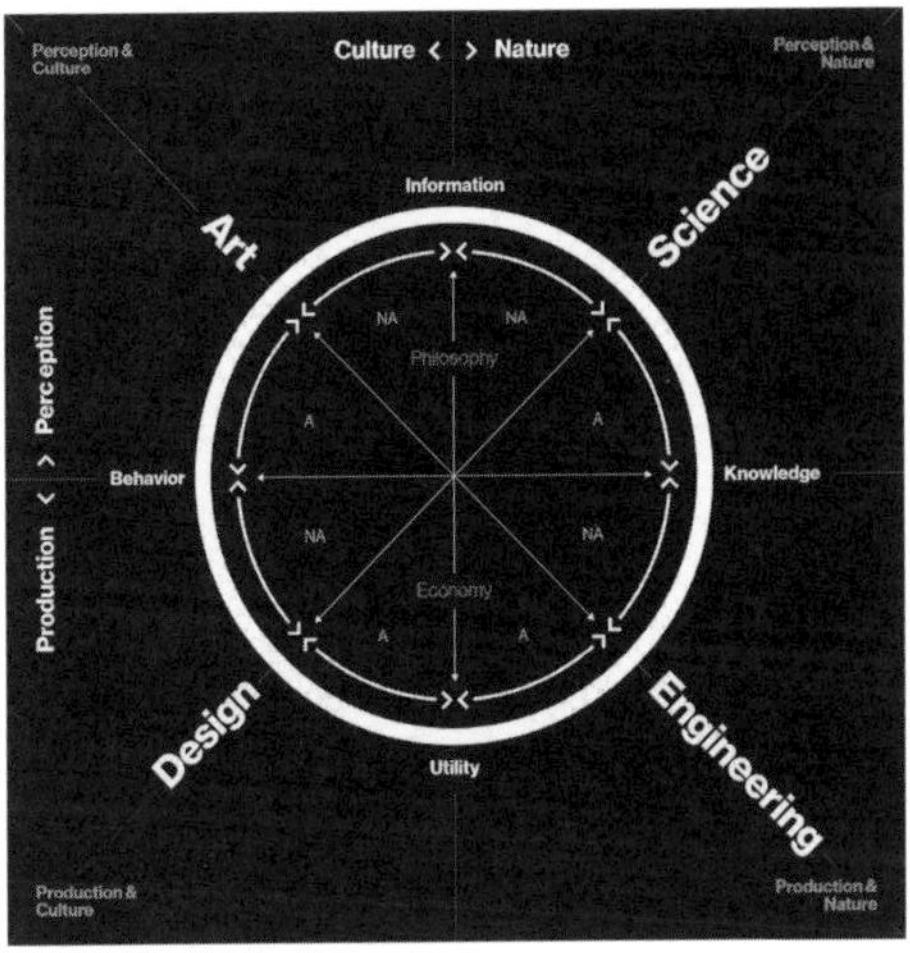

（出所）Neri Oxman, “Krebs Cycle of Creativity,” *Journal of Design and Science*, 2016.

たとえばＭＩＴのメディアラボは、科学とデザイン、アートなどを横断的につないでいく試みとして『ジャーナル・オブ・デザイン・アンド・サイエンス』という学術誌を２０１６年に創刊した。図表３-５は、ＭＩＴのネリ・オクスマン教授が科学・工学とアートそしてデザインの関係性について示した「創造性のクレブス回路」と題する図である。

科学やテクノロジーをめぐる以上のような流れは、先ほど科学と資本主義の進化における「第４のステップ」のところで紹介した「イノベーション政策２・０」に対して「イノベーション政策３・０」と呼ばれることもある。

たしかにこうした方向は、それまでの科学・技術及びそれに関する政策展開とはかなり異質のベクトルを含むものと言える。全体としてそれらは「成熟社会における科学」あるいは「持続可能性のための科学」と呼べるような科学像である。

では私たちはこうした展開をどのようにとらえればよいのだろうか。

「持続可能な福祉社会」と科学

いま「成熟社会における科学」、「持続可能性のための科学」という言葉を使ったが、私自身は、これからの時代において実現されていくべき社会像として、**持続可能な福祉社会**（sustainable welfare society）」と呼びうる社会のあり方を、これまでの著作の中で提案してきた（広井［2001a］、同［2006］、同［2015］等）。

「持続可能な福祉社会」とは、「個人の生活保障や分配の公正が実現されつつ、それが資源・環境制約とも両立しながら長期にわたって存続できるような社会」を意味しており、言い換えればそれは、図表3-6に示されるような、「環境：持続可能性」、「福祉：分配の公平ないし平等」、「経済：生産の効率性」という3者がバランスよく実現するような社会の姿である。またそれは、「GDPの限りない拡大」を絶対的な目標としないという意味で、「定常型社会」と呼びうる社会像とつながっている（こうした話題については、そもそも資本主義とは何かというテーマを主題化する第5章でさらに掘り下げたい）。

図表3−6　「環境・福祉・経済」の関係性

	性格	価値ないし目的
環境	「富の総量（規模）」に関わる	持続可能性
福祉	「富の分配」に関わる	公平性（ないし平等、公正）
経済	「富の生産」に関わる	効率性

ここで図表3−7を見てほしい。これは主要先進国（G7）の経済成長率（GDP増加率）の推移を1960年代からの長いタイムスパンで見たものだが、GDPの増加率は60年代においては5パーセントを超える高水準だったものが、その後段階的に低下していき、近年では1パーセント程度の水準になっていることが示されている。

これはある意味で当然のことであり、要するにこれほどモノと情報があふれる世の中になっている今、人々の需要は大方飽和ないし成熟しつつあるのだ。それが再びかつての高度経済成長の時代に戻ると考えるのはおよそ非現実的であり、私たちは経済や資源消費の「限りない拡大・成長」を目指すような社会から、持続可能性及びそこでの分配の公正に軸足を置いた社会――上記の「持続可能な福祉社会」――へのシフトを実現していくべき時代を迎えているのである（第5章であらためて論じるが、ヨーロッパの一部の国々は既にこうした社会を実現しつつある）。これは第1章で述べた、私たちが「人類史における第三の定常化」への移行期を生きようとしているという

図表3-7　先進7か国（G7）の経済成長率（GDP増加率）の推移

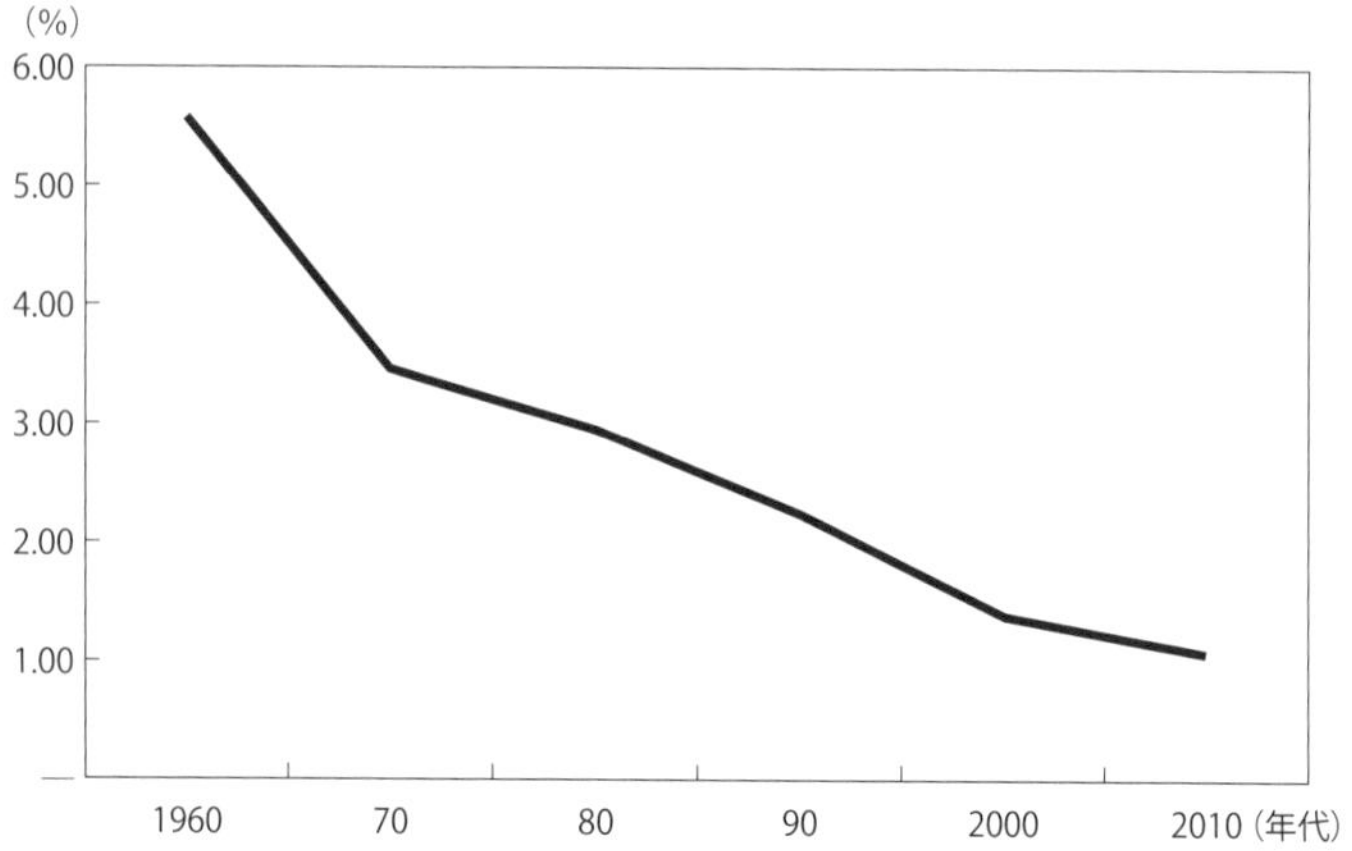

（出所）山口周『ビジネスの未来』、プレジデント社、2020年（原データは世界銀行）。

把握とも重なる。

　ここで、ある意味で根本的なテーマとなるが、では**はたして科学・技術（あるいは近代科学）というものは、そうした「持続可能な福祉社会」と呼びうる社会像と両立しうるのか、**という問いが浮かび上がる。

　この問いの趣旨は次の点にある。一つには、科学・技術あるいは「イノベーション」なるものは、市場経済あるいは資本主義社会における〝熾烈な競争〟と一体のもの、あるいは「限りない拡大・成長」志向と不可分のものであって、だとすればそれは「持続可能な福祉社会」といった社会像とはそもそも相容れないのではないかという点だ。

　そして第二の点として、より根底的には、そもそも近代科学というものは、①「人間と自然を切断した上で、人間が自然をいかに支配（コントロール）するか」という志向と、②「個人が共同体から独立し、自由に競争する（そして社会ないしシステムの全体は「個人」ないし「要素」に還元できる）」という世界観に依拠するものであり、これは「持続可能性」や「福祉」といった価値とは異質なものではないかという点である。

以上のうち第一の点は経済社会のレベル、第二の点は「近代科学」そのものの自然観や世界観に関する原理的なレベルの問いと言える。

イノベーションの動機――何のためのイノベーションか

これらはそう簡単に答えられる問題ではなく、本書全体を通じて明らかにしていくべき内容だが、もっとも基本的には次のように考えられるのではないか。

すなわち第一の問いについては、たしかに「イノベーション」という概念は〝資本主義〟〝競争〟といったものと親和的な印象が強い。企業あるいはその技術者が、市場での自社製品の売り上げ拡大のために熾烈な開発競争を繰り広げるといったイメージである。

しかしそもそも「何のためのイノベーションか？」「イノベーションの動機は何か？」という問いを考えた場合、それはもっと大きな広がりを持つものではないか。

つまり、元来イノベーションというのは〝知的好奇心の追求、自由な創造〟といった志向や価値を中核に持つものであって、確かにそれが市場経済での競争や利潤極大化とつながる場合もあるだろうが、決してそれに尽きるものではないということである。逆に、イノベーションというものが市場経済や資本主義とセットでなければ成り立たないと考えるとすれば、それは余りにもイノベーションあるいは科学・技術における人間の創造性というものを矮小化するものだろう。

こうした点に関し、先述の山口栄一氏（イノベーション論）は企業の研究所での勤務経験をへた後いくつかのベンチャー企業を自ら起こした人物であるが、氏が著書の中で述べている以下のようなエピソードは印象深い。

「科学者の仕事は、『まだ誰も見たことがないことを見る、誰も知らないことを知り、そしてこの世にないものをあらしめる』ことである。

これについてはある会談で、私は人類学者の山極壽一、生物学者の高橋淑子とこんな対話をした（京都クオリア研究所２０１６）。山極が、『科学者が研究をするっていうときに、それを動かしている源泉は何だろうか』と問いかけた。それに対して高橋は答えた。『なんで、こんなアホみたいなことをやっているんですか、と聞かれれば、自分のアホさに酔い痴れているわけです、と答える。私が見出したことが、ゆくゆくは産業界の役に立てば、ハッピー。役立たなくても、それはそれでいいじゃない』」。

この意見に続いて私が、『だから、科学をやっている人たちっていうのは、自分の中からモチベーションが生まれるので、それがなくなったら、聞くまでもないですね、辞める時です』と補足すると、高橋は『それは死ぬ時やで』と畳みかけた」（山口［２０１６］）。

「自分のアホさに酔い痴れている」とは、関西風の毒味のある言い方だろうが、要するに「好きなことを夢中になってやる」のが研究でありイノベーションの種であるということだ。

関連する一例として、私たちが普段当たり前のように使っている「ＱＲコード」の開発に関する話がある。意外にもこれは日本発の発明で、様々な試行錯誤をへてＱＲコードを開発した、日本電装（現在は分社化してデンソーウェーブ）の技術者である原昌宏氏は、この技術について特許を取りつつ、それをオープンソース、つまり無償で他の会社や人々が使えるものにした。原氏は、ＱＲコードが広く普及して世界の人々がそれを使えるようになることを願っていたとのことである（もちろん、無償にして普及を図った上でＱＲコード読取機の販売で収益を上げるという、会社としての経営戦略や思惑も当然あっただろう）。

いずれにしても、イノベーションについて、先述のようにそれがもっぱら利潤極大化といった動機に還元されるとするのはいささか狭隘に過ぎる見方ではないか。市場でのシェア獲得や利潤拡大という動機が入ることは当然あるだろうが、そこには技術者としての矜持、純粋な知的好奇心、創造の楽しみ、使ってくれる人が喜ぶ顔を見ることのうれしさ、自分が社会に貢献することの誇り等々、もっと広く多様なモチベーションが働いているのだ（これは前章での「幸福」をめぐる話題の関連でも言及した）。

さらに言えば、〝短期的な利潤拡大〟や〝目先の成果〟ばかりを追い求めていれば、逆にそもそもイノベーションなど生まれないだろう。大学での研究を含め、〝失われた○○年〟に象徴される日本の問題あるいは悪循環はまさにここにある。真のイノベーションとは、むしろそうした短期的利益をめぐる競争を〝超えた〟ところにあるのだ。

そして、先ほど指摘した「持続可能な福祉社会」に関する文脈で言えば、「持続可能性」や「福祉」のためのイノベーションというものも当然存在するだろうし、本書の中でさらに考えていくように、むしろ現在そしてこれからの時代においてはそうしたイノベーションあるいは科学・技術のありようこそが求められているのである。

一方、先ほど掲げた第二の問い、すなわち「持続可能な福祉社会」と「（近代）科学」の関係については、おそらくそうした新たな時代においては、「科学」そのもののあり方あるいはその自然観・社会観が変容していくと考えられる。理論上はこれもシンプルで、つまり先に①人間による自然支配、②個人間の競争や要素還元主義、として挙げた側面について、①については、人間と自然の間に絶対的な境界線を引かず、むしろ生態系全体の一部として人間をとらえるような見方、そして②については、要素や個体間の関係性や相互作用、システムの全体性に注目するような科学の姿が今後展開していくのではないか。

ここに至って、私たちはそもそも科学とは何か、あるいは近代科学なるものの自然観や人間観の特質は何かといった、より根本的な問いを探究の俎上に載せる段階に来ている。こうした話題について、次章でさらに考えていくことにしよう。

第4章 ケアとしての科学

はじめに——気候変動と生物多様性

いささか単純化した議論が許されるとすれば、一般に、〝地球規模の環境問題〟として論じられている話題には大きく二つがあり、それは温暖化あるいは「気候変動」に関するテーマと、森林の減少や生物種の減少など「生物多様性」に関するテーマである。そして、それぞれについて「気候変動枠組条約」と「生物多様性条約」という国際条約がすでに存在し、その締約国が参加する会議が〝COP（Conference of the Parties)〟と呼ばれ、それについての様々な議論や報道もなされている。2021年10月にグラスゴーで開催された、気候変動に関する「COP26」会議がかなりの注目を集めたことは記憶に新しい。

ところで以上の二つのテーマのうち、社会的な関心が近年特に大きいのは前者（気候変動ないし温暖化）に関してであり、後者（生物多様性）については人々の関心がさほどでもないということが、これまで折にふれて指摘されていた。しかし私自身は、むしろ生物多様性あるいは生態系のありように関する問題のほうが、ある意味で気候変動よりも根源的な〝危機〟であり、見方によってはより早急かつ優先的な対応が求められているテーマではないかと考えるようになった。

それは、新型コロナ感染症との関わりが一つのポイントだ。すなわち「人獣共通感染症」という言葉があり、これは野生動物等と人間に共通の感染症ということである。いわゆるSARS、MERSそして新型コロナ感染症はいずれもこの人獣共通感染症であり、近年それが増加しているのだが、その主な原因として熱帯雨林などの森林が急速に減少している点が挙げられることが、近年の研究から示されるようになった。つまり森林が減少し、そこでの生物多様性が損なわれるとともに、ウイルスを保有する動物の密度が増加するなどし、結果として感染症が発生しやすくなるということだ。

実際、たとえば国連の関連機関である国連環境計画（UNEP）は、2020年に出した文書において、「人獣共通感染症が発生する原動力となるのは、たいていの場合人間活動の結果として生まれる、環境の変化である」と指摘している（"Six Nature Facts Related to Coronaviruses"）。

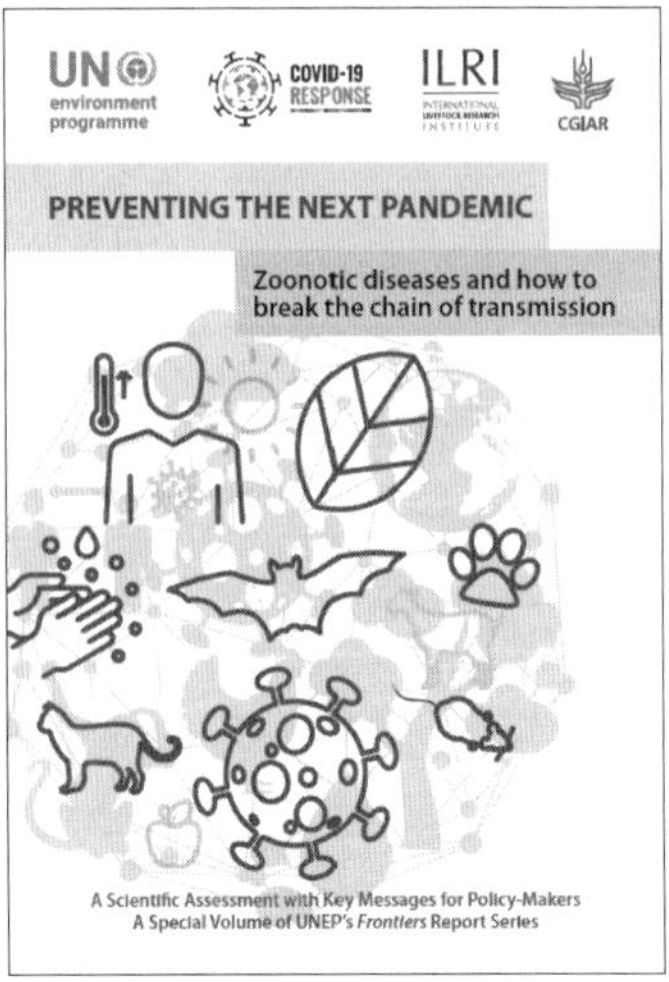

国連環境計画（UNEP）報告書『次のパンデミックを防ぐ——人獣共通感染症そしていかに伝播の連鎖を断ち切るか』（2020年）

さらに同機関は、『次のパンデミックを防ぐ——人獣共通感染症そしていかに伝播の連鎖を断ち切るか』という、このテーマに関する詳細な報告書を公表し、生物多様性ないし生態系の危機と新型コロナとの関連性や対応のあり方について様々な角度から論じているのである。

　あらためて確認すると、新型コロナ感染症による死者はすでに世界全体で実に674万人に達している（2023年1月21日時点。最大はアメリカの113万人で、ブラジル、インドが続く）。そして、上記のような人獣感染症の増加に関する認識を踏まえるならば、これは大きく言えば、**〝生態系のバランスの崩れあるいは生物多様性の危機が、「人間の健康と生命」にまで影響を及ぼすに至った〟**ととらえて大過ないだろう。

　死者数の多寡だけをもって事象の重大さを判定するわけではないが、あえて単純な比較を行った場合、気候変動の問題は、それが様々な自然災害や食糧危機等々を導く恐れがあるとしても、直ちに上記のような大量死を惹起する性格のものではない（ただし気候の安定・変動も無数の要因の微妙なバランスの上に成り立っているものなので、微小な変化が閾値を超えて急激な変化を惹起することは十分考えられる）。

誤解のないよう急いで付け加えると、ここで論じようとしているのは、気候変動と生物多様性のいずれがより重要かといったことではなく、新型コロナの背景に生態系の崩れがあることを認識することで、あるいは「地球の生態系の乱れの影響が、現実に人間の健康や生命にまで及ぶに至った現象」として新型コロナをとらえ返すことで、人間と自然の間に生じている危機の深さを人々がより明瞭に認識することができるのではないかという点である。

近代科学の二つの軸

以上の話題ともつながるが、本書の「はじめに」から述べているように、私たちが生きている現在という時代は、次のような大きく異なる方向に向かうベクトルの〝せめぎ合い〟の時代としてとらえることが可能である。

あらためて確認すると、第一のベクトルは、いわば**「スーパー資本主義」あるいは「スーパー情報化」**とも呼べるような方向であり、第二のベクトルは、**「ポスト資本主義」あるいは「ポスト情報化」**と呼びうるような方向である。

そして、これも「はじめに」で指摘したように、以上のような〝せめぎ合い〟が今後どのような帰趨をたどるかについては、「科学」、あるいはそれと一体になった技術ないしテクノロジーが今後どのような形で展開していくかがきわめて本質的な意味を持つだろう。しかも、それは私たちが科学という営みをどのように把握し、それに対していかなる態度をとるかという点とも深く関わっている。

こうした問題意識を踏まえ、本章では、私たちが現在「科学」と呼んでいる営みを根底に遡ってとらえ直すとともに、その新たな展望について考えてみたい。

まず大きな確認を行うと、第3章でも言及したように、そもそも私たちが現在「科学」と呼んでいる営みは、実質的に「西欧近代科学」ないし「近代科学」を指しており、それは17世紀にヨーロッパで生じた「科学革命（Scientific Revolution）」を通じて生成したものである。枝葉をとり払って整理を行うならば、そうした近代科学は、以下のような点に基本的な特徴を持っていると言える。すなわちそれは、

（A）普遍的な「法則」の追求……その背景としての「自然支配」ないし「人間と自然の切断」

（B）帰納的・経験的な合理性（及び要素還元主義）……その背景としての「共同体からの個人の

独立」

の二者である。

それぞれの趣旨を述べると、まず（A）は、自然現象の中に何らかの普遍的な法則（law）――通常因果的な内容のもの――を見出していくという態度を指すが、こうした姿勢が、いわゆるユダヤ＝キリスト教的な自然観と深い関わりを持つという点は、科学史の領域において以前からしばしば指摘されてきた。たとえばイギリスの著名な科学史家のルパート・ホールは次のように述べる。

「この〝自然の法則〟（laws of nature）という観念は、古代ギリシャにおいてもまた極東においても見られなかった発想であり、それは中世ヨーロッパに特有の宗教的、哲学的、そして法学的な概念の相互作用から生まれ出たものである。この〝自然法則〟という考えは、明らかに社会的・道徳的な意味における〝自然法〟（natural law）という考え――これは中世の法律家がよく使った概念である――と結びついており、このような考えはギリシャ的な自然に対する態度からは大きく異なるものである。このような形で〝法則〟という言葉を使うのは、古代ギリシャの人々は理解しなかったであろう。それは、**ユダヤ＝キリスト教的な、神が世界を創造しかつ**

それに〝法則〟を設定する、という発想にこそ由来するものなのである」(Hall［1983］、強調引用者)

つまり「自然の法則」という場合の「法」と人間社会における「法」とは通底しているのであり、ちょうど人間が社会において法に従うように、自然は、神が設定した「法則」に従うという理解である。

そしてまた、こうした「自然の法則」の探求(としての科学)という姿勢の背景には、神―人間―自然というヒエラルヒー的な秩序を前提に、自然と人間との間に明確な切断線を引き、自然は人間によって支配ないしコントロールされるべきものととらえる自然観が存在していると考えることができる。

一方、先ほど近代科学の二つの特質として指摘したうちの「(B)帰納的・経験的な合理性(及び要素還元主義)」は、歴史的には古代ギリシャにその淵源を持つものだろう。

つまりギリシャの場合、その地中海的な恵まれた風土的環境という背景のもと、ユダヤ=キリスト教的自然観の土壌となったような「(支配されるべき)敵対的な自然」という観念は薄く、他方、ポリス的な市民社会の展開に示されるように、そこでは近代民主主義の萌芽的形態と言えるような、共同体から一定の独立性を持った「個人」という観念が生成した。

このことは科学のありようや自然観にそくして見た場合、特定の共同体のみで通用するような説明の様式は退けられ、「都市」において様々なバックグラウンドを持つ多様な個人が対話を通じて納得しうるようなものとして、経験的ないし実証的な合理性が重視されるに至ったわけであり、実際それが古代ギリシャにおける科学の基盤をなしたのである。

同時にこうした思考の様式は、自然観の内容としてはいわゆる「要素還元主義」的な把握に親和的と言える。つまり「共同体からの個人の独立」という点から、自然や社会における諸現象をその要素（ないし個体）の集合体として把握するという発想が自ずと生成していくからだ。

以上いささか駆け足で議論を進めてきたが、こうして近代科学は、そのエッセンスをもっとも純化して抽出するならば、以上の二つの軸、つまり（1）普遍的な「法則」の追求（その背景としての「人間と自然の切断」ないし自然支配）及び（2）帰納的・経験的な合理性（その背景としての「共同体からの個人の独立」）の二者を、それぞれユダヤ＝キリスト教的な伝統そしてギリシャ的な思考様式から受け継ぎ、かつ統合する形で成立したと把握することが可能だろう。以上の点をまとめたのが図表4-1である。

いま近代科学を二つの軸の統合からなるものとして論じたのだが、慧眼の読者は、こうした近代科学の自然観・社会観のありようが、「資本主義」というシステムの土台をなす思考や態度ときわめて親和的であることに気づくだろう。

図表4-1　近代科学の二つの軸

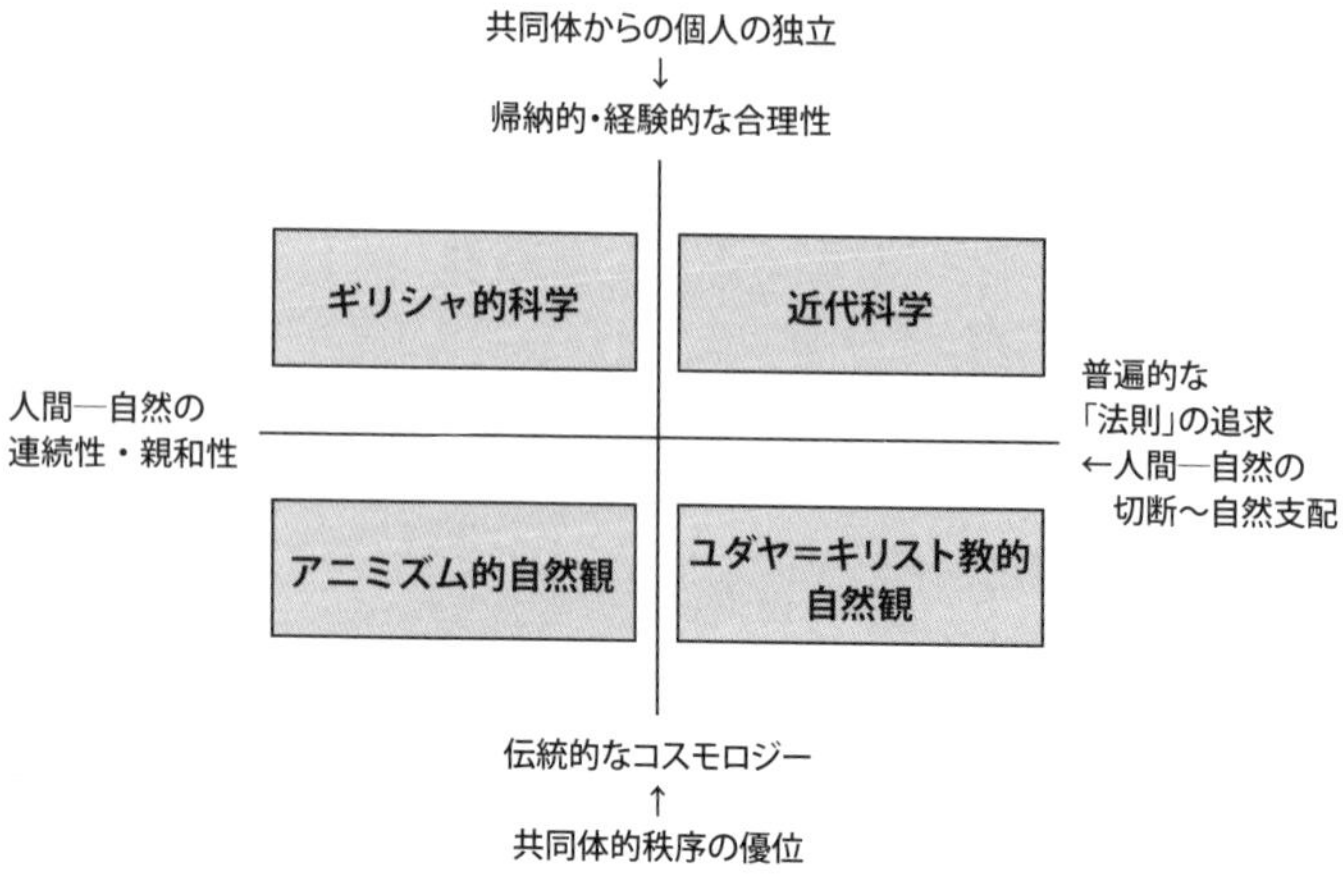

そもそも資本主義とは何かという話題は次章において主題的に論じる予定だが、究極的には資本主義とは〝市場経済プラス「限りない拡大・成長」を志向するシステム〟として理解することができる（広井［2015］）。そしてこの場合、「市場経済」は他でもなく先ほど述べた「共同体からの個人の独立」と重なり、また「限りない拡大・成長」とは、人間が自然を完全にコントロールし、そこから大量の物質・エネルギーを摂取あるいは搾取することを通じて成り立つものだ。つまり、

資本主義＝市場経済プラス「限りない拡大・成長」←独立した個人プラス自然支配

という構造であり、これは先ほど見た「近代

科学」を成り立たせている「二つの軸」の枠組みと全く重なっている。こうした意味で、近代科学と資本主義はまさに〝車の両輪〟のような関係にあると言える。

科学（サイエンス）とケアの分裂

近代科学の意味を、資本主義との関連を含めて以上のように把握した上で、冒頭で述べたような生態系をめぐる危機の状況も踏まえつつ、そうした科学そして経済社会のありようを乗り越えていくような新たな方向を考えていきたいのだが、ここではそのような構想を進めていくにあたっての戦略的な視点として、「ケアとしての科学」という展望について論じてみたい。

いささか個人的な述懐に及ぶことになるが、私自身は20年以上前から、ケアというテーマを主題にする何冊かの本を出してきた（広井［1997］、同［2000］、同［2005］）。「ケア」という言葉ないしコンセプトには多様な位相がある。すなわち狭義では、〝高齢者ケア〟〝看取りのケア〟〝心のケア〟等々といった用語法に示されるように、「介護」や「看護」といった意味を含め、それは医療や福祉、教育、心理等、様々な分野に横断的に関わる概念である。より広い含意としては「世話、手入れ」といった意味を持ち、その対象は「人」に限らず、人工物や「自然」なども含みうる。そしてもっとも広義では、それは「配慮」あるいは「関係性」とも言い換えられるような、より広範な意味に及ぶコンセプトである。

図表4-2　近代科学における科学（サイエンス）と「ケア」の分裂

科学（サイエンス）	ケア
対象との切断や自然支配・制御	対象との共感・相互作用 自然・生命の内発性
普遍的・一般的な法則の追求 〜再現可能性（reproducibility）	対象・出来事の個別性・一回性
要素還元主義	全体性・関係性への視点

多少余談めくが、ハイデガーの『存在と時間』での基本概念である（ドイツ語の）「Sorge」は、英訳版では「Care」であり、私は80年代の終わりにアメリカで学生生活を過ごした際、たまたま図書館でこのことを知ってとても驚いた記憶がある。

さて、以上のような「ケア」という言葉ないし概念を、ここで論じている「科学（サイエンス）」との対比でとらえ返す時、近代科学あるいは近代社会においては、図表4-2に示されるような、いわば「科学（サイエンス）とケアの分裂」と呼べるような状況が生じてきたと言えるだろう。

これは、先ほど「近代科学の二つの軸」という視点にそくして論じた内容から自ずと帰結することだ。図表にそくして述べると、第一に、科学においては「対象との切断や自然支配・制御」という方向が基調をなすのに対し、ケアにおいては「対象との共感・相互作用」が本質的な意味を持つ。あらためて確認するまでもなく、ケアの対象は〝機械論的な自然〟ではなく、それ自体が「内発性」を持つような存在である。

第二に、先述のように科学においては「普遍的な法則」が追求されるのに対し、ケアにおいては「対象・出来事の個別性・一回性」が重要な意味を持つ（この話題については、後ほど「再現可能性」という話題にそくして論じたい）。

第三に、科学では先述のように要素還元主義的な理解が基本をなすが、ケアの営みにおいては（個人や心身、あるいはシステムの）「全体性・関係性への視点」が本質的な意味を持つ。

このように、様々な面において「科学」と「ケア」はきわめて対照的な志向や世界観を持っており、それをここでは「科学（サイエンス）とケアの分裂」と呼んでいるのである。

しかし私が見るところ、近年の様々な科学の領域においては、興味深いことにむしろここで述べている「ケア」的な志向を持つような、科学の新たな方向が生まれているように思われる。具体的にはそれは、「個体／個人」中心の近代科学的なパラダイムに根本的な疑義を投げかけるような議論が様々な学問分野において〝同時多発的〟に生じていることに示されている。

いくつか例を挙げると、脳科学の分野においては、他者との相互作用や社会的な関係性こそが人間の脳の形成や機能にとって本質的な意味を持つとする、「ソーシャル・ブレイン」と呼ばれる把握が台頭している（藤井［２００９］）。また、病気や健康をめぐるメカニズムは基本的に（身体内部の）物理化学的因果関係によって説明されると考えるのが近代科学ないし近代医学の枠組みだったが、これに対し、「健康の社会的決定要因（social determinants of health）」という基本コンセプトを立て、他者との関わり、コミュニティとのつながり、経済格差等といった（個体を超えた）要因が、人間の健康あるいは様々な病気の生成において決定的な影響を与えていることを実証的に明らかにする「社会疫学（social epidemiology）」と呼ばれる分野が発展している（ウィルキンソン［2009］等）。

これらの他にも、人と人との「信頼」や関係性の質に焦点をあてる「ソーシャル・キャピタル（社会関係資本）」研究、人間の利他的行動や協調行動等に注目する進化生物学的研究など、「個体を超えたモデル」や人間の関係性・利他性・協調行動等への注目と分析という方向が、科学の各領域において文・理を問わず〝百花繚乱〟のように展開しつつあると言ってよい（こうした展開がなぜ生じるかという点について広井［2015］参照）。

そして先ほどふれたように、「ケア」という言葉ないしコンセプトの意味を、個体と個体の、あるいは人間と自然その他の間の「関係性」を広く指すものとしてとらえるならば、以上のような近年の科学の新たな展開は、「ケア」という概念が文・理を横断して諸科学の主要な視点の一つとして浮上していることを示していると同時に、これからの時代の科学の方向を示唆していると言えるのではないか。

ケアとしての科学

こうして、科学の新たな方向として、「ケアとしての科学」とも呼べるような姿が浮かび上がってくる。それはなおおぼろげな段階にとどまっているが、その大きなあり方としては、以下のような視点ないし自然観・世界観の方向が重要な柱になってくると思われる。

（a）関係性の科学
（b）個別性・多様性の科学
（c）内発性の科学

まず（a）として挙げた「関係性の科学」については、19世紀半ばに「エコロジー」という言葉を作ったドイツの生物学者エルンスト・ヘッケルが、その著書においてエコロジーを「有機体とその環境の間の**諸関係の科学**」と定義したことが想起される（『一般形態学』［1866年］。強調引用者。なおヘッケルについては佐藤［2015］参照）。

「関係」についての科学という発想は、要素あるいは実体に着目する近代科学の中では特異と言えるものだが、近年においては他でもなく先ほど「ソーシャル・ブレイン」や「社会疫学」

などにそくして指摘したように、こうした「関係性」に注目する様々な研究や領域が台頭しているのである（ちなみにここで、私自身が学生時代に大きな影響を受けた、「関係の一次性」を論じた哲学者・廣松渉の議論が思い出される。廣松の後期の印象深い著作として『生態史観と唯物史観』があるが（廣松［1991］）、この本に限らず、彼が（そのマルクス理解において）一貫して強調した「人間は社会的諸関係の総体である」という把握は、文字通りエコロジカルな世界認識と言え、「関係性」という点においてケアとエコロジーはつながるのである）。

また奇しくも、本章の冒頭で生物多様性や生態系の危機と資本主義や科学の関係性について言及したのだが、「エコロジー」の原義が上記のように「関係性の科学」とすれば、それは近代科学が構造上必然的に帰結させてしまう危機、そしてそれを乗り越える科学のありようというテーマと直接に関わっていると言えるだろう。

議論を急ぐと、（b）の「個別性・多様性の科学」とは、事象を「普遍的法則」のみに還元してしまうのではなく、ケアの営みがそうであるように、人間一人ひとりあるいは様々な事物や出来事の個別性・一回性に注目するとともに、そうした個別性や多様性がなぜ生じるかという、その構造の全体を俯瞰的に把握するような科学のあり方を指す。

そして（c）の「内発性の科学」は、対象や自然を単なる受動的な対象として（機械論的に）把握するのではなく、それらが持つ内発的あるいは自己組織的な力を積極的に位置づけていくような科学のありようである。たとえば非平衡熱力学と呼ばれる領域でノーベル化学賞を受賞したイリヤ・プリゴジンの「混沌からの秩序」論、つまり非生命的な現象においても混沌から秩序が形成されていくような自己組織性を自然が有しているという把握などが挙げられるだろう。

「再現可能性」をめぐる問題

ここで、こうした「ケアとしての科学」と呼べるような新たな科学の方向が持つ意味を見えやすくするため、(b)の「個別性・多様性の科学」に関して、昨今様々な議論がなされている「再現可能性(reproducibility)」をめぐる問題を取り上げてみよう。

確認すると、「再現可能性(再現性)」とは、科学論文で示された実験結果などが同じ方法や手順を踏めば文字通り「再現」できることを意味している。これは、先述のように近代科学の根幹をなす考え方の一つである「普遍的な法則」の追求ということから、自ずと導かれる考え方と言える。

ところが、特に生命科学などの分野を中心に、近年そうした「再現可能性」が〝危機〟に瀕していると多くの研究者が感じているとの調査結果が科学雑誌『ネイチャー』に掲載され話題となった。同調査によれば、研究者1576人からの回答で、52%が(再現性が)「大いに危機的」、38%が「やや危機的」と答えたというのである（同誌2016年5月26日号）。関連して、日本医学会連合も再現性をめぐる問題への提言をまとめている（『日本経済新聞』2017年7月31日）。

では、そもそもなぜこうした問題が生まれるのか。いわゆるデータの捏造や研究不正といった類の問題は別にして、ここで考えてみたいのは「再現可能性」というテーマの根本にある、科学や自然のあり方をめぐる構造的な問題である。

大きく振り返れば、17世紀の科学革命以降、科学の前線は物理的現象から生命現象、そして人間へと、いわばより複雑で、単純な法則には還元できないような現象へと歩みを進めてきたと言える。言い換えれば近代科学は、一つの数式で表現できるような、普遍性そして再現性が高い現象から順に取り上げていき、次第に探究の対象を広げてきた。

だとすればそうした過程で、「科学」の探究が生命現象や人間など、複雑かつ個別性の高い領域に及べば及ぶほど、「再現可能性」の問題が一筋縄ではいかなくなるのは、ある意味で当然のこととも言える。トートロジー的に言えば、〝再現性が困難な現象ないし領域が科学的探究の対象になってきているから、再現性が困難になる〟ということだ。

一例を挙げてみよう。臨床心理学などの領域に関わるものだが、たとえば不登校だった小学生のある男の子が、周りの人々の様々な関与や、偶然を含む出来事の展開の中で、1年の時間の経過の中で次第に学校に通えるようになったという事例を考えてみる。その変化の過程において〝何が重要な要因だったか〟を探るのは「科学的探究」そのものだが、こうした事例が「再現可能」かというと、それは否だろう。理由は簡単で、その男の子が置かれた状況や変化の過程を100%再現することは不可能だからであり、人間、とりわけその心理や社会的関係性が関わる領域においては、再現可能性が成り立たない場合のほうがむしろ一般的と言える（ちなみにこの話題は、かつてドイツの哲学者ウィンデルバントが、学問を「個性記述的（idiographic）」と「法則定立的（nomothetic）」の二者に分けた議論を思い出させる面がある）。

個別性・多様性の科学と「ローカル・グローバル・ユニバーサル」

その上で、私がここで「ケアとしての科学」の柱の一つとして考える「個別性・多様性の科学」とは、次のような趣旨のものだ。

すなわち、一方で事象の「個別性」や「多様性」に十分な関心を払いつつ、しかしそこで働いている普遍的な原理の追求を全く放棄してしまうのではなく、その両者を深い次元で総合する。言い換えれば、人間一人ひとりあるいは様々な自然事象や事物の個別性・一回性に注目するとともに、そうした個別性や多様性がなぜ生じるかという、その構造の全体を俯瞰的に把握するような科学のあり方ということである。

以上は多少わかりにくく聞こえるかもしれないが、たとえば、

①人間の「文化の多様性」と生物学的レベルを含む「普遍性」との関係性をめぐる人類学的探究（海部［2005］等）

②地震が生じる際の普遍的な法則ないしパターンと個別の地震の発生メカニズムや予知・予測に関する研究

③遺伝子ないしDNAレベルでの決定性ないし普遍性と、それが具体的・個別的な環境と相互作用しつつ様々な特性が現れることを探究する「エピジェネティクス」の研究（太田［2013］、仲野［2014］等）

など、こうした方向は様々な科学の領域で生成、展開していると思われる（こうした「ケアとしての科学」という方向をめぐる具体的な話題については、医療・超高齢社会と科学の関わりについて論じる第7章であらためて立ち返りたい）。

さらに、ここで述べている「個別性・一回性と普遍性の総合化」というテーマは、実は次のような「ローカル・グローバル・ユニバーサル」という話題と重なり合うものである。

すなわち、通常「グローバル化」ないしグローバリゼーションということが言われる場合、それは〝マクドナルド的〟に世界が一様に均質化していくといった意味で使われることが多い。

しかし、（第1章でもふれた「地球倫理」という話題とつながるテーマだが）「グローバル」とは、そうした均質化・一様化という意味では決してないのではないか。つまり**本来の「グローバル（地球的）」とは、むしろ地球上の各地域の「ローカル」な風土や文化の多様性を積極的に評価しつつ、ヒトの（生物）種としての「ユニバーサル」な普遍性の中で、そうした文化の多様性が生成する構造を、俯瞰的に把握するような態度あるいは世界観**を意味するはずではないか。

つまり、「ローカル」（地域的・個別的）と「ユニバーサル」（普遍的、宇宙的）という対立的な二者を、架橋ないし総合化（または〝止揚〟）する理念としての「グローバル」ということが考えられるのである。経済社会のありようにそくして言うならば、第6章で述べるように、ローカルな場所ないし地域から出発しながら、有限な地球において文化や資源が共存していくような社会システムの構想が求められている。

ここで「個別性・多様性の科学」と呼んでいる新たな科学の姿は、そうした経済社会をめぐる展望とも重なるだろう。

「複数の科学」あるいは「多様な科学」という発想

本章では、新型コロナと生態系をめぐる話題を手がかりにしつつ〝せめぎ合い〟の時代としての現代という認識から出発し、その帰趨を大きく規定するものとしての「科学」に注目し、近代科学の意味を整理するとともに、その今後のあり方を「ケアとしての科学」という視点にそくして考えた。

同時に本章では近代科学と資本主義は〝車の両輪〟のような関係にあることを述べたが、もし資本主義というシステムが今後「ポスト資本主義」という方向へと進化していくとするならば、そこにおける科学のありようは、ここで論じた「ケアとしての科学」と呼びうる方向へとパラレルに変容していくことになり、しかも同時に、そうした科学のありようが新たな経済社会システムを支える基盤の一つとなっていくと思われる。なぜなら経済社会システムのあり方と「科学」のありようとは、不可分に結びついているからである。

言い換えれば、**〝ひとつの経済社会システム〟――たとえば資本主義――のみが存在するのではないのと同様に、〝ひとつの科学〟の姿のみが存在するのではない**。すでに様々な科学史研究が明らかにしてきたように、経済社会や文化、風土的環境等のありように応じて、「複数の科学」あるいは「多様な科学」の姿が地球上の各地域において歴史上生成してきたのであり、今後もそうであるだろう（こうした話題について伊東［1985］、同［2013］参照）。

それでは、上記のように近代科学と資本主義が〝車の両輪〟の関係にあるとすれば、資本主義という経済システムは今後どのような方向に向かうのか。次章ではこうしたテーマについてさらに考えてみよう。

第5章　資本主義の論じ方

1

そもそも資本主義とは何か

資本主義の意味

岸田内閣が「新しい資本主義」というキャッチフレーズを掲げたこともあり、資本主義をめぐる議論が活発になった。振り返ればしばらく前から、資本主義のあり方について様々な論議がなされていた。格差をめぐる諸課題や、地球温暖化など環境問題との関わりなどがその主たる話題であり、そうした状況を受けて、資本主義の〝存続〟と〝終焉〟をめぐる議論が行われるとともに、関連してSDGs、脱成長、持続可能性等々に関する話題が多方面で論じられてきたのである。私自身も2015年に『ポスト資本主義』という本（岩波新書）を出している。

しかしながら、私が見るに、この種の議論、特に資本主義の「存否」をめぐる議論は、大抵の場合、不毛な対立や空回りに終わっていることが多い。

すなわち一方において、資本主義というシステムが終わることは決してないという強固な〝資本主義擁護論〟があり、他方において、それは最終局面に入っているとか、早急に打破すべきという〝資本主義終焉論〟があり、多くの場合、両者の議論は互いにかみ合わないまますれ違ったり、それぞれ自己満足に終わったりしているのだ。

なぜか？　もっとも大きな理由は、**多くの論者が、「そもそも資本主義とは何か」という資本主義の定義自体を曖昧なままにして、あるいは不正確な理解のままで議論を進めているから**である。

それらのうち、**しばしば見られる典型的な誤認は、「資本主義＝市場経済」という理解**だろう。

こうした誤認が生じる主たる理由は、「資本主義の反対は社会主義」という発想があるため、「資本主義＝市場経済、社会主義＝計画経済（政府による統制経済）」という対比が生じるのだと思われる。

しかしこれは明らかに不正確であり、なぜならおよそ市場というものは古代から存在しており、大きく言えば「都市」の生成とパラレルであって、資本主義よりもはるかに広範な概念だからだ。それはたとえば魚市場での〝せり〟などに象徴されるもので、それ自体はネガティブなものではない。「市場経済というものを一切認めない」という考え方もありうるが、それは狩猟採集あるいは都市が生成する以前の段階の農耕社会に帰る以外には成立困難だろう。

要するに、市場経済をすべて否定することはできないし、逆に、「だから資本主義は肯定される」とは言えないのである。

では資本主義とは何か。議論を急ぐことになるが、資本主義についてのもっとも純化した把握として、

資本主義＝市場経済プラス「限りない拡大・成長」を志向するシステム

という理解が本質的なものになると私は考えている（前掲拙著参照）。

ここでのポイントは、まず資本主義とは単なる市場経済とは異なるという点であり、これは先述のとおりである。では資本主義と市場経済が異なる点は何かというと、それは「限りない

拡大・成長への志向」という要素に行きつくだろう。

つまり、単なる市場経済あるいは商品・貨幣の交換ではなく、そうした市場取引を通じて自らの保有する貨幣（そのまとまった形態としての資本）の限りない増大を追求するシステム、これが資本主義についての基本的な把握になる。言い換えれば、単なる市場経済ではなく、それが「拡大・成長」への〝強力なドライブ〟と一体となって作動する時、はじめて資本主義として立ち現れることになるのだ。

こうした点に関連し、世界システム論で知られるウォーラーステインは次のように論じている。

「資本主義は、利潤獲得を目的として市場での販売のために生産を行う諸個人ないし諸企業の存在だけで定義されうるものではない。……**無限の資本蓄積**を優先するようなシステムが現われてはじめて、資本主義のシステムの存在を言うことができる。**この定義を用いると、近代世界システムだけが、資本主義的なシステムであるということになる**」（ウォーラーステイン［2006］、強調原著者）

そして、以上のように資本主義を把握するならば、もしも「限りない拡大・成長」という目標を捨て、地球環境や資源の有限性を踏まえつつ、拡大・成長よりも「持続可能性」に価値を置いた社会システムを構想するとすれば、定義上それはすでに「資本主義」ではない、ということになるだろう。

「緑の成長」と「脱成長」

ただし正確に言えば、こうした方向には二つの姿がある。

その第一は「**グリーン・グロース（Green Growth　緑の成長）**」、つまり資源消費や環境への負荷を最小限なものにしながら経済成長ないしGDPの増加は追求するという姿である。この考えは、資源消費や環境負荷と「経済成長」とを切り離すという意味で、〝デカップリング〟と呼ばれることもある。

第二は「**ディグロース（Degrowth　脱成長）**」、つまりGDPの増加ということをもはや絶対的な目標にせず、それとは異なる「豊かさ」の指標や社会の姿を志向するという姿だ。ちなみに第2章で論じた「ウェルビーイング」や「幸福度指標」をめぐる話題もこれに関連している。

先ほどの資本主義の定義（資本主義＝市場経済プラス限りない拡大・成長）との関連で見れば、形式的に言うならば前者（緑の成長）は「資本主義」の範囲にとどまっており、後者（脱成長）は「資本主義」から離脱したものと言うこともできる。

実はこの話題は、私が20年以上前に出した著書『定常型社会』でも言及しており（広井［2001］）、そこでは前者を〝弱い意味の定常型社会〟、後者を〝強い意味の定常型社会〟として位置づけていた。当時の日本ではこうした議論は広く浸透するに至らなかったが、カーボン・ニュートラルや「SX（サステナビリティ・トランスフォーメーション）」、「GX（グリーン・トランスフォーメーション）」、ESG投資等が一般的な話題となっている現在、そろそろ日本でもこうしたテーマを視野に収めていく時期になっているだろう。

ただし、現実的には「緑の成長」と「脱成長」は連続的な面を持っており、今の段階でこの両者のいずれをとるかにこだわるのはあまり生産的でないと私は考えている。たとえて言えば、それは〝野党同士が互いの方針の違いにこだわり対立する結果、永遠に政権をとれない〟状況と似ている。

大きく見れば、**持続可能性あるいは地球環境の有限性を重視するという基本スタンスにおいて「緑の成長」と「脱成長」は共通しているのであって、究極の姿が「脱成長」であり、「緑の成長」は過渡期的な、移行期の戦略として意味を持つ**ものと言える。

要するにそれは、「限りない拡大・成長」から「持続可能性とウェルビーイング」を重視する社会への、これからの数十年をかけた大きな移行のプロセスなのだ。

図表5-1　所得格差（ジニ係数）の国際比較（2018年）

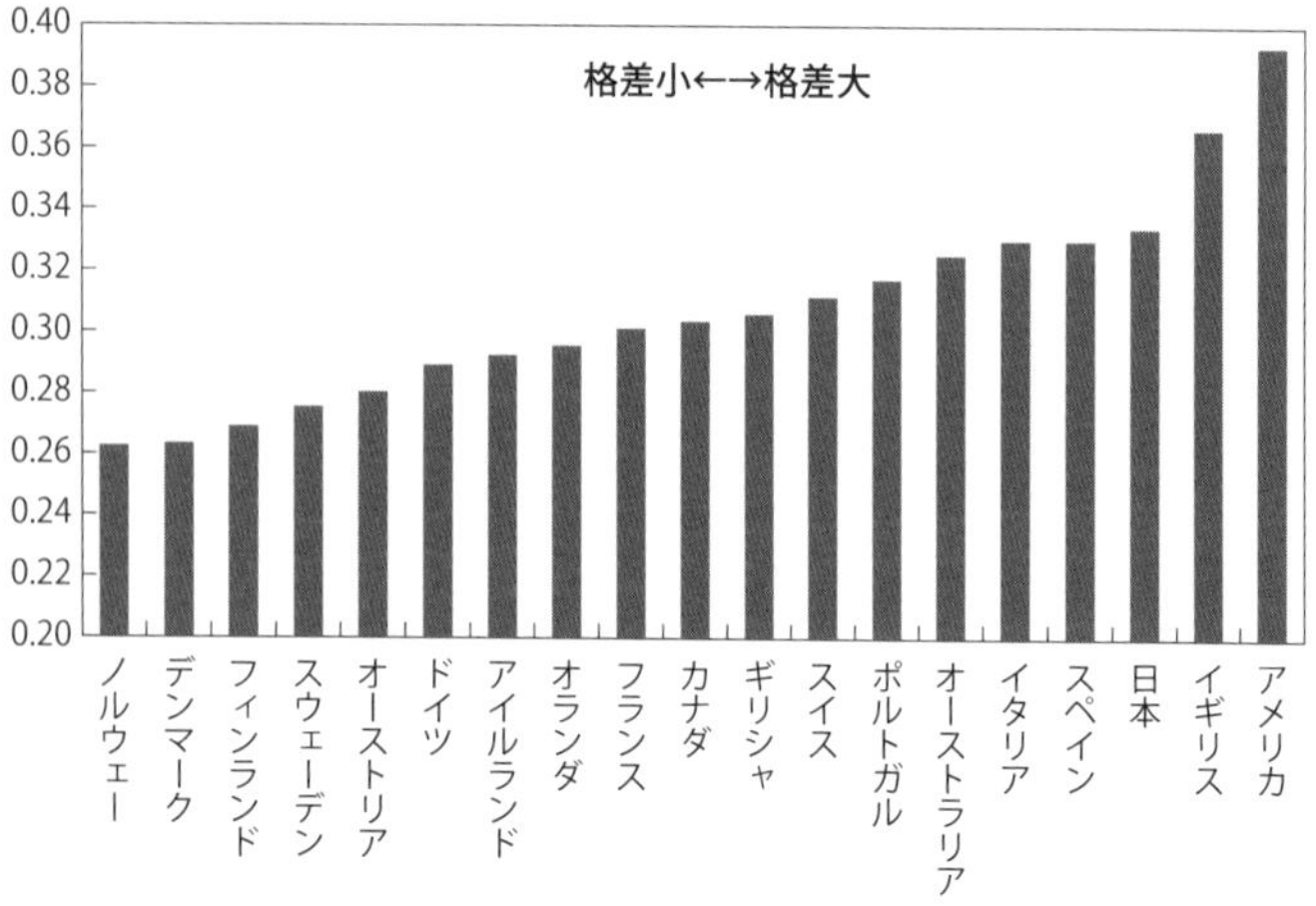

（注）ここでの所得は再分配後の家計当たりの可処分所得（家計人数に応じて調整）。
（出所）OECD Income Distribution Database（IDD）より作成。

「資本主義の多様性」と進化

以上は資本主義に関するもっとも基本的な議論だが、次にもう少し資本主義の歴史的進化や変容をめぐる現実的な議論に歩を進めてみよう。

まず、**「資本主義」と一口に言ってもそれはきわめて「多様」であり**、この点については図表5-1を見てほしい。

これは、いわゆる主要先進国の経済格差（所得格差）を示したもので、格差の度合いを表す指標であるジニ係数（値が大きいほど格差が大きいことを示す）の順に左から右に並べているものだが、国によって大きな違いがあることが示されている。

大きくは、ノルウェー、デンマークなど北欧諸国がもっとも経済格差が小さく（つまり平等度が高く）、次いでオーストリア、ドイツ、オランダ、フランスなど大陸ヨーロッパ諸国が比較的平等であり、しかしギリシャ、ポルトガルなど南欧諸国になると経済格差が次第に大きくなり、イギリスそしてアメリカに至るともっとも経済格差が大きいことが見てとれる。

ちなみに**日本は、以前は大陸ヨーロッパと同程度の平等度だったが、90年代頃からこのグラフの右のほうに徐々にシフトし、つまり次第に格差が拡大し、現在では先進諸国の中でももっとも格差が大きいグループに属しているのである。**

後の議論ともつながるが、日本において格差が大きくなっているのは、政府による税や社会保障を通じた「再分配」が弱い（あるいはそれに対する社会的合意が弱い）ことが背景にある。

いずれにしても、このように「資本主義」と言ってもその内容は国によって非常に多様であり、これはいわゆる「資本主義の多様性」（Varieties of Capitalism または Diversity of Capitalism）と呼ばれるテーマとも関係している（Amable［2003］, Hall and Soskice［2001］参照）。

では、なぜこのように同じ「資本主義」の国でありながら、格差や平等をめぐる状況がこれほど違うのか。

その主要な原因は、社会保障を軸とする福祉国家的な「再分配」を政府が積極的に行っているか、そうしたことを極力行わず市場の自由放任に委ねているかという点にある。

言い換えれば、概してヨーロッパに一般的な〝福祉国家的な資本主義〟か、アメリカのような〝純粋な資本主義〟かという大きな相違があるわけで、こうした点を捨象して単純に「資本主義の是非」を論じるような議論は百害あって一利なしと言うべきだろう。

特に日本の場合、メディアを含めて余りにもアメリカの情報に偏りすぎており、「資本主義＝アメリカ的な資本主義」ということが半ば自明のものとして議論されている。もっとヨーロッパの社会モデルや政策展開に目を向けなければいけない。

なぜなら、先ほどの**「環境」や「持続可能性」をめぐる展開もそうだが、これまでの日本での通念とは真逆に、むしろヨーロッパの社会モデルのほうが〝より進化した（あるいは次の時代を先取りした）〟資本主義の姿を示している**からだ。

ちなみに、特に第二次大戦後に顕著になった以上のような「福祉国家」あるいは「政府による積極的な再分配」という政策展開は、第3章でも述べたいわゆるケインズ政策の理念と重なっており、社会主義ないしマルクス主義陣営からは〝修正資本主義〟と呼ばれ、かつ「資本主義の延命策」として批判されたことも想起しておきたい。

いずれにしても、こうした「ケインズ主義的福祉国家」は、市場経済の自由放任ではなく、所得再分配や公共事業などを通じ、政府が積極的にそれに介入する（かつそれを通じて経済成長を実現させる）というものであり、資本主義の中に社会主義的な要素を取り入れたシステムだったと言える。実際、それは資本主義と社会主義の「中間の道（the middle way）」と呼ばれたのである。

資本主義の進化と「二重の修正」

ところで、ここにあるのは「政府」と「市場」の役割をめぐる基本的対立で、それは〝冷戦〟という形で20世紀後半の世界を特徴づけたシステム対立だったわけだが、注意すべきは、実は**それらはいずれも「限りない経済成長」ということを前提にしていた**という点だ。

つまり、「経済成長は政府ないし計画経済によって達成できる」と考える社会主義と、「経済成長は市場経済によってこそ達成できる」という資本主義の対立であり、両者はともに「限りない経済成長」を目標にするという点では実は共通していたのである。

ところが、1972年にローマ・クラブとMITの研究グループが、当時最先端のコンピューター技術を使って地球資源の未来に関するシミュレーションを行い、それを『成長の限界』として公表した。これに象徴されるように、70年代頃から浮上してきたのは、そうした限りない経済成長が地球環境や資源の有限性との関係でそもそも可能なのかという議論だったわけである。

以上の流れを単純化して整理すると、**資本主義はこれまで次のような「二重の修正」を行っ**

てきたことになる。つまり、

- 第一の修正……第二次大戦以降を中心とする、「政府」の再分配政策（＝福祉国家）を通じた、「市場経済」の修正　→「富の分配」（の公正）をめぐる修正
- 第二の修正……70年代頃に顕在化し特に近年において顕著になった、環境・資源制約を背景とする、「限りない拡大・成長」の修正　→「富の規模」（の持続可能性）をめぐる修正

の二者である。読者はお気づきのとおり、こうして本章の初めで定義した「資本主義＝市場経済プラス限りない拡大・成長」というシステムは、「市場経済」という点および「限りない拡大・成長」といういずれの構成要素においても〝修正〟がなされることになった。

それは、〝資本主義の新たな（変形した）姿〟と呼ぶことも不可能ではないし、一方、「市場経済」と「限りない拡大・成長」という、資本主義の本質的な構成要素それ自体が大きく修正されているのだから、もはや資本主義ではないと言うこともできる。

それは用語の定義の問題だが、確かなことは、資本主義は、これまでの進化あるいは歴史的変容の中で、①所得再分配など政府による市場経済への積極的な介入、②地球環境の有限性の中での、「限りない拡大・成長」という方向の修正を余儀なくされてきたという点である。

それは言い換えれば、「資本主義（市場）・社会主義（政府）・エコロジー（コミュニティ）のクロスオーバー」という方向への進化のプロセスと言えるし――この話題は次節において具体的に論じる予定である――、あるいはそれは資本主義が、自らの存続あるいは「持続可能性」のために、本来の資本主義とは異なる要素あるいは原理を取り込んでいった過程と見ることもできるのである。

「持続可能な福祉社会」のビジョン

それでは以上のような認識を踏まえた上で、これから私たちはどのような社会システムを構想すべきなのか。

第3章でも少しふれたが、私自身は、2001年に出した先述の拙著『定常型社会』以来、「持続可能な福祉社会」と呼びうる社会像を提案してきた（広井［2006］、同［2009a］、同［2015］等）。

大きく言えば「持続可能な福祉社会」とは、「個人の生活保障や分配の公正が実現されつつ、それが資源・環境制約とも両立しながら長期にわたって存続できるような社会」を意味している。この性格づけにも示されるように、それは

図表5-2　「持続可能な福祉社会」指標による国際比較
――環境パフォーマンスと社会の平等度はある程度相関

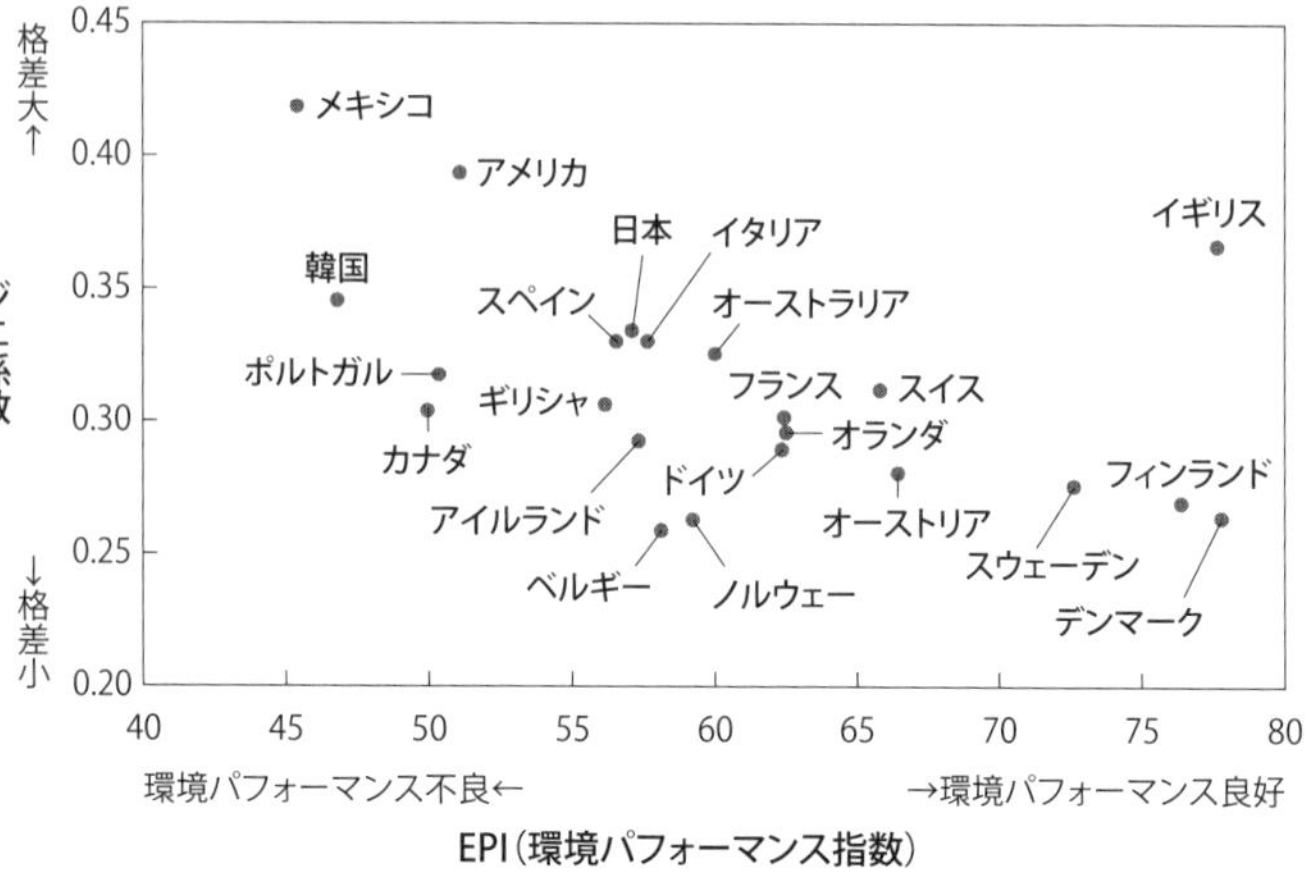

（注）ジニ係数は主に2018年（OECDデータ）。EPIはイェール大学環境法・政策センター策定の環境総合指数（2022年版）。

- 富の「分配」の平等、公正……福祉
- 富の「総量」の持続可能性……環境

という、別個に論じられることの多い「福祉」と「環境」の問題をトータルに考えていこうという関心がベースの一つにある。これは先ほどの資本主義の〝二重の修正〟という論点とも関連しており、言い換えれば、「持続可能な福祉社会」とは資本主義がその進化の果てに行き着くはずの究極の姿とも言えるだろう。

では現実の社会において、この両者（福祉・格差と環境）はどのように関係しているのだろうか。

それを国際比較にそくして示したの

が図表5－2である。これは「持続可能な福祉社会」指標と呼べるような試みで、図の縦軸はいわゆるジニ係数で経済格差の度合いを示している（上ほど数値が大きく格差大）。他方、図の横軸は環境のパフォーマンスに関する指標で、ここでは「環境パフォーマンス指数（EPI：Environmental Performance Index）という、イェール大学で開発された環境に関する総合指数を使っている（環境汚染、二酸化炭素排出、生態系保全等に関する指標を総合化したもの）。軸の右のほうが環境パフォーマンスが高いことを示している。

このように、**通常は一緒に論じられることの少ない「格差」と「環境」を総合的にとらえる時、興味深いことに、両者の間には一定の相関がある**ことが図から見て取れる。

つまりメキシコ、アメリカ、韓国、日本などを含む、図の左上に位置する国々は、概して「格差が大きく、また環境面でのパフォーマンスが良好でない国」ということになる。

他方、右下のほうのグループは「格差が相対的に小さく、また環境のパフォーマンスが良好な国」であり、北欧、ドイツなどの国々が該当する。これらはまさにここで論じている「持続可能な福祉社会」の像に近い国々と言える。

それではなぜ、このように「福祉」（ここでは格差の度合い）と「環境」のありようはある程度相関するのだろうか。言い換えれば、なぜ**「平等」と「環境パフォーマンス」は一定の関連性を持つ**のだろうか。

この点は意外に論じられることがないが、おそらく次のようなメカニズムが働いているのではないか。

すなわち、格差が相対的に大きい国ないし社会においては、①その度合いの大きさと相関して「競争圧力」が高く、②しかも格差が大きいということは「再分配」（による平等化）への社会的合意が低いことを意味するから、これら①②の結果、ひたすら「パイの拡大＝経済成長による解決」という方向が自ずと強くなり、環境への配慮や持続可能性といった価値ないし対応は後回しになるということである。

アメリカや日本はこうした傾向が強いだろうし、実際、トランプ政権や安倍政権はまさにそうした典型例だった。〝経済成長こそが唯一の解決策〟という発想である。

逆に一定以上の平等を実現させている社会においては、競争圧力は相対的に緩和され、また再分配への社会的合意も一定程度存在するため、経済成長つまりパイ全体を拡大しなければ豊かになれないという発想は相対的に弱くなり、それとパラレルに環境や持続可能性への配慮も可能になるだろう。グラフの右下に位置するヨーロッパの国々はこうした傾向が強いと思われる。

そしてこうした相違の背景には、いわゆるソーシャル・キャピタル、つまり家族や個々の集団を超えた「信頼」や「分かち合い」「再分配」への合意が浸透しているということが関与しているだろう。つまり「福祉＝平等」「環境＝持続可能性」に関わるパフォーマンスや社会のありようの根底には、そうした人と人との関係性、社会における基本的な価値観のありようが働いているのだ。

それは本章の終わりで述べる、豊かな「成熟社会」への社会的合意とも呼べるものだろう。

2 資本主義・社会主義・エコロジーのクロスオーバー

資本主義の多様性や進化、そして若干の展望について述べてきたが、以上は概括的な総論にとどまっている。本節ではもう少し具体的に、資本主義の修正や変容という点も含めたこれからの時代の社会システムの構想について考えてみよう。

社会的セーフティネットの構造と進化

手がかりとして、「社会的セーフティネット」という視点から議論を進めてみたい。

図表5−3　社会的セーフティネットの構造

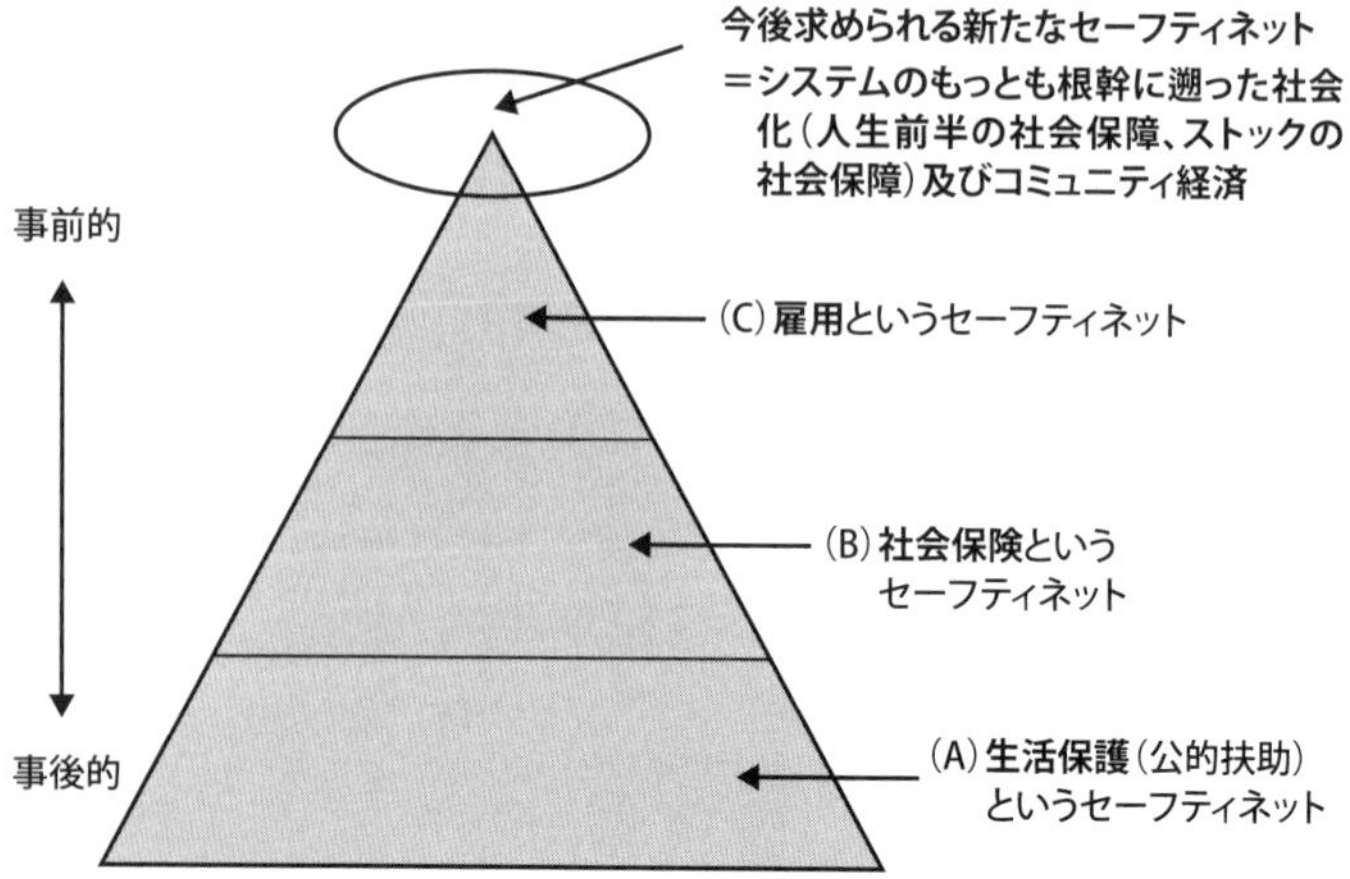

図表5−3をご覧いただきたい。これは現在の日本や多くの先進諸国における「社会的セーフティネット」の構造を簡単にまとめたものである。

まずピラミッドの一番上に「(C) 雇用というセーフティネット (C)」の層がある。これは、ある意味では当然のことだが、資本主義あるいは市場経済を基調とする社会においては、仕事に就き、そこで収入を得ることが生計を立てていくにあたってのもっとも基本的な基盤になるという意味である。

しかし人間は病気になったり失業したり、高齢になると退職して収入源を失ったりする。そこで重要になるのが、ピラミッドの真ん中の「(B) 社会保険というセーフティネット」であり、健康保険や失業保険、年金等がこれに該当する。

ただしここで注意すべきは、こうした社会保険は、あらかじめ仕事に就き、そこで収入の一定部分を「社会保険料」という形で事前に払っていることが前提であり、つまり先の「雇用」とセットになっているということだ。したがって、病気や失業の期間が長くなったりすると社会保険のセーフティネットは得ることができなくなる。

そこで登場するのが〝最後のセーフティネット〟たる生活保護であり（図の一番下の（A））、これは税によって賄われる最低限の生活保障システムである。

以上が社会的セーフティネットの一般的な構造だが、実はここで注目したい内容は次の点にある。

それは、歴史的に見ると、**こうした社会的セーフティネットは、資本主義の進化の過程で、いま述べたのとは逆の順、つまりピラミッドの下から上にかけて、順次整備されてきた**という点だ。

すなわち、こうした社会的セーフティネットの最初の象徴例は、まさに資本主義の勃興期のイギリスにおいて、エリザベス1世によって制定された「救貧法（Poor Law）」であり（1601年）、奇しくもこの1601年という年は（第3章でもふれた）イギリス東インド会社が創設された年（1600年）の翌年である。当時のイギリスでは市場経済が急速に発展しており、しかし同時にその負の側面として都市に貧困層が発生・拡大し、その慈善的な救済策として救貧法が制定されたのである。

しかしやがて18世紀後半に産業革命が起こり、工業化が進展して大量の都市労働者が生まれる時代になると、いわば救貧法のような事後的な救済策では到底〝間に合わなく〟なり、そこで労働者が（病気や失業に陥る前に）事前にお金を積み立てて共同でプールし、あらかじめ貧困に備えるという仕組みが考案されるに至る。

これがまさに国家による強制加入保険としての「社会保険」の誕生であり、それはよく知られるように、当時急速に工業化を成し遂げイギリスの地位を脅かしつつあったドイツ（プロシア）における宰相ビスマルクの実施した基幹的政策となった（1880年代に疾病保険、労災保険、年金保険が創設）。これらは先の社会的セーフティネットの図の真ん中（B）にあたるものである。

「事後的救済」から「事前的対応」へ――資本主義の進化と社会化

しかし物語はこれでは終わらない。その後工業化がさらに加速し、資本主義はさらに展開するが、やがて1929年の世界恐慌を迎える。

この時〝マルクス主義陣営〟は、資本主義は生産過剰に陥っており、国家による生産の計画的管理が不可避と主張したわけだが、第3章でも述べたように、ここであたかも資本主義の救世主として登場したのがケインズだった。そしてケインズは、政府が公共事業や社会保障を通じて市場に介入することにより、（経済成長のエンジンである）新たな「需要」を創出することができ、それによって、ピラミッドの一番上、つまり「雇用」そのものをも生み出すことができるとしたのである。

「雇用」そのものを政府が作り出すというのは、まさに資本主義の根幹に関わる〝修正〟と言える。こうした「ケインズ主義的福祉国家」の理念と政策は先述のように「修正資本主義」とも呼ばれたのだが、こうした政策により、資本主義は恐慌と戦争から再出発し、20世紀後半（特に1970年代頃まで）に空前の成長を遂げたのだった。

以上の流れを見ると、先ほど指摘したように、資本主義は、その社会的セーフティネットを図表5-3のピラミッドの下から上の順に整備していったことになる。

そしてここで注目したいのは、そうした資本主義の歴史的な進化の過程で、**政府による市場経済への介入が、いわば資本主義システムの末端的部分から、より根幹的な部分へと進んでいったという点だ。**

つまり最初は救貧法のような事後的救済から始まり（第1ステップ）、続いて社会保険という〝事前的〟な介入となり（第2ステップ）、さらに20世紀半ば以降はケインズ政策的な市場介入による雇用そのものの創出（第3ステップ）に進化していった。

これは巨視的に見るならば、**それぞれの段階において分配の不均衡や成長の推進力の枯渇と**

図表5-4　資本主義の進化と社会化

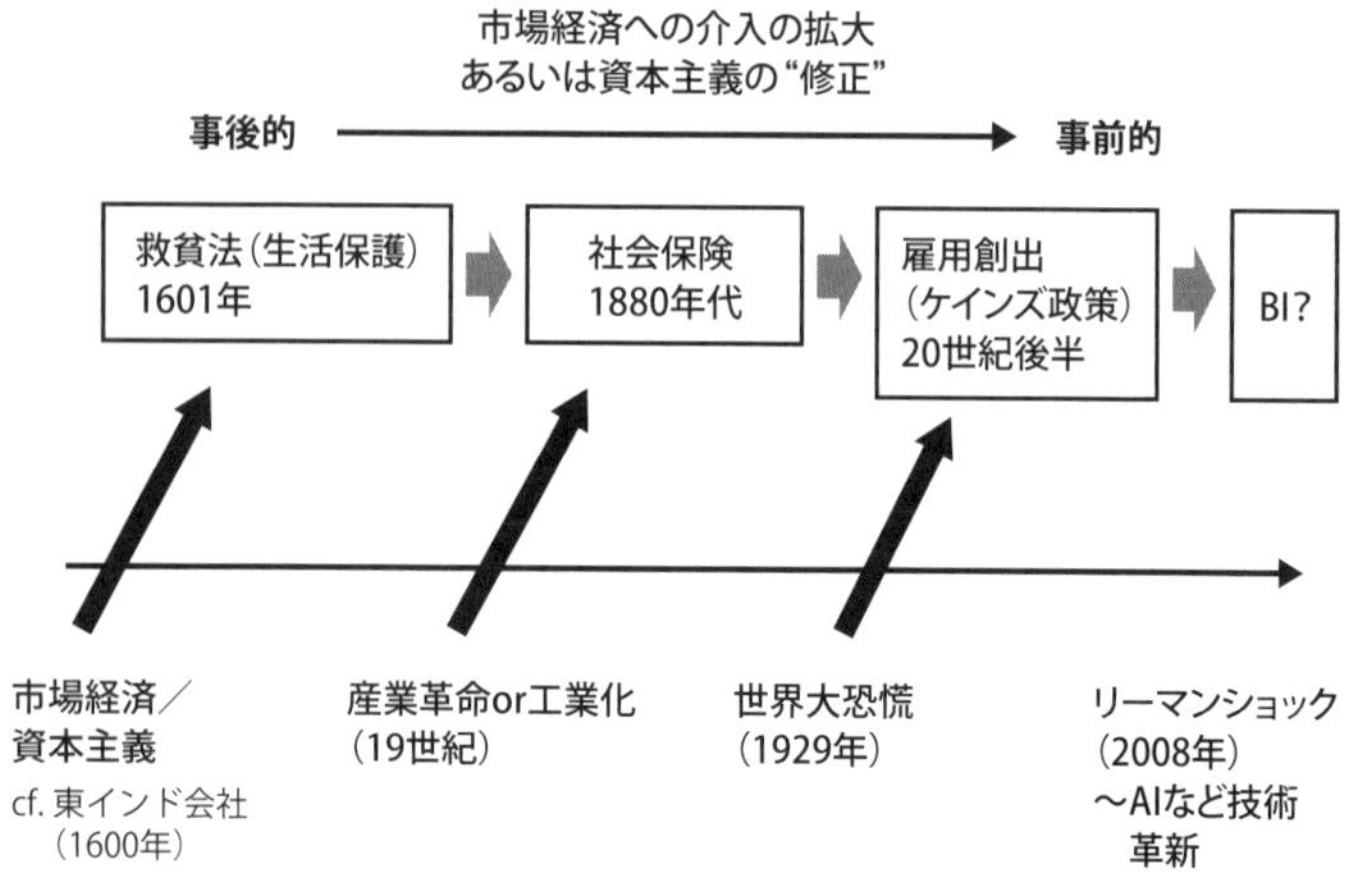

いった〝危機〟に瀕した資本主義が、その対応あるいは「修正」を、〝事後的〟ないし末端的なものから、順次〝事前的〟ないしシステムのもっとも「根幹」（ないし中枢）に遡ったものへと拡張してきた、という一つの大きなベクトルとしてとらえることができるだろう。この点を示したのが図表5-4である。

その「修正」の中身は、政府ないし公的部門による市場への介入の拡大であるから、それは言い換えれば資本主義がそのシステムを順次〝社会化〟してきた――あるいはシステムの中に〝社会主義的な要素〟を導入してきた――ステップでもあった。

いずれにしても、こうしてとりわけ20世紀後半、先進諸国の政府の財政規模、すなわち市場経済への政府の介入の度合いは飛躍的に増加し、かつ一定の経済成長を維持してきたわけである。しかし70年代頃から経済成長は次第に鈍化し、2008年にはリーマンショックが起こり、その後一時的に回復するかのように見えたものの、その後は「長期停滞（secular stagnation）」と呼ばれるような慢性的な低成長が続き、格差も広がっている。

これからの社会システムの構想

それでは、以上見てきたような資本主義の進化における3ステップ、つまり①救貧法、②社会保険、③ケインズ政策という、大きな流れの〝先〟にある対応は何なのか、という問いが本質的な意味を持って浮上することになる。

ある意味でその答えないし展望は、ここまでの議論の中に含まれている。つまり以上のようなステップの中で、市場経済に対する政府の介入、あるいは資本主義の修正がより強いものとなり、しかもそれは「事後的な救済」から「事前的・予防的な対応」、あるいは資本主義の周辺部から中枢部への介入へと進化してきたという点である。このベクトルをさらに進めるとすれば、いわば〝もっとも「事前的な対応」あるいは資本主義システムの根幹部分への介入〟ということが浮かび上がってくるだろう。

それは具体的には何か。以下のような対応と考えられる。

①「人生前半の社会保障」……教育を含む若い世代への手厚い支援
②「ストックの社会保障と公共的管理」……住宅・土地等の資産に関する保障や再分配
③「コミュニティ経済」……コミュニティそのものの活性化と経済循環

これらは先ほどまでの議論を踏まえればある意味で自ずと浮かび上がる内容だろう。まず①は「(事後的→)事前的な対応」ということを進めていった先にあるもので、〝人生の初めにおいて共通のスタートラインに立てること〟の保障と言ってもよい。

昨今日本では「親ガチャ」ということが言われる。つまりどういう家庭や経済状況、あるいは教育環境に生まれたかで、その後の人生がほとんど決まってしまうような社会に日本はなりつつあるということだが、これは「平等」という観点のみならず、社会の活力や個人の自由の保障という点から見ても問題だろう(この話題については広井[2001]参照)。

しかも、第9章で主題的に論じる予定だが、日本においてはそうした「人生前半の社会保障」が国際的に見て非常に小さく、特に教育については、GDPに対する公的教育支出の割合は先進諸国の中で最低レベルとなっているのである。要するに〝**若い世代にお金が回っていない**〟**のが現在の日本**なのだ。

ところで、実はこのテーマは別の深い意味を持っている。すなわち、〝個人が生まれた時点で共通のスタートラインに立つことができ、各々の能力を自由に発揮していける〟というのは、それ自体は自由主義的あるいは資本主義的な理念に親和的なものだろう。つまりそれは、〝共通の条件の下で個人が自由に競争する〟というイメージであり、あるいは〝チャンスが万人に開かれている〟という社会の姿である。

しかしながら、もし親から子へと格差がそのままバトンタッチされていくならば、または〝世襲〟が一般化していくならば、そうした「共通のスタートライン」は徐々に失われていくだろう。そしてそうした場合に人々に「共通のスタートライン」を実現しようとすれば、何らかの形での政府による「再分配」政策が必要になってくる。それが他でもなく、上記のような教育を含む「人生前半の社会保障」の強化であるわけだ（その有力な財源として相続税が考えられる。広井［2001］参照)。

つまりこれは、**〝資本主義的な理念（=個人の自由な競争）を実現させるために、社会主義的な対応（市場経済に対する公的介入）が重要になる〟**という、ある意味で根本的なパラドックスを意味しているのだ。これも「資本主義・社会主義・エコロジーのクロスオーバー」の一局面と言えるだろう。

②の「ストックの社会保障と公共的管理」は、①とも類似した面を含んでいる。つまり個人

が共通のスタートラインに立てるようにするためには、ストック（資産）、つまりその人が人生を歩んでいくにあたっての基盤となる土台に大きな格差があってはならないという点であり、具体的には教育、住宅、土地などの資産や公的管理を含んでいる。実はこれは、第6章の「鎮守の森と生態都市」のところで論じる予定の、成熟経済あるいは人口減少社会におけるストックの分配問題というテーマともつながっているだろう。また、これは経済学者の宇沢弘文氏が唱えた「社会的共通資本」の考えとも関連する面がある。

要するに、これまでの資本主義の流れにおいては、先ほど見たように「市場経済」という「フロー」に主たる関心が向けられ、その再分配ないし保障のシステムとして社会保障があったわけだが、今後は市場経済というフローの土台あるいは基盤となっている「ストック」にまで視野を広げて様々な政策対応を行うことが重要になるということだ。

これはまさに資本主義の〝根幹〟に遡った対応ないし修正であり、なぜなら資本主義と社会主義との本質的な相違は、「土地」というストックの公共性ないし公共的管理という点をどう考えるかにあったからである（この話題については広井［2006］参照）。

そしてまた、ここで述べている「ストック」をめぐる課題は、人間や経済にとって究極の基盤でありストックである**「自然環境」**を含むことになる。そうした自然環境はこれまで〝無尽蔵〟のものと考えられ、ストックとして意識されることも少なかったわけだが、近年では「自然資本」というコンセプトに対する関心や議論が活発になっている。まさにストックとしての自然環境あるいは自然資本の保全や管理が大きな課題として浮上しているのであり、これは「資本主義・社会主義・エコロジーのクロスオーバー」のもっとも根本的な局面と言えるだろう。

「コミュニティ経済」という発想

最後に③の「コミュニティ経済」とは次のような趣旨である。すなわち従来の社会的セーフティネットの発想では、「市場経済」をまず前提とした上で、そこから落伍した者を（事後的に）救済する」という発想が基本だった。これに対し、そもそも最初にあるのは市場経済ではなく「コミュニティ」であり、しかもそこにおいてヒト・モノ・カネが循環し、雇用も生まれるような経済的な側面を持った「コミュニティ経済」と呼べる存在であるとの発想に立ち、それらの再生や活性化を通じて貧困や格差、孤立、雇用などの問題を解決していこうとするものである（それは多様な形をとるものだが、商店街、再生可能エネルギー、農業、ケア、地場・伝統産業関連等様々なものが考えられる。広井［2015］参照）。

また、このテーマは次のような多少異なる側面も持っている。すなわち大きな視点で見るならば、資本主義が勃興して以降の近代という時代においては、〝「公（政府）」と「私（市場）」の二元論〟ということが社会システムの基本となった。この場合、推進力となるのは「私（市場）」

図表5-5　政府―市場―コミュニティの関係
その最適の組み合わせは？

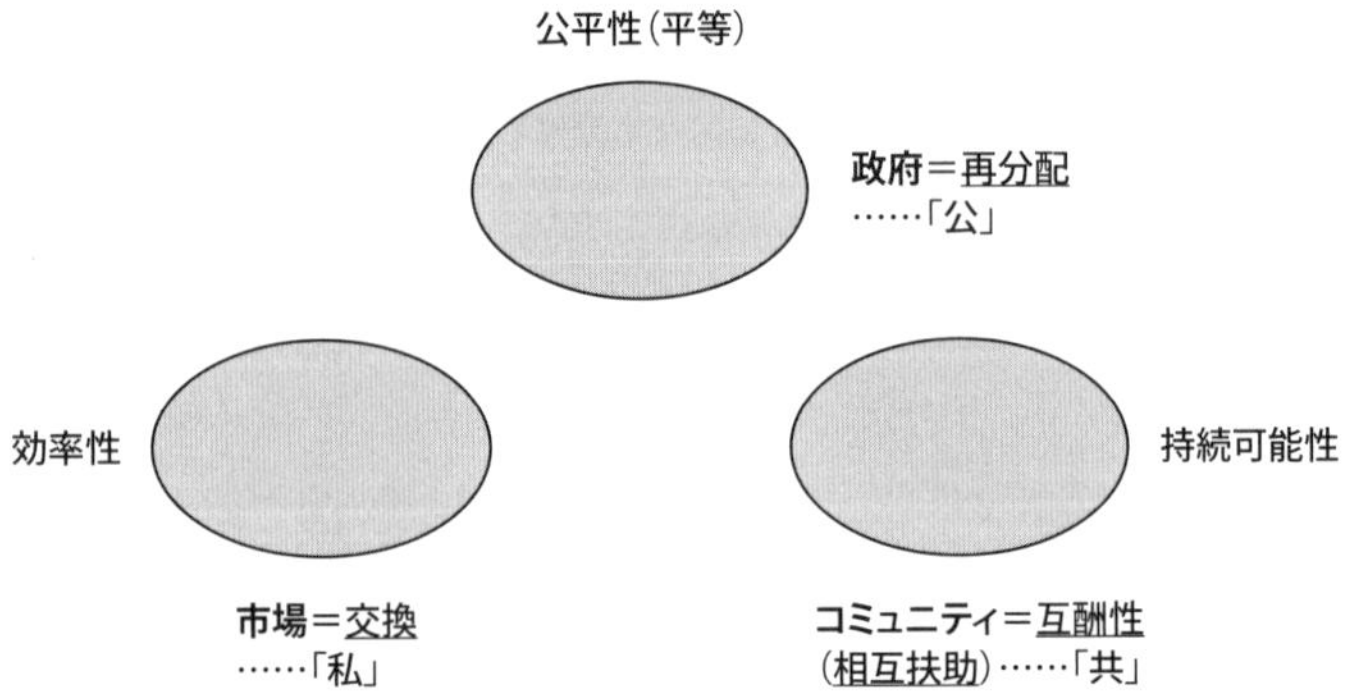

（参考）広井良典編『「環境と福祉」の統合』有斐閣、2008年。

あるいは企業であり、企業はそこにおいて「利潤極大化」という方向をフル稼働させ、そこから生じる格差や貧困あるいは環境破壊といった問題については、「公」的部門たる政府が様々な是正策を講じる、という構図である。

こうした「公・私の二元論」的システムは、本章でもふれてきたように1970年代頃までは比較的うまく機能していたが、それ以降は〝福祉国家の危機〟が生じるとともに様々な環境問題が拡大し、格差や分配の面においても、また持続可能性という面においても機能不全に陥っていった。

ここで新たに生まれる発想は、以上のような「公・私の二元論」自体を見直し、具体的には「コミュニティ」という、（利潤極大化よりも）「相互扶助」ないし「互酬性」の原理で動く領域を再評価し、したがって「公・共・私」の三元論的なシステムを構想していくという方向である（図表5―5参照）。企業にそくして見るならば、それは企業行動の中に何らかの形で「コミュニティ（ないし相互扶助、循環）」的な原理を導入するということであり、SDGs的な話題ともつながる。

さらに、実はこれは先ほど指摘した「事前的な対応」と重なる、ある種の〝予防〟的対応とも言えるだろう。つまり「企業＝利潤極大化」と「政府による事後的な是正」という組み合わせではなく、企業行動そのものの中に上記のようなコミュニティ的原理を当初から導入し、結果的に（格差や環境破壊などの）社会的なコストを抑制していくという発想だ。

〝企業行動の中に利潤極大化とは異なるコミュニティ的原理を導入する〟とは、いささか夢物語のような空理空論に響くかもしれないが、そうではない。しばしば引かれる近江商人の「三方よし」の考えや、渋沢栄一の『論語と算盤』、二宮尊徳の「経済と道徳の一致」のように、近代以前の社会あるいは資本主義の黎明期においては、そうした発想がむしろ広く浸透していたのである。

ちなみに渋沢栄一は『論語と算盤』の中で、「正しい道理の富でなければ、その富は完全に永続することができぬ。ここにおいて論語と算盤という懸け離れたものを一致せしめることが、今日の緊要の務めと自分は考えているのである」と述べている。これは現代風に言うならば、〝企業経営においては「持続可能性」が重要であり、そこにおいて経済と倫理は一致する〟とい

図表5-6　「公・共・私」の役割分担のダイナミクス

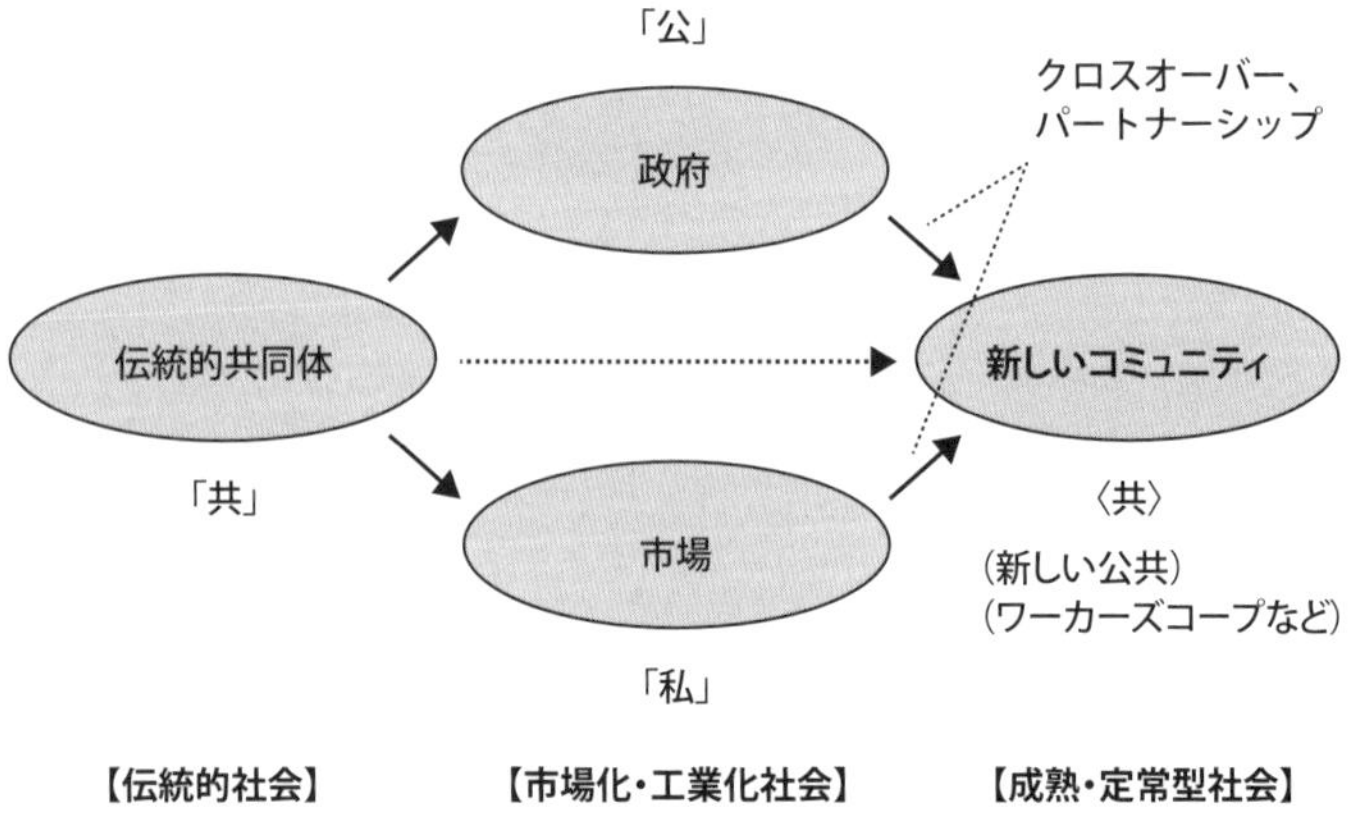

うメッセージと理解できるだろう。

この話題は以前の拙著において「経済と倫理の分離と再融合」という視点で論じたが（広井［2019］）、実はこの背景にあるのは、**「有限な環境の中での経済活動」か、「無限のパイの拡大の中での経済活動」かという、環境の有限性と無限性をめぐる状況の相違**である。地球環境の有限性が自覚され、持続可能性という価値が大きく浮上している現在、「コミュニティ」の原理を取り入れた企業や社会システムの構想が求められているのだ（図表5－6参照）。

以上、これからの社会システムの構想について重要となる論点を、①「人生前半の社会保障」、②「ストックの社会保障と公共的管理」、③「コミュニティ経済」という三者にそくして述べてきた。

このような方向や展望を全体として眺めると、資本主義ないし市場経済に対して様々な政府部門の公的対応や修正がなされ、またそこではコミュニティや環境、持続可能性をめぐる課題や価値が組み込まれていくという点において、それは（本章の中でも幾度か言及してきた）「資本主義・社会主義・エコロジーのクロスオーバー」と呼びうる社会像となっている。

それは言い換えれば、先ほど図表5-5で示した「政府―市場―コミュニティ」の最適の役割分担への模索でもあり、同時に第3章や本章の前半で述べた、「環境（持続可能性）・福祉（公平ないし平等）・経済（効率性）」の調和した「持続可能な福祉社会」のビジョンと重なる。これらのテーマが21世紀の世界の、特にその前半期における中心的な課題と考えて間違いないだろう。

経済成長主義からの脱却と「成熟社会のデザイン」

本章の最後に、日本の現在と未来について述べておきたい。

本書の「はじめに」でも言及したように、思えば「昭和」の日本、とりわけ第二次大戦後の日本は、高度成長期に象徴されるように〝国を挙げての経済成長〟を絶対的な目標とし、それをゴールとして「集団で一本の道を登る」ような社会を作り上げてきた。

しかし物質的な豊かさが飽和し、また2008年をピークに人口も減少に転じ、さらに気候変動や新型コロナ禍に示されるように地球環境や生態系の有限性ということも顕在化してきた今、そうした〝国を挙げての経済成長〟＝「集団で一本の道を登る」モデルの延長で考えていては、人々は疲弊し、個人の創造性は失われ、孤立と格差が深まっていくだけである。

しかもアベノミクス以来再び強固になった、「経済成長がすべての問題を解決してくれる」という昭和的発想と政策対応の結果、社会保障財源のための税など「負担」の問題は先送りされ、その結果、国際的に見て突出した規模の膨大な借金を将来世代にツケ回ししている。これでは日本の未来はない（この話題は「科学予算と世代間配分」に関する第9章で主題化したい）。

日本社会にもっとも必要なのは、上記の「経済成長がすべての問題を解決してくれる」という発想から抜け出し、中長期的な展望に立って、本書で提案してきたような「環境・福祉・経済」が調和した「持続可能な福祉社会」と呼びうる社会のあり方を正面から議論し、構想していくことである。それは「成熟社会のデザイン」とも表現できるテーマであるだろう。

なおこうした点に関し、（一昨年還暦を迎えた身として）若干の「希望」を込めつつ個人的な述懐を記すことを許していただきたい。

本章の初めのほうでもふれたように、私は20年以上前から「定常型社会＝持続可能な福祉社会」という社会像を提案してきた。そうした考え方は、日本社会全体から見れば少数派に属する見解だっただろうが、近年に至って、ＳＤＧｓや持続可能性、「豊かさ」の意味や指標（ウェルビーイングなど）をめぐる議論等々が経済界や企業レベルでも活発に行われるようになり、一部には表面的なものもあるにしても、ここ数年で〝社会の潮目〟が大きく変化していることを実感している。

これは上記の昭和的価値観を象徴する、団塊の世代及びその前後の世代からの世代交代が（遅きに失する面があるが）徐々に進み始めているという、日本社会の世代的な変化とも関係しているだろうし、先述の「経済成長がすべての問題を解決してくれる」的発想、あるいは〝GDP至上主義〟的思考からの構造的な変化でもある。

そうした状況を踏まえ、環境・福祉・経済のバランスのとれた「持続可能な福祉社会＝成熟社会のデザイン」を正面から議論し、構想していくことがいま何より求められている。

第6章

鎮守の森と生態都市

本章では、第1章のＡＩシミュレーションで示された「分散型社会」という展望も踏まえながら、これからの時代の都市や地域、あるいは国土の空間デザインのあり方、自然や生態系との関わり等について、私自身がここ10年来進めている「鎮守の森コミュニティ・プロジェクト」なども紹介させていただきつつ考えてみたい。

「ガーデン・シティ」と日本

「ガーデン・シティ」という、比較的よく知られた言葉がある。確認すると、これはイギリスの社会改良家ハワードが１９０２年に公刊した著書『明日のガーデン・シティ（*Garden Cities of Tomorrow*）』に由来するもので、環境と調和した、人間的でゆとりある生活を実現するような都市のあり方を意味するものだ。

当時イギリスでは産業革命が進行し、大気汚染など公害の増加、コミュニティの稀薄化や格差拡大、自然の喪失等々が進んでいたが、そうした状況を克服していくための新たな時代の都市の理念として提唱されたのがこの「ガーデン・シティ」だった。ハワードのこうした理念は、それを踏まえて具体的な都市の設計を進めていった建築家レイモンド・アンウィンの実践とともに、20世紀の都市づくりにおける指針として世界各国の都市計画に影響を与えていった。

ところで、こうした「ガーデン・シティ」について、あまり知られていない事実がある。それは、彼らは意外にも当時（明治の頃）の日本の都市を「ガーデン・シティ」の一つのモデルとして意識していたという点だ。

実際、アンウィンはその著書『都市計画の実践（*Town Planning in Practice*）』（1909年）において、日本について次のように記しているのである。

「日本人は、桜や梅の花咲く時をもっとも大切な休日や行事の日として祝い、それらを見るために特別にしつらえた場所にくり出し、花の下で充足した時を過ごす」

花見の季節に、人々が川べりや寺社の脇などでくつろいで過ごしている光景であろう。これが他ならぬ「ガーデン・シティ」のイメージと重ねられたのである。そしてアンウィンのこの後の文章は「もしも私たち（イギリス人）に同様のことができるとするならば……」という形で展開されていく。

読者の中ですでにお気づきの方もおられると思うが、ここでの「ガーデン・シティ」は、通常は「田園都市」と訳されるのが一般的である。しかし私は、「ガーデン」という言葉の本来の意味やニュアンスからすれば、それはむしろ「庭園都市」と訳されるべき言葉ないしコンセプトではないかと思う。

以上のようなことを考えていくと、たとえば私の勤務地である京都は今も「ガーデン・シティ＝庭園都市」としての性格を持っていることが感じられる。都市の中心軸を形成している鴨川とその周辺、無数に存在する寺社とその周囲の緑や自然、そしてまた、都市景観にとっての不可欠な存在でもある京都三山。

思えば西欧の都市は、たとえばパリにしても、セーヌ川という〝自然〟が都市の中に存在するとは言え、それは人間によって完全に管理された人工物であるという性格が強い（写真6－1参照）。都市規模が違うので単純な比較はできないが、いずれにしても、川や緑、山々などが、できる限りその元の姿を保ちながら都市と融合しているようなあり方が「庭園都市」ではないか。

京都について言及したが、日本の都市が「庭園的」であったのは決して京都だけではない。

写真6-1　海外との対比：パリ

自然は人間によって完全に管理・
制御されているという面が強い

ここで時計の針を少し巻き戻すと、現在の日本人にとっては意外なことだが、江戸の末期や明治の初めに日本を訪れた外国人は、口をそろえて（当時の）日本の都市が「庭園」のようであると述べている。たとえば幕末に日本を訪れたドイツ人ルドルフ・リンダウは、江戸のことを次のように表現している。

「数多くの公園や庭園がこの江戸を埋め尽くしているので、遠くから見ると、無限に広がる一つの公園の感を与えてくれる」（リンダウ［1986］）

なんとも印象深い形容だが、このように、日本の多くの都市は（明治以降の一定の時期までは）こうした「庭園都市」としての性格を間違いなく有していたと思われる。

「ガーデン・シティ」から「生態都市」へ

「有していた」という過去形で記したのは、残念ながら、特に高度成長期を通じて、日本のほとんどの都市は、こうした「庭園都市」としての性格を失っていったと言わざるをえないからである。

しかしチャンスはある。日本は本格的な人口減少社会となり、高度成長期のように〝郊外の田んぼや自然がどんどん宅地や工場に変わっていった〟流れとは逆の流れが今後進んでいく。そうした中で「庭園都市」を再びデザインしていく時代を私たちは迎えているのだ。

これは決して夢物語ではない。たとえば以前、横浜市役所の方と話していた際、今後は高度成長期とは反対に郊外において空き地・空き家が増えていくのをいわば〝逆手〟にとって、それらをうまく市民農園や緑地などに変えていく構想があることを聞いた。

あるいは先日訪れる機会があったが、静岡県の三島市では、富士山の湧水があふれ出ることで形成される市内の清流の周囲を市民の憩いの場として再生する試みが、ＮＰＯや住民の方々の努力を通じて進められてきている。

京都の例に戻ると、近年、観光の面も含めて京都が国際的にも注目されている理由の一つは、ここで述べている「庭園都市」という姿が、環境問題や持続可能性との関連を含め、現代そし

写真6–2 「庭園都市（ガーデン・シティ）」または「生態都市（エコロジカル・シティ）」としての京都

鴨川・荒神橋より北山方面を望む（上流奥にあるのが下鴨神社。遠方が北山）

て未来の都市のあり方を示しているからだろう。周囲の山々も〝借景〟つまり都市景観の一部になっている（写真6–2）。それは「ガーデン・シティ」をさらに超えて、**「エコロジカル・シティ＝生態都市」**と呼べるような都市像である（ただし生活している実感から言えば、京都の場合、狭い道路を自動車が猛スピードで走行したり、歩道を自転車が高速で通過したりするなど、自動車、自転車、歩行者が入り乱れて交錯し、残念ながら後でふれる〝歩いて楽しめる街〟にはなお相当な距離がある）。

いずれにしても、「エコロジカル・シティ＝生態都市」と呼びうる姿は、単に「未来志向」の都市というにとどまらず、それは人間と自然との関わりを含めて、伝統的なものを再発見していく方向とつながり、「なつかしい未来（ancient futures）」という理念と重なる。

ちなみに「スマートシティ」をめぐる議論が活発だが、日本におけるスマートシティの議論はいささか経済効率性などの視点に偏りすぎており、人間にとっての生活の質や、「自然」という要素がほとんど忘れられているように私には見える。これからの時代における都市のあり方は、以上のようなより大きな視野において構想されていくべきではないか。

鎮守の森コミュニティ・プロジェクト

さて、いま述べてきたような発想の延長線上にあるものとして、私は日本における伝統的な自然観を象徴する「鎮守の森」という理念と、地球温暖化などの現代的な課題と関わる再生可能エネルギー（自然エネルギー）の分散的整備などの現代的課題を結びつけた「鎮守の森コミュニティ・プロジェクト」という活動をささやかながら進めている。これについて少し紹介させていただきたい。

私自身の関心の出発点から記してみよう。ヨーロッパの国々、たとえばドイツの地方を車や列車で旅すると、小麦畑のあいだに時々あらわれる村の集落の中心に、必ず教会が立っているのが印象に残る。

こうしたことは、あくまでヨーロッパの話で、日本では全く文化的背景が違うと以前の私は思っていたが、ある時から必ずしもそうではないと考えるようになった。

思えば、祭りや様々な年中行事からもわかるように、日本では地域コミュニティの重要な拠点として神社やお寺があった。私は最初に知ったときずいぶん驚いたのだが、全国の神社、お寺の数はそれぞれ約8万もあり、あれほど多いと思われるコンビニの数が約6万であるのに対し、それよりも多いものとなっている。

もう一つ付け加えると、神社の数は明治初期には約18万余であり、思えばこれは当時の日本における〝自然村〟つまり自然発生的な「コミュニティ」の数とほぼ同じであったと考えられる。やがて市町村の合併とパラレルに、これらの神社は順次〝合祀〟されていった（正確に言うと、神社合祀を追いかける形で進んでいったのが市町村合併だったとも言える。広井［2009b］参照）。そしてこうした神社合祀に対し、それが自然と一体となったローカルなコミュニティをこわしてしまうという理由で一貫して反対したのが民俗学者ないし生物学者の南方熊楠であったことは比較的よく知られた話である（神社合祀反対運動と呼ばれる）。

いずれにしても、ある意味でこれほどの数の〝聖なる空間〟が全国にくまなく分布している国はむしろ珍しい。加えて興味深いのは、日本の神社やお寺と「自然」との結びつきである。考えてみればキリスト教の教会は、その「人為」的な建築に特徴があり、尖塔が天を目指すように立っているなど、自然とのつながりは重要な要素ではない。ところがたとえば神社の場合は、「鎮守の森」という言葉が象徴するように、森や木々の存在が本質的なものとなっている。大きく言えば、社殿や鳥居といったものは後の時代になって（寺院の影響などもあり）付加されていったものであり、たとえば、その夜祭がユネスコの無形文化遺産にも登録された秩父神社（埼玉県秩父市）の〝御神体〟が武甲山という山であるように、「神々」とされたのは山や巨岩、巨木といった自然そのものである。それは自然が持つ内在的な力への畏敬の念を象徴的に示すものとも言える。

鎮守の森と自然エネルギーをつなぐ

さて、こうした「鎮守の森」の持つ意義を踏まえて、私がここ10年来わずかながら進めているのが「鎮守の森コミュニティ・プロジェクト」であり、その一つの柱が「鎮守の森・自然エネルギーコミュニティ構想」である。

第4章で「ケアとしての科学」という話題にそくして述べた内容ともつながるが、近代科学での機械論的な自然観ではなく、「鎮守の森」に象徴されるような、自然が内発的な力を持っているという自然観は、本来的に再生可能エネルギーの発想と親和的だろう（写真6－3は岐阜県郡上市・石徹白地区での小水力発電の様子）。

言い換えれば、「ケアとしての科学」のところで、「内発性の科学」といった論点にそくして

写真6-3　小水力発電のイメージ（岐阜県郡上市・石徹白地区）

科学の新たな展開について述べたが、そこでもふれたプリゴジンの自己組織性の議論などにも示されるように、「鎮守の森」的な自然観は、ある意味で現代科学の先端的な方向とも共振するような内容を含んでいるのである。

こうした視点を踏まえると、気候変動あるいは再生可能エネルギーという現代的課題と、自然信仰とコミュニティが一体となった伝統文化を結びつけるプロジェクトは、希望を込めて言えば、日本が世界に対して発信できるようなビジョンともなりうるのではないか、というのがその基本的な趣旨だ。

ちなみに、日本全体でのエネルギー自給率は1割程度に過ぎないが、都道府県別に見ると30％を超えているところが17あり、ベスト5は①秋田県（51・3％）、②大分県（50・0％）、③鹿児島県

（48・3％）、④宮崎県（46・1％）、⑤群馬県（39・5％）で（2021年）、こうした割合は特に近年着実に増加している。市町村別で見ると、再生可能エネルギーによって地域に必要なエネルギーを完全に自給できる市町村（エネルギー永続地帯）は174に到達し、この数も着実に増加している（2018年時点では100）。

これは環境政策が専門の倉阪秀史千葉大学教授が進めている「永続地帯」研究の調査結果であり、たとえば大分県が高いのは、別府温泉などの存在からわかるように地熱発電が大きいことによる。山がちな風土を背景にして中小水力発電などが大きい県もあり、もっぱら〝自然資源に乏しい〟と言われてきた日本だが、意外にもこうした自然エネルギーに関しては一定のポテンシャルを持っているのだ。

さて、「鎮守の森・自然エネルギーコミュニティ構想」については、これまでの拙著でもその内容について多少述べてきたが（広井［2019］等参照）、なお試行錯誤の状況にある。そうした中で最近進展のあった事例として、先ほどもふれた秩父市における小水力発電に関する展開を紹介したい。

このプロジェクトでは、地元の有志の方々と私たちの活動グループの鎮守の森コミュニティ推進協議会（代表理事：宮下佳廣氏）のメンバーが共同出資して「陽野《ひの》ふるさと電力」という会社を設立して事業を進め、幸い2021年5月に50キロワット（約100世帯の電力を供給する規

写真6‒4　武甲山（秩父神社の御神体）の遠景

模）の小水力発電設備の導入に至った。

さらにこうした取り組みに、近隣の自治体や住民の方々も関心を向けてくださるようになり、より大きな規模の小水力発電を行う「武甲山未来電力」（仮称）を設立し、その売電収入を活用して武甲山の環境整備を行う方向での展開が現在進行中である。

先ほどもふれたように、武甲山は秩父神社の御神体であるが（写真6‒4参照）、皮肉なことに石灰岩を多く含むため、戦後一貫してセメント会社による石灰岩の採掘がなされてきており、山容が大きく損なわれている。

いわば神様を削って経済的な利益を得ているわけであり――そのセメントから作られるコンクリートで首都圏の高層ビル群が建てられているという点では、私たちもその責任から無縁ではない――、そうした中で地元の高校生などからも「武甲山がかわいそうだ」といった声が示されていた。地域の人々が協力してエネルギーの地産地消に取り組み、それを通じて地域のシンボルあるいは心のよりどころである「鎮守の森」の保全を行うというのは、きわめて意義深いことではないだろうか。

以上述べた自然エネルギー関連のほか、鎮守の森コミュニティ・プロジェクトでは、「鎮守の森セラピー」「鎮守の森ホスピス」など、鎮守の森と現代的課題を結びつけた活動を行っている（「鎮守の森コミュニティ研究所」のホームページ参照）。

環境保全・SDGsと「文化」

以上のような議論を踏まえながら、ここでもう一つ考えてみたい話題として、環境保全と文化の関わりというテーマがある。

2020年初めに環境省に「次期生物多様性国家戦略研究会」が設置され、委員として参加する機会を得た（その後も中央環境審議会において継続）。「生物多様性（バイオダイバーシティ）」という言葉は一般的にはまだ十分に定着していない面があるが、第4章の「ケアとしての科学」のところでも述べたように、新型コロナ感染症のような「人獣共通感染症」が近年増えている背景には、森林の減少など生物多様性の乱れが背景にある。したがって生物多様性を保全していくことは、新型コロナのような感染症の頻発を防ぎ、人間の健康を守っていくにあたっても大きな意味を持つことになる。

先ほどの「鎮守の森」の話ともつながるが、こうした中で最近私が思うようになったのは、この「生物多様性」と「八百万《やおよろず》の神様」という表現との関わりである。

すなわち「八百万の神様」という言葉は、大きく言えば自然の中に無数の神様が存在しているという自然観であり、それは私たち人間にとって大切な、ともに共生していくべき（あるいは畏敬すべき）存在であることが含意されている。だとすれば「生物多様性」が重要だという考え方は、まさにこうした「八百万の神様」という自然観とつながるのではないだろうか。

言い換えれば、「生物多様性」という概念は、それ自体は生物学的あるいは自然科学的な知見をベースに生まれたものだが、私たちがその意義を実感したり、それに関する保全活動や実践を行ったりしていく際には、「八百万の神様」あるいは「鎮守の森」といった、私たちに身近な伝統文化や自然観に引き寄せながら解釈していくことも重要ではないか。

幸いなことに、先ほどふれた環境省の研究会の報告書（2021年7月公表）においては「鎮守の森」への言及がなされ、「『鎮守の森』といった表現に示されるような、我が国における人と自然の共生に関する伝統的な意識や自然観など、生物多様性の保全に関わる文化的、精神的な側面も考慮していくことが重要である」という文章が盛り込まれた。加えて、日本の各地域における社叢林（神社やお寺の近辺の森）の存在が、国立公園のような公的に管理された自然保護区域とともに、生物多様性の保全に大きく寄与していることも注目されている。

思えば、国連のいわゆるＳＤＧｓ（持続可能な発展目標）での17項目には「文化」という項目は存在しない。これは、ＳＤＧｓの17項目はいわば是正されるべき「問題」や「課題」を列挙したものであり――貧困とか飢餓、ジェンダー平等といった具合に――、これに対して「文化」はそれ自体としてポジティブなものであり、「問題」「課題」という性格のものではないため、入っていないということらしい。

しかし私は、先ほど生物多様性と「八百万の神様」に関して述べたように、文化という要因は、環境保全などの課題に取り組むにあたって、その「モチベーション」としても非常に重要なものではないかと思う。それはたとえば、鎮守の森・自然エネルギーコミュニティ構想のところで述べた秩父での展開において、秩父神社の御神体である武甲山を保全しようという意識、あるいはそうした点を含む地元地域への愛着が、小水力発電の導入においても重要な意味を持ったという事例にも示されているだろう。

もちろん、環境保全に「文化」の要素を導入すればそれで事足れりというわけでは決してない。環境倫理学者のキャリコットは、その印象的な著書『地球の洞察』において「日本の逆説」ということを論じた（キャリコット［２００９］）。すなわち日本は、たしかに自然との共生に関する独自の優れた文化を持っているが、しかし反面、水俣（や福島）の例に典型的に見られるように、公害や環境保全に関する「社会的」あるいは「政策的」な対応においてはきわめて多くの問題を示しているという、その「逆説」を指摘したのである。これは他でもなく日本社会の構造的問題、つまり自然観などの面では独自の長所を持つ一方、社会的な対応や「公共性（ないし公共意識）」においては弱さを抱えるという点と関わっている。

したがって生物多様性や生態系の保全をめぐるテーマを考えていく場合、上記のような自然観や文化のレベルと一体に、公共政策や社会経済的な視点を含めた対応を行っていくことが重要だろう。

商店街の復権

本章では、「ガーデン・シティ」の話題から始め、それを「生態都市」さらに「鎮守の森」につなげる形で議論を行ってきたが、ここでもう一度「都市」に話題を戻し、これからの日本における都市ないし地域のあり方を、人口減少社会や土地ストックの活用といった視点を含めて考えてみたい。

私はここしばらく、全国各地の地域再生やまちづくりに関する分野に関わりを持っているが、残念ながら、人口が20万人程度以下の地方都市を訪れると、商店街はほぼ間違いなく〝シャッター通り〟になっており、場合によっては30万～50万人規模の都市でも中心部の一部が空洞化

写真6−5　日本の地方都市の現状

人口20万人以下の都市はもちろん、
30万〜50万人規模の都市ですら空洞化（シャッター通り）

今治市（人口約16万人）の中心市街地

福知山市（人口約8万人）

福山市
（人口約47万人）

しているのが実状である（写真6−5）。余談ながら、私の実家は岡山市の中心部にある商店街の小さな商店だったが、そこもほぼシャッター通りとなっている。

　私は3年ほどアメリカに住んだことがあるが（1980年代の終わりの2年間と2001年）、アメリカの状況がやがて他の国にも広がっていくのだとすれば、〝小売店というのはやがて郊外のショッピングモールにとって代わられるもので、商店街という存在はいずれなくなっていくのだろう〟と当時は思えた。特に日本の場合、何かにつけてアメリカが「〝進んだ〟社会のモデル」と考えられ、実際に社会や企業もその方向に進んできたので、それは自然な認識でもあった。

ところが、その考えはある時から大きく変わった。90年代の終わり頃からヨーロッパを訪れる機会が増えていったが、ヨーロッパの様々な地方都市をまわると、中小都市においても商店街がしっかりと存続しており、都市の中心部が活気ある賑わいを示しているとともに、子どもや高齢者を含め、様々な世代がゆっくりと過ごす「コミュニティ的空間」となっていることに気づき、また驚いたのである。これは私にとっては新鮮な〝発見〟だった。当たり前のことだが、決してアメリカが唯一の未来の「モデル」ではないのだ。

たとえば私はここ20年近く、ほぼ毎年ドイツを訪れ様々な地域をめぐっているが、いつも感心するのは、中規模の都市はもちろん、人口が10万とか5万、あるいはそれ以下の規模の地方都市でも、中心部が賑わいを見せており、商店街が息づいていることである。これまで拙著でも様々な形で論じてきた点だが、そこでは中心市街地から自動車がシャットアウトされ、人々が「歩いて楽しめる」空間（＝ウォーカブル・シティ）になっている（写真6-6〜6-8）。上記のような、日本やアメリカの都市の状況とは根本的に異なっているのだ。

重要な点だが、以上のような日本、アメリカ、ヨーロッパの対比から言えるのは、**都市の姿あるいは商店街という存在がどのような運命をたどるかは、一つの決まった方向があるのではなく、実はその国の「政策」による部分が大きい**という点だ。

写真6‒6　中心部からの自動車排除と歩いて楽しめる街
（ゲッティンゲン〔人口約12万人〕）

先ほどもふれたように、日本の場合、もともと戦後の高度成長期においてアメリカをモデルに「道路と自動車」中心の都市・地域の姿を〝国を挙げて〟追求していったわけだが、80年代末頃からはさらに「郊外ショッピングモール型」の都市モデルへの志向を加速させ、この結果、地方都市の中心部は完全に〝シャッター通り〟化していった。

つまり皮肉なことに、現在の日本の地方都市の空洞化は、政策の〝失敗〟の帰結なのではなく、当時の国の政策が進めていた方向どおりに事態が進んでいったという意味で、政策の〝成功〟の結果なのだ。良くも悪くも完全に「道路と自動車」中心の都市・地域が実現したわけである。

しかし、そうした都市・地域の姿は、高齢

写真6–7　中心市街地は歩行者と公共交通のみのコミュニティ空間
（マンハイム〔人口約31万人〕）

写真6–8　歩行者専用空間で生まれる賑わいとコミュニティ感覚
（エッカーンフェルデ〔人口約2万人〕）

化や人口減少が進む中できわめて多くの問題を抱えるようになっている。つまり〝遠くのモールに自動車で買い物に行く〟のが困難な層が増え、「買い物難民」は全国に600万～800万人とされている（2018年の農林水産省推計では825万人）。加えて、いわゆる「認知症ドライバー」や、（池袋での悲惨な事故に象徴されるような）高齢者関連の交通事故に示されるように、過度のクルマ依存社会は多くの問題やリスクを生んでいる。

また少し視点を変えて見ると、興味深いことにネット通販などが急速に普及した影響などから、アメリカでは巨大ショッピングモールの閉鎖が目立つようになり、それらは「デッド・モール（死んだモール）」と呼ばれている。

〝シャッター商店街〟ならぬ〝シャッター・モール〟であり、つまり一時は〝最先端〟の形態のように見えた郊外ショッピングモールが、ネットの浸透の中で中途半端なものとなり、逆に「身近な場所にあるリアルなコミュニティ空間」としての商店街の固有の価値が再発見されるという面があるのだ。都市や流通、消費あるいはモビリティのあり方はこうした点でも新たな段階を迎えている。

「ウォーカブル・シティ」と「多極集中」

重要なのは次の点である。すなわち、上記のドイツなどヨーロッパの例に示されるように、商店街など都市の中心市街地を「歩いて楽しめる」コミュニティ空間にしていくことは、高齢者を含めて人々の快適性や生活の質を高めるとともに、ヒト・モノ・カネの循環を促し、地域経済の活性化にも寄与するという発想である。

言い換えればそれは、①福祉（買い物難民減少や介護予防等）、②環境（ガソリン消費削減や脱炭素等）、③経済（市街地活性化や賑わい増進等）のいずれにとってもプラスの効果を持つのである。

近年関心の高まっている脱炭素について言えば、一般には「脱炭素」というと何かを〝我慢する〟という印象があるが、都市を以上のような姿にしていくことは、脱炭素に寄与すると同時に、地域経済の活性化や人々の生活の質を高めるというプラスの効果を持つだろう。それはいわば〝ウェルビーイングな脱炭素〟あるいは〝ウェルビーイングな都市〟と呼べるものだ。

これは単なる理想論ではない。幸い、商店街再生の成功例としてしばしば紹介される香川県高松市の丸亀町商店街や、駅前を歩行者と公共交通機関だけの空間（トランジットモール）にした兵庫県姫路市、熊本城脇の空間を歩行者中心の「まちの大広間」にする再開発を進める熊本市、ＬＲＴ（次世代型路面電車）導入を進める宇都宮市など、上記のような「ウォーカブル・シティ」への動きはいま各地で始動しつつある（広井［２０１９］参照）。

またこうした動きにも呼応するように、近年では若い世代が商店街などローカルな地域に関心を向けるようになっており、たとえば商店街の空き店舗に関して自治体がコーディネートを行い若者の開業を支援するといった政策がもっと工夫され、積極的に行われる必要がある。

大きな流れで俯瞰するならば、戦後の人口増加と高度成長の時代においては、一貫して「集中」の方向と上述の「道路と自動車」中心の都市・地域像が追求され、50年前後の時間をかけて現在の日本に見られる都市の姿が実現していった。しかし「はじめに」でも述べたように、日本の人口は2008年をピークに減少に転じ、現在の出生率（2021年において1・30）が続けば2050年頃には1億人を切ることが予測されている。

大きく言えば、人口減少社会とは、人口増加と経済成長の時代とは逆の流れが進んでいく社会であり、それはまさに第1章のAIシミュレーションのところで述べた「地方分散型」という方向とも重なる。

同時にそれは自ずと（人口が減っていくぶん）未利用の空間が増えて「自然」の領域が再び広がり、本章の前半で述べた「ガーデン・シティ」や「生態都市」的な発想が重要になる時代でもある。こうした状況と合わせながら、上記のような「商店街の復権」「ウォーカブル・シティ」という方向を進めていくことが、これからの数十年の日本の都市・地域や国土のデザインをめぐる基本的な課題と考えて間違いないだろう。

その結果実現されていくのは、私が**「多極集中」**と呼んできた国土の姿に他ならない。つまり「極」となる都市や地域が多く存在する一方、それぞれの極自体は人々が歩いて楽しめるようなコミュニティ空間としての集約的な構造になっているという姿であり、先ほどのドイツなどに示される都市・地域像はまさにその具体的なイメージである。

これは机上の議論ではない。「東京一極集中」ということがよく言われるが、実は札幌・仙台・広島・福岡の地方都市は人口増加率も東京圏並みに高く（特に福岡）、またこれら4都市の地価上昇率は近年東京圏を上回っている（国土交通省・地価公示）。つまり現在進んでいるのは「一極集中」ではなく「少極集中」なのであり、これをさらに上記の「多極集中」の方向に展開していくことが、これからの時代の大きな潮流なのだ。

人口減少社会におけるストック管理

もちろんそこでは様々な課題も山積している。本章の最後の話題として、ここではそうした課題を人口減少社会あるいは成熟社会における「ストック」管理の重要性という視点から述べてみたい。

先ほど、現在の日本の地方都市の商店街の多くが空洞化し、〝シャッター通り〟になっていることについて述べた。

一方、いわゆる耕作放棄地、つまり農業の担い手がないまま放置されている土地が広がっていることが様々な形で論じられている。そうした全国の耕作放棄地の面積を合わせると約42・

3万ヘクタールに及び（2015年農林業センサス）、それは富山県の面積にほぼ匹敵する規模になっている。

ところで、いま「商店街の空洞化」と「耕作放棄地」という話題を挙げたのだが、この二つは一見すると別の問題のように見えるので、これまで異なる文脈で語られてきた。しかし私はある時期から、この両者は共通の背景から発生している問題であると思うようになった。

それは一言で言えば、〝土地をめぐる、家族を越えたバトンタッチ〟という課題である。

どういうことかというと、日本の場合、「家族主義」とも呼べる傾向が社会の中に存在しており、つまり親の事業を子どもが引き継がないと、それで途絶えてしまい、家族以外の者への承継がなされず、そのまま放置されることが生じやすい。したがって形は異なっているが、**商店街におけるシャッター通り問題も、農業における耕作放棄地も、実は以上のような共通の背景から生じている**のだ。

ではどうしたら事態は改善できるのか。こうした点に関する調査を私は現在進めているが、一つの手がかりになるのは「エリアリノベーション」という手法である。

たとえば東京R不動産という事業者は、東京都荒川区の西尾久という地域でこの取り組みを進めている。そこでは空き店舗ないし空き家と、地域で事業を始めたいと考えている若者などをうまくマッチングし、しかもそうした個々の土地や事業承継に関するコーディネートを、地域全体をデザインするような〝面〟的な視点に立って行っているのである。広島県の尾道市ではNPO団体がエリアリノベーションに取り組み成果を上げている（尾道空き家再生プロジェクト）。

これは、上記のように〝家族を越えた土地のバトンタッチ〟が日本ではなかなか進まないのを改善すべく、地域全体を視野に入れつつ第三者がコーディネート的な仲介を行うということであり、こうした手法は全国の自治体において今後展開されていくべきだろう（東京都は2019年度からこうしたエリアリノベーションへの支援を開始した）。

人口減少社会と「土地の公共性」

一方、ここで論じているテーマは、これまでも言及してきた日本社会の急速な人口減少という現象と深い関係にある。

すなわちそれは、人口減少社会においては土地などの「ストック」の管理が大きな課題になるということだ。高度成長期のように、経済や人口が拡大を続けていた時代においては、年々の「フロー」（物やサービス）の増加に人々の主たる関心が向かっていた。しかし経済が成熟し人口も減少していくような時代においては、むしろ土地や資産などの「ストック」の管理や分配、所有の問題が重要になってくる。これはフランスの経済学者トマ・ピケティが、ベストセラーとなった著書『21世紀の資本』で論じた話題ともつながる。

こうした人口減少社会におけるストック問題の一つとして、現在の日本では、「所有者不明」の土地が急速に増加していることが挙げられる。具体的には、民間有識者による所有者不明土地問題研究会の報告書によれば、そうした所有者不明の土地は全国で約410万ヘクタールに及び（2016年）、実にこれは九州の面積を上回る規模となっているのである（吉原［2017］）。ちなみに、2021年6月に公表された「国土の長期展望」をとりまとめた「国土の長期展望専門委員会」に私は委員として参加する機会を得たが、国土交通省もこうした問題への対応を本格化させようとしている。

かつて作家の司馬遼太郎氏は『土地と日本人』という本（1980年）の中で、日本社会の様々な問題の根底には「土地」問題があり、日本において土地は〝私的所有〟の対象であるとの意識が根強いが、今こそ「土地の公共性」というテーマを正面から議論していくべきことを訴えた（司馬［1980］）。

以上のような、**土地を含む「ストック」の所有や分配と、そこでの「公共性」の重要性という視点は、実はこれからの資本主義のありようというテーマとも重なる**ものであり、第5章で「ストックの社会保障と公共的管理」という話題として論じたことと重なる。さらにこれらは本章の前半で述べた「庭園都市／生態都市」をめぐる話題や、都市と「自然」との関係性のデザインという課題ともつながる。

人口減少社会という状況において、そうした新たな対応を進めるべき時代を私たちは迎えているのである。

第7章 医療・超高齢社会と科学

日本という国の際立った「特徴」は何かという点については、時代によって大きな変遷がある。たとえば1980年代であれば、第3章でもふれた「ジャパン・アズ・ナンバーワン」という言葉——ハーバード大学教授だった社会学者エズラ・ヴォーゲルが刊行した本のタイトル——が話題になったように、日本とはまずもって〝経済成長においてもっとも成功している国〟あるいは〝ハイテク技術の先進国〟として認識されていた。

時は流れ、状況は大きく変わった。現在、**客観的に見て日本という国の〝際立った特徴〟は何かというと、それは他でもなく「高齢化」と「人口減少」における世界のトップ・ランナーということ**だ。実際、日本の高齢化率（人口全体に占める65歳以上の高齢者の割合）は29・1％（2022年）で、文字通り〝ジャパン・アズ・ナンバーワン〟である。人口減少についても同様だ。

加えてこれも第3章で述べたように、今後は「生命」が科学の前線的なテーマになっていく。以上のような関心をベースに置きながら、本章ではこれからの医療あるいは超高齢社会と科学の関わりについて幅広い視点から考えてみたい。

1 複雑系としての健康・病気

アメリカの科学政策・医療政策からの示唆

最初に、図表7－1をご覧いただきたい。これはアメリカ連邦政府の研究開発予算（2020年度）の分野別内訳を示したものだ。これを見ると、アメリカ政府の研究開発予算の実に約半分を「国防」（あるいは軍事）が占めていることがわかる。この傾向は、戦後アメリカの研究開発予算での一貫したパターンであり、アメリカの科学技術政策において軍事分野がいかに大き

図表7−1　アメリカ連邦政府の研究開発予算：分野別内訳（2020年度予算）

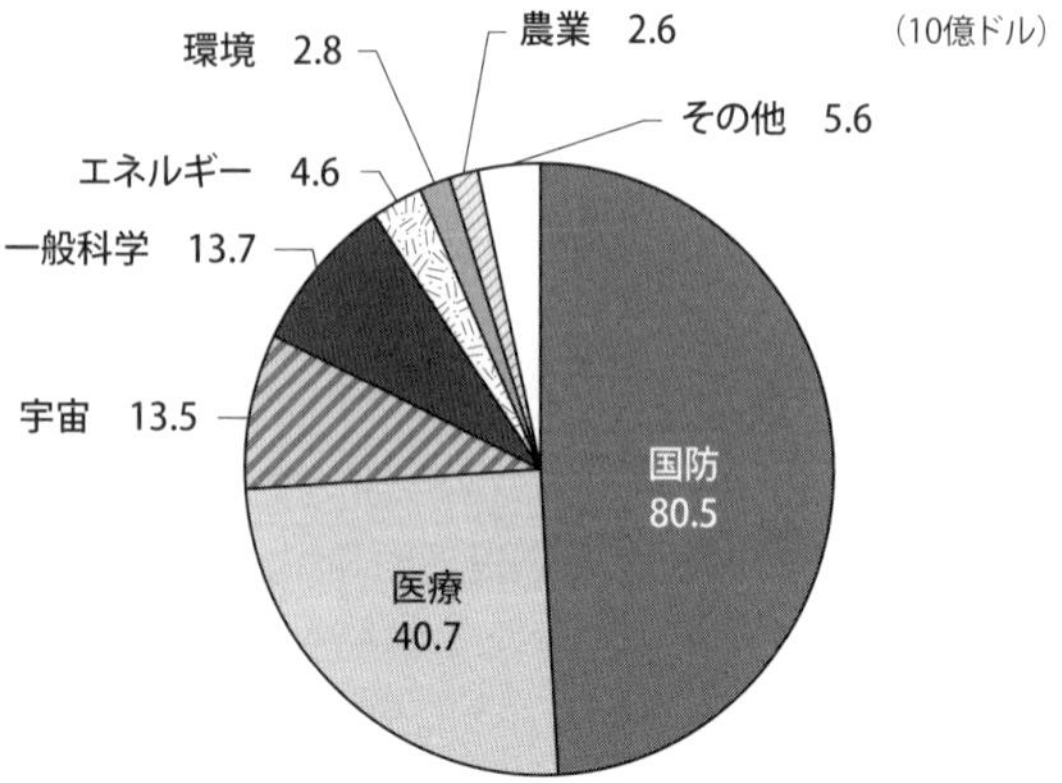

（出所）AAAS（American Association for the Advancements of Science）, "A Primer on Federal R&D Budget Trends" より作成。

かったかが示されている。

一方、図表7−2は、国防関連を除いた研究開発予算について、その分野別の推移を1950年代から見たものである。

ここでは近年において、アメリカ政府の研究開発予算の中で医療（Health）分野が際立って大きな比重を占めており、国防関連以外のうちの半分強が医療に使われていることが示されている。

つまり象徴的に言うならば、**アメリカの研究開発予算あるいは科学・技術予算においては〝2つのM〟、つまりMilitary（国防）とMedical（医療）が特に大きな部分を占めているのだ。**

こうした傾向は、遡れば第二次大戦後のアメリカの科学政策において顕著になって

図表7-2　アメリカ連邦政府の研究開発予算（国防関連以外）の分野別推移（1953-2020年度）

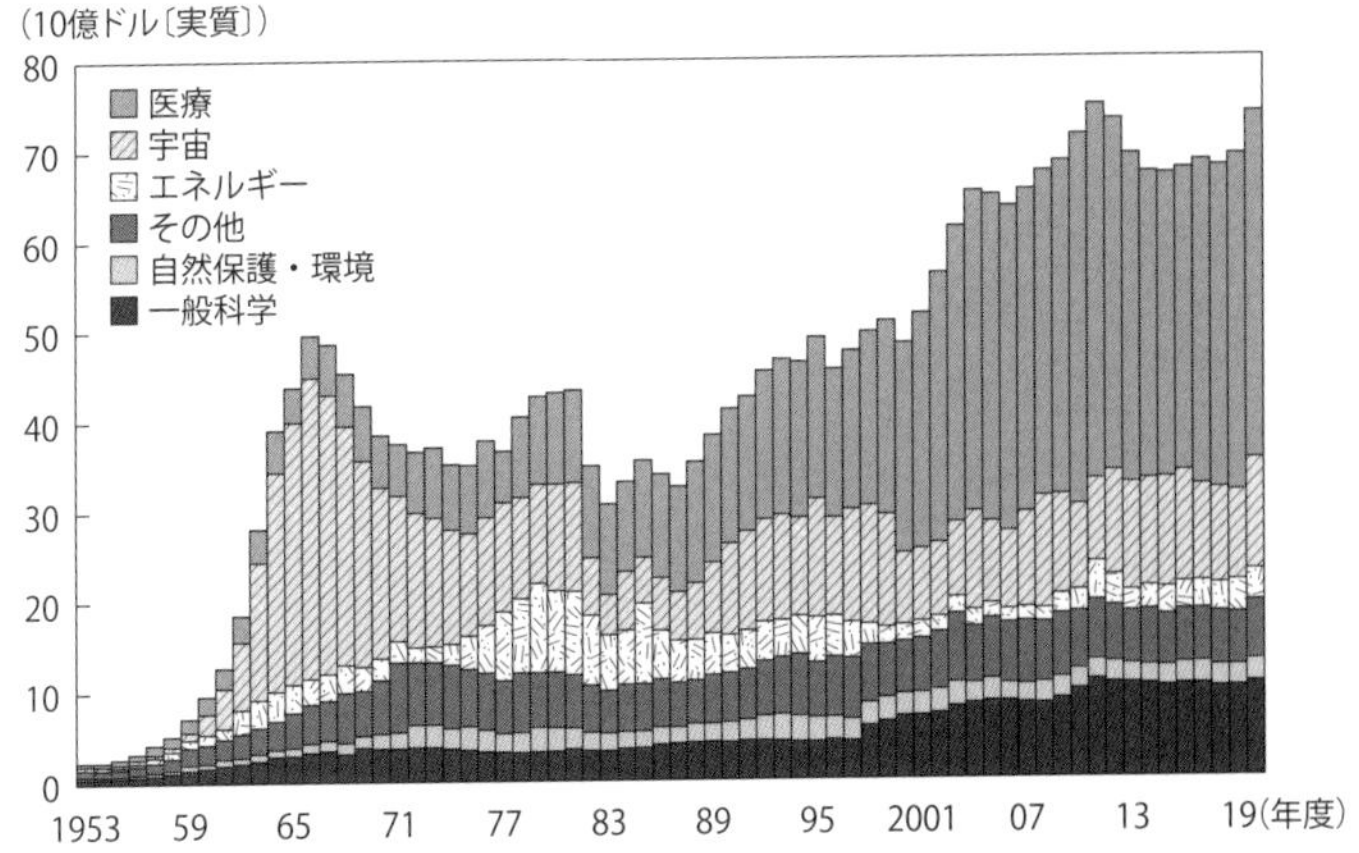

（出所）AAAS（American Association for the Advancements of Science）, "A Primer on Federal R&D Budget Trends" より作成。

いったものだった。つまり本書の第3章で、戦後アメリカの科学政策を方向づけた、当時のアメリカの科学技術顧問ヴァネバー・ブッシュによる報告書『科学その終わりなきフロンティア』について述べた。実はこの報告書の中で、ブッシュは「疾病に対する戦争（war against disease）」を科学政策の大きな柱として位置づけ、政府による医療分野での研究への支援が、アメリカ国民の健康水準の向上に大きく寄与することを訴えたのである。

加えて、アメリカが医療分野あるいは医学・生命科学研究（Biomedical Research）」への予算配分を強化していったのは、興味深いことに次のような当時の背景が関わっていた。

それは公的医療保険との関係である。アメリカは、「オバマケア」と呼ばれるオバマ大統領時代の公的医療保険改革が注目されたように、現在の主要先進諸国において、今なお国民全体をカバーする公的医療保険制度――ユニバーサル・ヘルス・カバレッジ――を持たない唯一の国と言ってよい。

日本では必ずしも十分に認知されていないが、このテーマつまり公的医療保険のあり方は、アメリカでは古くから国内政治や大統領選挙における主要な論争点となっており、それはルーズベルト大統領時代に作られた社会保障法（Social Security Act、１９３５年）に遡る。この法律は年金制度や失業保険等を内容とするもので、法律の審議の段階では公的医療保険も含めるはずだったのだが、アメリカ医師会（ＡＭＡ）の強い反対があり、実現に至らなかった。アメリカ医師会が反対したのは、彼らが言うところの〝Socialized Medicine（社会主義化された医療）〟、つまり医療分野への政府の介入を強く嫌ったからであり、この傾向は基本的に現在も続いている。

こうしてアメリカにおいて公的医療保険制度の創設というテーマは未解決の課題として残され、以降の時代においても、民主党がその推進を掲げ、共和党は消極的ないし反対という構図が維持されてきた。実際、第二次大戦後の流れにおいて、トルーマン、ケネディ、ジョンソン、クリントン、先述のオバマといった歴代の民主党大統領は、何らかの形で公的医療保険制度の拡充を重要な政策アジェンダに掲げてきたのである。

「医療政策」と「科学政策」の交差――医療分野における政府の役割とは

話を先ほどの医療分野における研究開発予算に戻すと、その大きな方向性が定められたのは第二次大戦後まもなくの頃だった。すなわち時の大統領である民主党のトルーマンは、先ほどのルーズベルトの理念を受け継ぎつつ、再び公的医療保険制度の創設を政策課題に掲げたが、やはりここでもアメリカ医師会の強い抵抗に直面した。

そこで、医療政策の基本的な方向として、次のような考えがとられることになった。それは、「医療分野において政府が力を注ぐのは、公的医療保険の整備よりも、医療分野における研究開発ないし科学研究への支援を中心とする」という考え方である。こうした方向は、医療システムへの政府の介入度も相対的に小さいものとなるため医師会にとっても受け入れ可能であり、また基本的に〝小さな政府〟を志向しつつ、「科学研究への支援」に対する支持が強いというアメリカの風土あるいは人々の価値観にもかなうものだった（以上の経緯につき広井［1992］、Strickland［1972］参照）。

医療政策の基本理念をめぐるこうした歴史的な決定の中で、アメリカの医療分野での研究開発予算は大きく増加していくことになった。そして世界の医学研究のセンターとも言える

NIH（National Institutes of Health、国立保健研究所）を軸にアメリカの医学・生命科学研究は飛躍的に発展し、今日に続く〝医学・生命科学研究大国アメリカ〟が生まれていったのである。

一言付け加えるならば、以上のようなアメリカでの展開に対し、戦後日本における研究開発ないし科学技術政策は、〝工業立国〟への強い志向の中で（良くも悪くも）圧倒的に「工業技術」あるいは「産業技術」が中心だった。それはそれで一つの重要な政策選択であり、その成果やプラスの側面も多かったと思われるが、**医療あるいは生命科学分野の科学技術ないし研究開発に関する政策対応が大幅に遅れた**ことは否定できない事実である。たとえばそれは、新型コロナ禍でのワクチン開発などの問題にも如実に現れている。

いずれにしても、以上のように「科学政策」と「医療政策」という二つの領域を、タテワリでなく総合的に見ていくことは非常に重要である。そうした視点も踏まえて、戦後のアメリカと日本の医療政策を比較したのが図表7−3である。

この図に示されるように、アメリカと日本の医療政策はこれまできわめて対照的だったと言える。すなわちアメリカの場合、「自由」や「卓越性（エクセレンス）の追求」という価値が基本に置かれ、アメリカにおいて「最高の医学の実現」を図っていくことが政策の一次的目標となり、その結果、ここで述べてきたような「医学・生命科学研究への莫大な政府投資」と「最小限の公的医療保険制度」という政策パッケージが生まれる。

図表7–3　アメリカと日本の医療政策の比較

	アメリカ	日本
基本理念	自由 卓越性（エクセレンス）の追求	平等
一次的目標	最高の医学の実現	医療サービスへの 国民のアクセスの保障
具体的政策	医学・生命科学研究への 莫大な政府投資 最小限の公的医療保険制度	国民皆保険の実現 そこでの給付と負担の公平
現在の問題点	医療費の高騰（世界最高） 多数の無保険者の存在　等	医療費の増加（特に高齢化との関係） 研究支援の弱さ 国民皆保険の揺らぎ 医療費の配分　等

（出所）広井（1992）を一部改変。

象徴的に言うならば、「医療分野において政府が果たすべきは、アメリカにおいて最高の医学を実現していくことであり、したがって医学・生命科学研究に対する公的支援や投資は積極的に進めるが、その成果を（医療保険等を通じて）受けられるかどうかは個人の自助ないし経済力に委ねられている」という考え方だ。

これは、平等という価値をより優先し、したがって医療サービスへのアクセスが国民の間でできるだけ均等に保障されることを重視し、「国民皆保険」の確立やそこでの公平ということを政策の中心課題にしてきた戦後日本の医療政策とはほとんど〝真逆〟のものと言ってよいものである（一点補足するならば、先ほどアメリカは主要先進諸国において国民皆保険に相当する制度を持たない唯一の国であると述べたように、医療政策のあり方において〝特殊〟なのはアメリカであり、ヨーロッパの国々は基本的に日本に近い政策の方向性——あるいは日本以上に「平等」にアクセントを置いた制度——をとってきた。広井［2003／2015］参照）。

以上のアメリカと日本の比較については、単純にどちらが優れていると言えるものではなく、それぞれに長所・短所があるというべきだろう。また図の「現在の問題点」のところで示しているように、それぞれの国が異なる課題に直面しているのが現状であり、こうした点を以下さらに考えてみよう。

医療のパフォーマンスと科学

ここで、図表7-4を見てみたい。これは横軸に医療費の規模（対GDP比）、縦軸に平均寿命をとって主要先進諸国を比較したものである。

これを見ると、**アメリカは、先進諸国の中で群を抜いて大きな金額を医療に投入しているにもかかわらず、平均寿命は最低であり、その意味で医療のパフォーマンスないし「費用対効果」が非常に低い**ことが示されている。

逆に、日本は平均寿命がもっとも長く、しかし医療費の規模は低いものになっており、〝比較的低い医療費で、高い健康水準を実現している〟のである。

図表7-4　医療費の対GDP比と平均寿命の関係（国際比較）

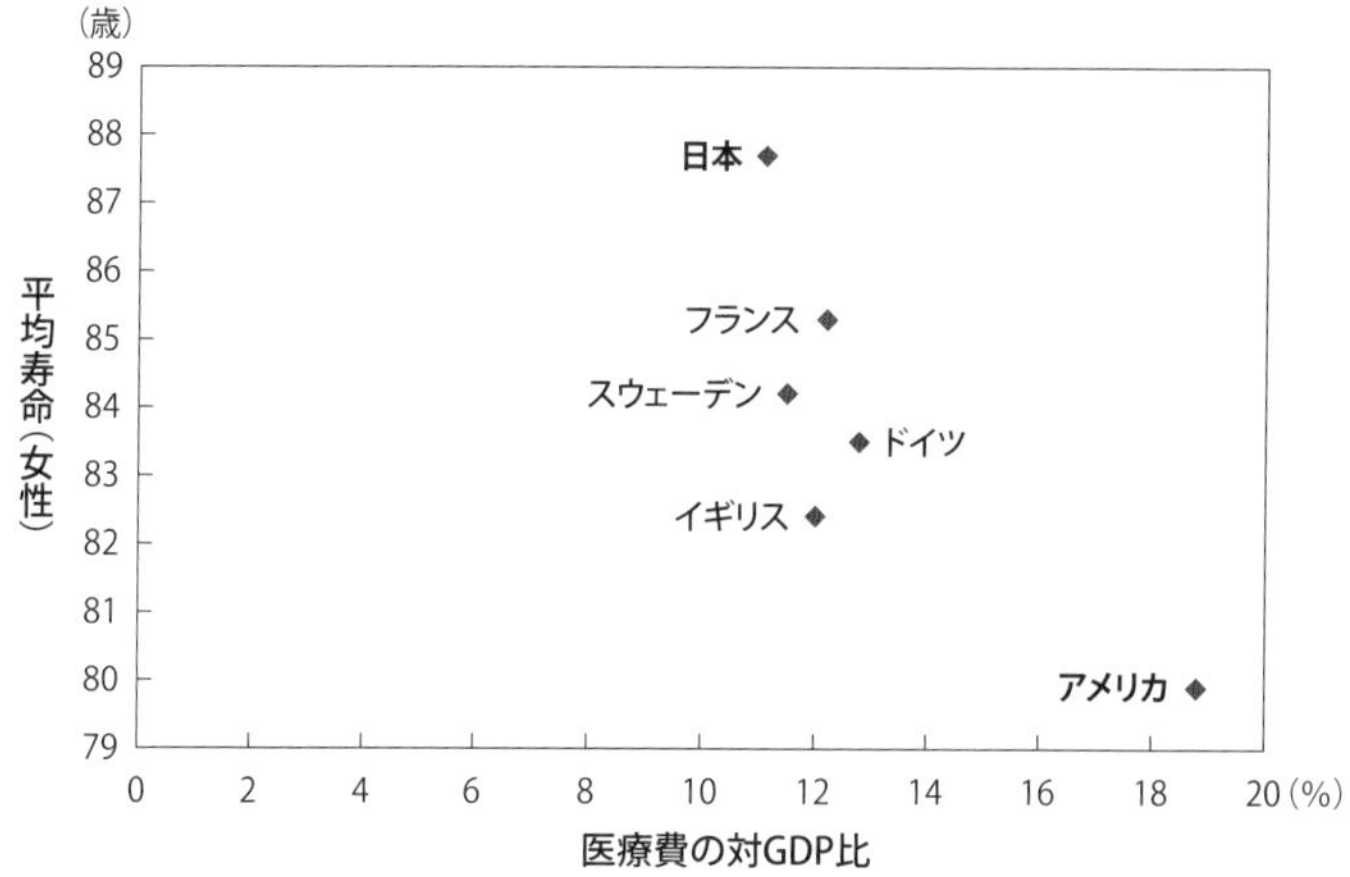

（出所）いずれも2020年。OECD Health Statistics より作成。

ここで医療政策あるいは医学研究の「目的」あるいは「ゴール」は何かという問いを考えた場合、それは言うまでもなく「健康」であり、平均寿命はその重要な指標と言えるだろう（より正確には要介護の度合いなど健康状態を加味した「健康寿命」が重要である）。こうした点から見ると、アメリカは医療分野に莫大な研究開発ないし科学技術予算を投じながら、その〝成果〟はかなり見劣りするものとなっている。

それはなぜだろうか。ここで重要な視点は、「ある国ないし社会における健康水準を決定する要因には、きわめて多くのものが関与しており、その中には医療保険制度を通じた医療へのアクセスはもちろん、食生活などのライフスタイル、格差や貧困、ストレスなど心理的要因、労働のあり方、コミュニティとのつながり、自然環境との関わりなど、無数の要因が含まれる」という、健康あるいは病気というものについての把握だ。

たとえば、虚血性心疾患（心臓病）の死亡率の国際比較を見ると、アメリカは非常に高く、日本はもっとも低い部類に入っている（人口10万当たり［年齢調整］でアメリカ113・4人に対し日本は34・1人［2014年。OECD Health Statistics］）。この点については、食生活に関する要因が深く関わっているだろう（私はアメリカで3年ほど暮らしたが、これは実感として思うことである）。

以上のようなテーマを探究していく学問分野として、第4章（ケアとしての科学）でもふれたように、しばらく前から「社会疫学（social epidemiology）」という研究領域が活発になっている。そのキーワードは「健康の社会的決定要因（social determinants of health）」であり、それはまさに先ほど指摘したような、働き方、ストレス、格差、コミュニティ、環境等々といった複合的な要因と健康あるいは病気との関係を解明する試みである。

そして、これは同じく第4章で述べた、「近代科学」のあり方あるいはパラダイムと関わっている。つまり近代科学の発想では、病気というものは基本的に「身体内部」の物理化学的な因果関係の結果として把握できるものとされ──「特定病因論」と呼ばれる──、その原因物質を除去すれば病気は治癒されると考える。まさに「要素還元主義」的なアプローチである。

こうした考え方は、感染症の治療（たとえばストレプトマイシンなど抗生物質による結核の治療）

や外傷など急性疾患の治療には大きな成果を生み出した。しかし経済が発展し、それに伴って疾病構造が変化し、いわゆる慢性疾患や高齢者ケア、精神疾患などが病気の主要部分になってくると、先ほど述べたような「社会的」要因、つまり身体内部に完結しない様々な要因が複雑に関与する形で病気が生じるようになる。たとえば、社会的な関係性の中で生じる「ストレス」というものが、おそらくほとんどの慢性疾患の背景として関わっていることは、多くの人が実感として感じることだろう。

環境問題としての医療

こうして、身体内部の物理化学的メカニズムにとどまらない、社会的・環境的要因までを視野に入れた、いわば〝**複雑系としての病《やまい》**〟と呼べるような視点が重要になってくる。

こうした点は、第4章で述べた「ケア」をめぐるテーマと再び関係してくる。図表7−5は、「ケア」に関する様々なモデルを整理したものだが、近代医学において中心をなしたのは図の左上の「医療モデル（Biomedical Model）」であり、これは先述の「特定病因論」的な考え方と重なり、感染症や急性疾患の治療に大きな成果を上げてきた。しかし今後はより包括的なアプローチが求められているのであり、それをここでは「心理モデル」、「予防・環境モデル」、「生活モデル〜社会モデル」として位置づけている。そしてこれらの全体を展望すると、そこには「エ

図表7-5　様々なケアモデル：医療に関する包括的なアプローチの必要性

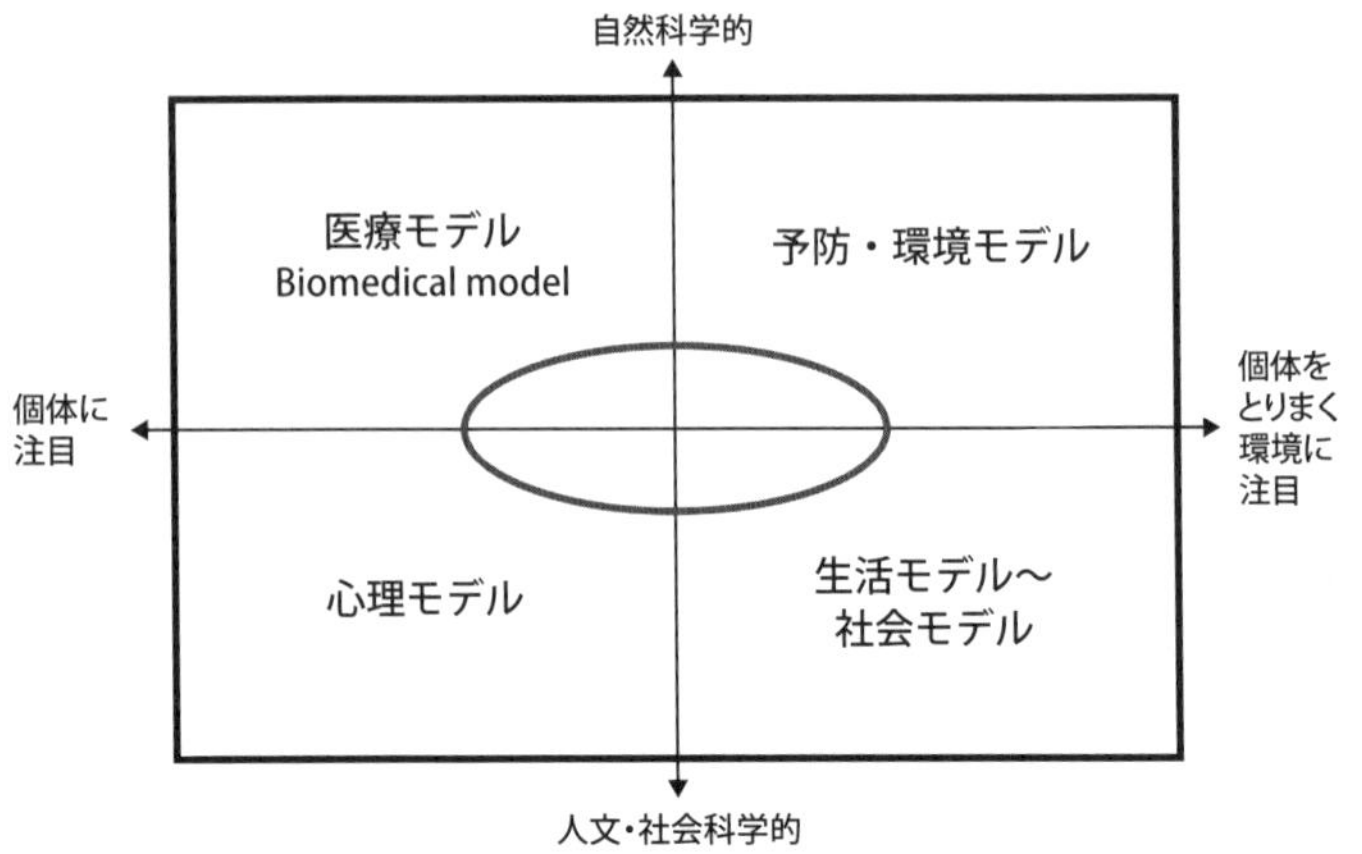

（出所）広井（1997）を改変。

コロジカル・モデル」とも呼べるような病気ないし健康についての包括的な理解が浮かび上がってくるだろう。

ちなみにこうした視点については、しばらく前から「進化医学（evolutionary medicine）」という研究分野があり、これはまさに病気や健康の問題を人間と「環境」との関わりの結果としてとらえるアプローチである（井村［2000］、Nesse他［1994］参照）。

すなわち人間の生物学的な特性は、約20万年前に私たちの祖先がアフリカで生まれた頃と基本的に変わっていない。しかしそれ以降、農耕が開始され、さらに都市化、工業化が進む中で人間をとりまく環境は根本的に変化し、あるいは人間自身が地球上の環境を大幅に改変していった。その結果生じることとなった、いわば人間の生物学的特性と環境との間の「ズレ」が、様々な病気となって現れているという理解である。

このように考えていくと、私たちが「医療」あるいは「健康」の問題と考えているものの多くは、突き詰めれば実は「環境問題」であるという新たな把握が生まれる。

実際、第4章でも述べたように、新型コロナウイルス感染症など、近年増加している人獣共通感染症の背景には、森林の減少とそれがもたらす（ウイルスを保有する）野生動物への影響といった、文字通り環境あるいは生態系の変化が関与していることが様々な研究によって示されるようになっている。象徴的に言えば「環境問題としての医療」という発想、つまり医療をめぐる課題と環境をめぐる課題を包括的にとらえるアプローチが求められているのである。

こうした「エコロジカル・モデル」的な方向を展開していくにあたっては、さしあたり二つの方向があるだろう。一つは、いわゆる東洋医学や伝統医学などを再評価しつつ――それらは要素還元主義的でないホーリスティック（全体的）な健康・身体観に基づく経験知や技法を蓄積している――、それを統合医療（integrative medicine）のような形で近代医学と融合させ新たな発展を図っていく方向である。もう一つは、情報科学や複雑性科学などの現代科学の知見や技術をフルに活用しながら、環境全体を含んだ人間の健康に関する包括的なモデルを構想していくという方向である。後者の展開においては、医療はある種の〝複雑系の生態系科学〟のようなものに進化していくと思われる。

「持続可能な医療」と「持続可能な社会」

議論がやや抽象的な次元に及んだが、以上述べてきたような視点は、関連する様々な事実にも示されている。

たとえば図表7-6は、経済発展の度合い（一人当たりGDP）と平均寿命との関係を見たものである。大きく見ると、経済発展の初期段階では、経済が発展するのと比例的に寿命が伸びていくが、経済が成熟し、一定の物質的豊かさが達成された後の段階においては、両者の関係がランダムになり、「経済が大きくなれば寿命が伸びる」というものではなくなっていくことが示されている。

先ほど見たアメリカなどはまさにこの典型例であり、言い換えれば、先述のように健康や病気に関する「社会的な要因」――ライフスタイル、格差や貧困、医療保険制度のあり方等々――が重要になっていくということである。

一方、国内に目を向けると、たとえば長野県は「長寿」であることで知られており、たとえば2010年の調査では男女ともに平均寿命が全国1位だった（2020年では男女それぞれ2位、4位）。一方で、県民一人当たり後期高齢者医療費は低いほうから4番目であり、相対的に低い

図表7-6　経済発展と平均寿命

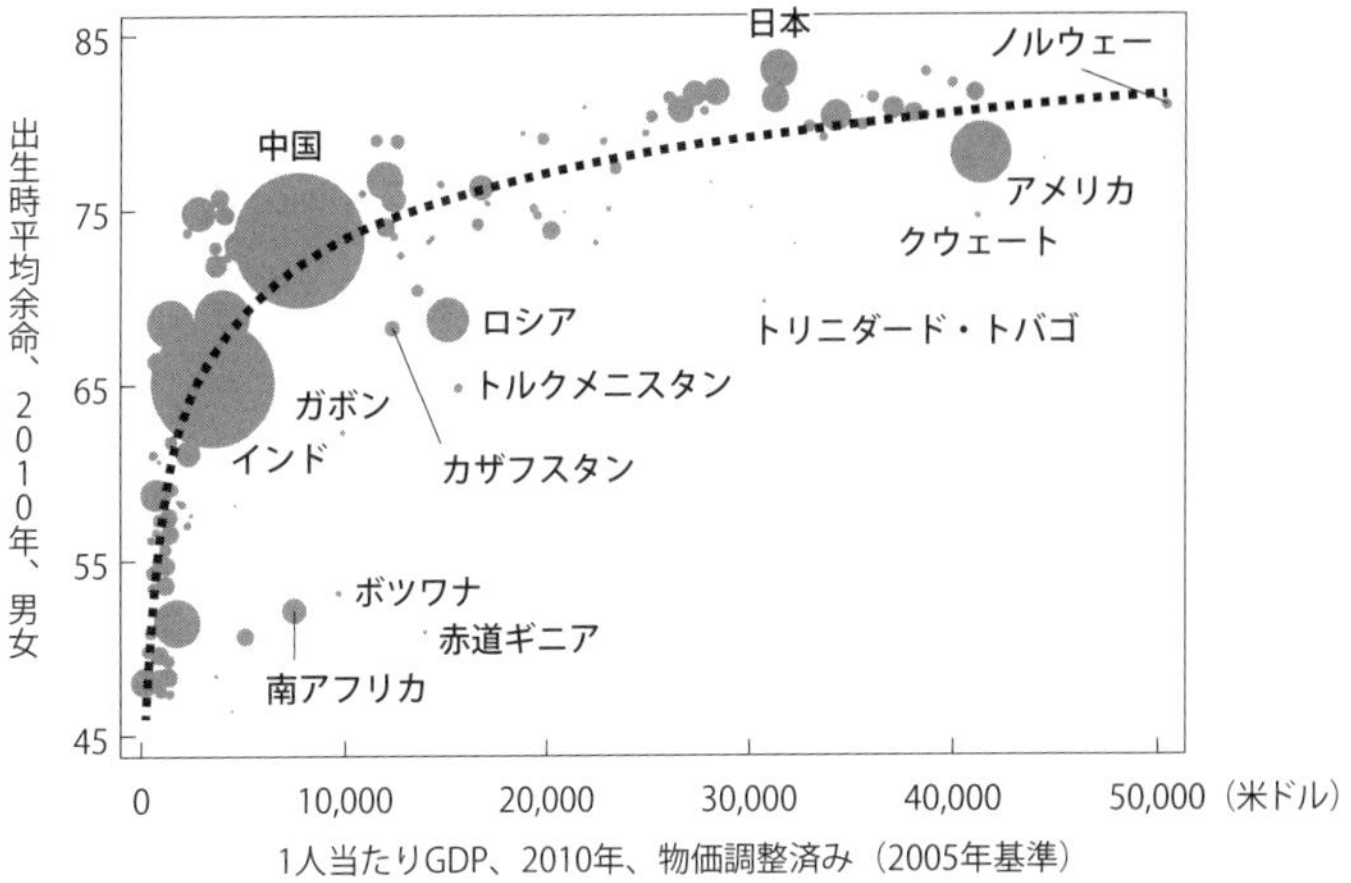

（出所）アンガス・ディートン『大脱出——健康・お金・格差の起源』、みすず書房、2014年。

医療費で高い健康水準を実現していると言える。

いわば「持続可能な医療（サステナブル・ヘルス）」の一つのモデルを示しているわけだが、こうした状況が生まれる要因について、長野県が挙げているのは、①高齢者の就業率が高く（全国1位）、生きがいを持って生活できる、②野菜摂取量が多い（全国1位）、③健康ボランティアによる健康づくりの取り組みや専門職による保健予防活動が盛んといった点である。

つまり〝超ハイテク医療が集積している〟といったことより、高齢者がコミュニティないし人々とのつながりの中で誇りや張り合いを持って生きていけるといった、ある意味で〝素朴〟なレベルの社会的な要因が、健康水準に大きく関与していることが示されているのだ。

一方、2019年度で日本の医療費は44・4兆円となっており、また医療費全体の中で65歳以上の高齢者の医療費はすでに6割を超えている（61・0％）。今後も日本の高齢化率（65歳以上の高齢者が全人口に占める割合）は上昇を続け、ピークを迎える2060年過ぎには医療費全体の7割以上ないし8割近くが老人医療費となる見通しである。こうした状況からも、医療システムの持続可能性ということが大きな課題になっているのである。

そして、ある意味でもっとも重要なのは、「持続可能な医療」と「持続可能な社会」というテーマは不可分のものであるという発想だ。

どういうことかと言うと、先ほどアメリカについて、〝莫大な予算を医学研究に使いつつも平均寿命など医療のパフォーマンスは良好でない〟という点を指摘した。これはさらに考えてみると、アメリカが全体としてなお〝大量生産、大量消費、大量廃棄〟という基調の強い国であり――これは「純粋な資本主義」という性格とも深く関連している――、そのことが、たとえばライフスタイルの面でも〝過剰消費→栄養過多→肥満等→高い有病率→高医療費〟といった、ある種の悪循環を帰結させているのだ。

こうした点に関し、イギリスの医師であり医学史家でもあるトマス・マッキューンという研究者が『人間の病気の起源（*The Origins of Human Disease*）』という本を書いている。彼はこの著書の中で、かつての時代の病気は、栄養失調などいわば〝欠乏による病〟であったのに対し、現代はむしろ〝過剰による病（disease of affluence）〟の時代になっていると論じている（McKeown［1988］）。

このように「持続可能な医療」というテーマを考える場合、それは過剰な資源消費や環境負荷を伴わないような、「持続可能な社会」という社会像と不可分のものとなる。医療や健康の問題を、それだけを切り離して考えるのではなく、消費や生産、労働のあり方やライフスタイル、コミュニティのあり方、自然環境との関わり等々、ひと回り大きな視野でとらえ直していくことが重要となっているのである。

2 超高齢社会への新たな視点

高齢化の地球的進行

医療や病気、健康の意味と科学との関係について見てきたが、少し視点を変えて、本章の冒頭でもふれた日本が〝世界のフロントランナー〟として歩んでいく超高齢社会の意味についてさらに考えてみたい。

先述のように日本の高齢化率は現在29・1パーセントで(2022年)、すでに「世界一」であるが、この割合は今後2065年頃に約38パーセントでピークを迎えるまで増加を続けていくと予想されている(日本の将来推計人口［2017年推計］)。

ある意味でこれは、人間の歴史、いや生命の歴史における初めての経験であり、したがって私たちは人類史の〝前人未踏〟の領域に足を踏み入れ、しかもその「先頭」を歩んでいくとも言える。

ちなみに、中国の2020年の国勢調査の結果によると、中国においても少子高齢化が急速に進んでおり、65歳以上の高齢者は約1・9億人ですでに日本の人口全体よりも多く、また高齢化率は13・5％となっている。

つまり21世紀という時代において、「高齢化率」では日本が、「高齢者の絶対数」では中国が、それぞれ世界の先頭を走っていくわけである。

世界全体に目を向けると、「**地球規模の高齢化**（グローバル・エイジング）」が進んでいくのがこれからの時代である。実はこうした傾向は以前からも指摘されており、たとえば世界銀行が90年代に出した報告書では、2030年までに世界で増加する高齢者のうち、中国の高齢者が世界全体の約3割を占め、他のアジア諸国（日本を除く）の高齢者も同じく約3割で、つまり世界全体で増える高齢者のうち約6割がアジアの高齢者という予測が示されていた（World Bank［1994］）。

ちなみにここでは日本の高齢者は「先進国」のグループに分類されているが、このグループは高齢者の増加全体の14％に過ぎない。つまり「高齢化」というと先進国特有の現象と思われがちだが、そうではなく、今後はそれが文字通り地球規模で進んでいくのだ。こうなると、高齢社会あるいは高齢期ないし「老い」ということについても、新しい発想が必要になってくるだろう。

こうしたテーマについてはこれまでも様々な議論があるが、興味深いものの一つに、アメリカの精神科医で老年学の研究者であるジーン・コーエンが行っている次のような議論がある。

高齢期の創造性と「人間の3世代モデル」

まず、一般的な常識とは異なりコーエンは、高齢期は人生の中でもきわめて「創造的」な時期であると言う。すなわち脳科学研究の最近の知見なども踏まえながら、彼は「創造性には年齢の上限がないばかりか、後半生になってから最大限に発揮されることも多い」と述べる。

ここで印象的なのは、コーエンがその典型的な例として、日本の浮世絵画家である葛飾北斎を挙げている点である。というのも、北斎が著名な「富嶽三十六景」の作品群を描いたのは、実に彼が66歳から73歳の間のことであり、まさに高齢期において創造性が一層開花したと言えるからだ。

さらにコーエンはその臨床経験も踏まえて、人生における50歳頃以降の人間の心理を、①再評価段階（50歳頃から）、②解放段階（60歳頃から）、③まとめ段階（70歳頃から）、④アンコール段階（80歳頃から）の4段階に区分し、その様々なプラスの意味を論じている（コーエン［2006］）。

大まかに述べると、①の再評価（reevaluation）段階とは自分の人生を振り返り、その意味を確認したり、ありえたはずの別の人生について思いをはせたりすること。続く②の解放

(liberation) 段階は、ここがコーエンの議論の一つの肝なのだが、定年前後の時期を迎える中で、それまで歩んできた人生のルートから一定の〝解放〟の感覚を持ち、新たな出発や、やり直しの意欲を持ったりすることだ。

③のまとめ (summing up) は文字通り人生全体の総括や整理を行うこと。そして④のアンコールは、これで人生が終わりと考えるのではなく、さらにもう一度何かを、といった意識を持つことを意味している。

コーエン自身も述べているように、これは彼自身の臨床経験を踏まえた概括であり、もちろんすべての人がこうしたパターンをたどるというわけではない。また全体として、彼の議論はある意味で〝アメリカ的〟な――人間の「能動性」や「活動性」を重視するという――価値観が反映されている面があるだろう。

しかしそうした点を踏まえた上でなお、超高齢社会とか高齢期というと、概してマイナスの論調で語られることが多い中で、そのポジティブな側面に目を向ける視点は重要と思われる。

多少関連する視点として、私自身は以前から「人間の3世代モデル」ということを考えてきた(広井[2000]等)。

まず人間という生き物は、図表7-7に示されているように、他の生物に比べて高齢期――生殖期の後の時期という意味で生物学的には「後生殖期」とも呼ばれる――が長いという点に特

図表7-7　最大寿命と性成熟年齢の関係
――ヒトは他の生物に比べ高齢期が構造的に長い

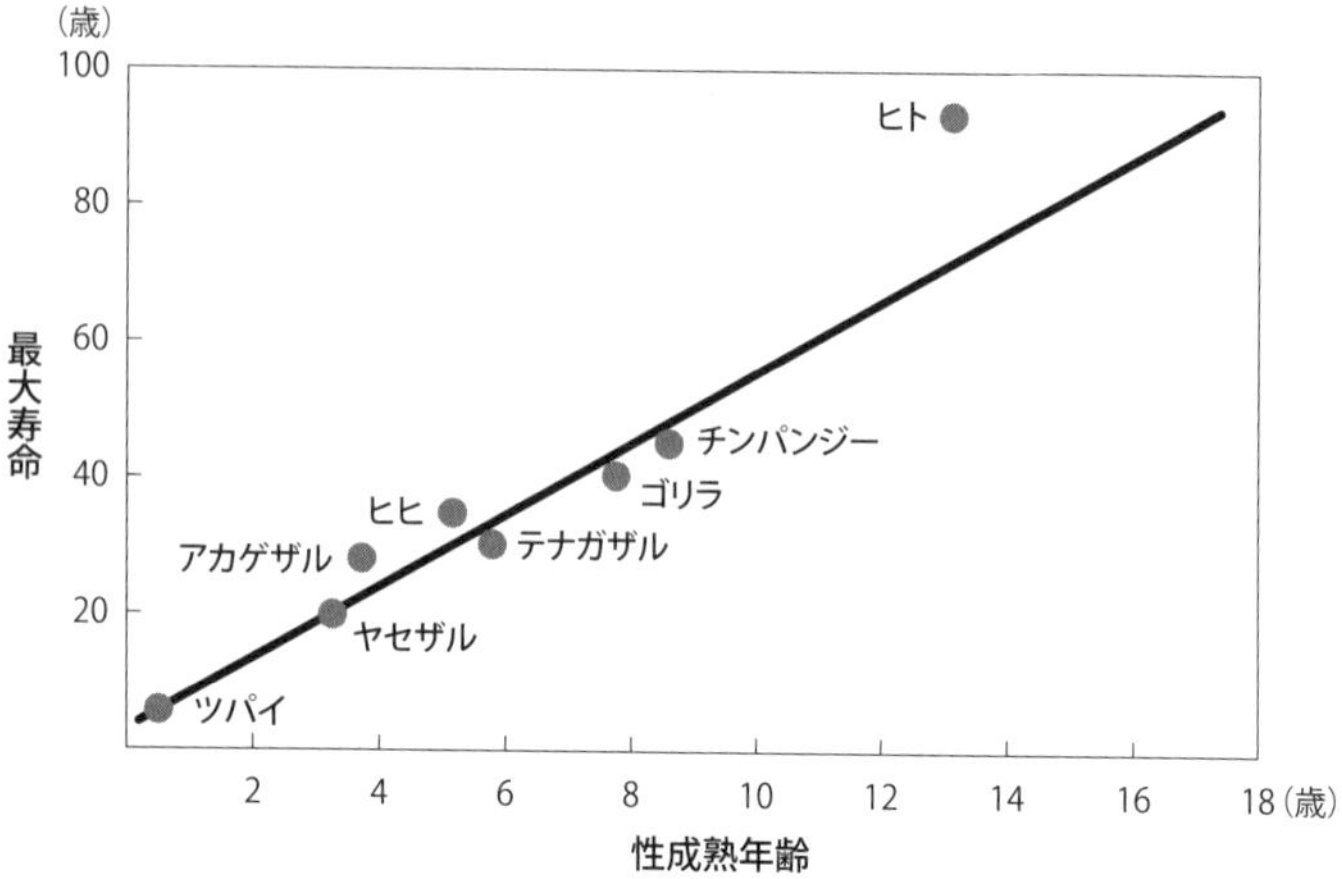

（出所）今堀和友『老化とは何か』岩波新書、1993年。

徴がある。

　では、そもそも「なぜ」人間は高齢期が長いのだろうか。この話題を考えていく手がかりとして、興味深いことに、実は人間は「子ども」の時期も長いという特徴がある。他の生物の場合、子どもが比較的早く〝自立〟していくのに対し、人間の子どもは文字通り〝一人では生きていけない〟、脆弱（フラジャイル）な存在であり、親をはじめ様々な他者にケアされながら、「ゆっくりと時間をかけて」大人になっていく。しかしそうしたいわば準備期間の長さにこそ、人間の豊かな可能性や創造性が宿っているわけである。

　そして人間の高齢期が長いのは、長い子どもの時期とある意味でペアになって

図表7-8 「人間の3世代モデル」

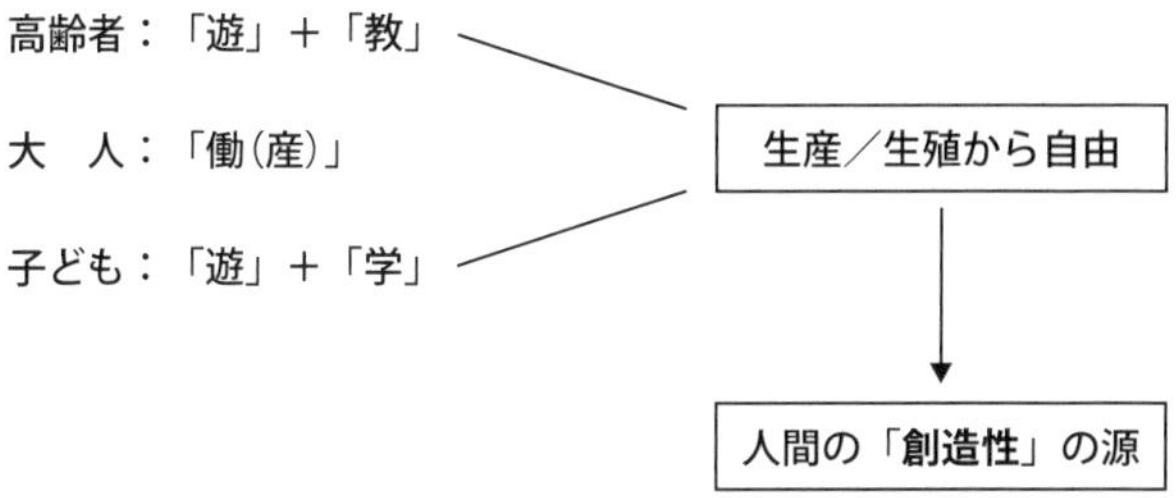

いるのではないか。つまり様々な経験知や生活の知恵などを高齢者が次の世代に「教える」ということが、人間にとって重要な意味を持っているからではないか。

現役世代の役割を「働（ないし産）」という漢字で表すとすれば、子どもはいわば「遊プラス学」であり――この場合の「学」は受験勉強的な意味ではなく、様々な事柄に好奇心を向けて探索するといった、「遊」と一体のイメージ――、それに対して高齢者は「遊プラス教」としてとらえることが可能だろう（図表7―8）。

そしてこのように、**〝生産〟や〝効率性〟といった点からは少し離れた、一見無駄とも言えるような場所にいる「子ども」の時期と「高齢」の時期が長いという点にこそ、実は人間の「創造性」の源がある**と考えられるのではないだろうか。

これは「高齢期の創造性」をめぐる先ほどのコーエンの議論ともつながるだろう。さらにこうした視点は、第3章で述べた、イノベーションというものは本来、効率性や生産性からは一定の距離を置いたところで生まれるのであり、短期的な成果ばかりに気をとられているとかえって創造性が失われていくという把握とも重なるのである。

「老年的超越」という視点

ところで、高齢期の創造性をめぐるコーエンの議論が、高齢期の中でも主にその前半にアクセントを置いた議論であったのに対し、人間の80代以降の時期に注目し、少し違った角度から高齢期の意味を論じているのがスウェーデンの老年社会学者トーンスタムである。

トーンスタムによれば、80代ないし90代以降の高齢者においては、それまでとは異なる意識の変化が生じ、「物質主義的で合理的な世界観から、宇宙的、超越的、非合理的な世界観への変化」が起こるという（トーンスタム［２０１７］）。

そして、自分の存在や命が過去から未来への大きな流れの一部であることを認識し、過去や未来の世代とのつながりを強く感じるようになる。さらには、時間や空間に関する意識も変化し、死と生の区別をする認識も弱くなり、死の恐怖も消えていくといった特徴があるとし、トーンスタムはそれを**「老年的超越」**と名づけた。

こうした「老年的超越」について、老年心理学者の増井幸恵氏は日本の高齢者に関する調査を行った。すると日本の場合、「超越」という点はやや薄いものの、先祖や未来の子孫とのつながりの意識の強まりや、「あるがままを受け入れる」「自然の流れに任せる」「他者への依存を肯定する」といった、トーンスタムの議論と同様の方向の傾向が見られたという（増井［２０１４］）。

以上はあくまで一つの理論なので、そのまま超高齢期のすべての高齢者にあてはまるとは言えないだろう。しかしここで個人的な経験にふれさせていただくと、私の母親は数年間の介護状態をへて一昨年（２０２１年）の秋に89歳で他界したのだが、この「老年的超越」という視点は、母親の（認知症気味だった）亡くなる前の数年の状態に、ある程度あてはまる面があったように思う。

関連する議論として、人間にとっての「アイデンティティ（自我同一性。自分が自分であること）」の重要性を提唱したアメリカの心理学者エリクソンは、生まれてから人が段階を踏みつつ成長し、自我を確立しながら成熟していくプロセスを８段階の理論にまとめたことで比較的よく知られている。

しかし晩年になってエリクソンは、人間の一生には最後にもう一つの段階があると考えるようになり、死後に出版された妻との共著において、「老年的超越」を人生の第９段階として位置づけたのである（エリクソン他［２００１］）。そこでは高齢期における身体的機能の低下や社会的なネットワークの減少という、ある種の〝危機〟を乗り越える方向性ないし適応として、この老年的超越が位置づけられている。

こうした考えはまだ仮説的な面を持っているが、高齢期のこころあるいは人生の全体性やその意味というテーマを私たちが考えるにあたり、様々な示唆を与えてくれるように私には感じられる。

また、実はそれは高齢期に限らず、若い時期を含めて、人生に対する態度あるいは世界観にとってのヒントを含んでいるのではないだろうか。つまり、ここで「超越」と言われているのは、言い換えれば「自分を超えた何かとつながること」の大切さであり、「何か」とは「コミュニティ、世代間の連なり、自然、生命、宇宙」といったものが含まれるだろう。

いみじくもこうした志向は、第2章の「幸福」に関する話題のところで言及した、晩年のマズローが提起した「自己超越」というコンセプトとも通じる性格を含んでいると思われる。

それは「自我」が中心だった近代社会が成熟していく先に開ける、これからの時代の方向や地球環境問題などともつながるだろう。「老年的超越」という視点は様々な広がりを持っているのである。

現代版「不老不死」の夢

本章では医療や超高齢社会と科学の関わりについて考えてきたが、現在の生命科学での〝先端的〟なテーマの一つとして、〝現代版「不老不死」の夢〟という話題を最後に取り上げてみたい。

「不老不死」は、人間にとっての古代からの〝永遠の夢〟と呼べるようなテーマであった。ところが近年に至って、こうした不老不死をめぐる話題が、「科学」の領域において正面から取り上げられるに至っている（広井［2021］参照）。

私が見るところ、それには次のような二つの異なる流れがある。第一は生命科学や医療の領域であり、その象徴はやはり再生医療の急速な展開である。第二は情報科学に関連する領域であり、その典型は、人間の「意識」を機械やインターネット上に〝移植〟し、「意識の永続化」を図るという議論だ。

単純に言えば、前者は主として**「身体の不死」**に関わるものであり、後者は主として**「意識の不死」**に関わるものと言うこともできるだろう。

以上のうち、メディア等を通じて近時私たちに身近になっているのは、後者の「意識の不死」に関する話題かもしれない。たとえば2014年に公開された、ジョニー・デップ主演の映画『トランセンデンス』では、殺害された天才科学者の脳の情報のすべてを、同じく科学者の妻がインターネット上に〝アップロード〟し、死んだ夫がコンピューターの中で〝生き続ける〟ようにするという内容のものだった。こうした発想の下敷きの一つになっているのは、本書でも何度かふれてきたアメリカの未来学者カーツワイルの「シンギュラリティ」論である。

また、これは単にSF的な荒唐無稽の話にとどまるのではない。2017年に出版された

『脳の意識　機械の意識――脳神経科学の挑戦』という本の中で、東京大学准教授で工学研究者の渡辺正峰氏は、「未来のどこかの時点において、意識の移殖が確立し、機械の中で第二の人生を送ることができることが可能になるのはほぼ間違いないと私は考えている」と述べているのである（渡辺［2017］）。

一方、先ほど「不老不死」に関する第一の流れとして指摘した、再生医療など生命科学の展開に関しては、アメリカの大統領生命倫理評議会が2003年に報告書（『治療を超えて』）を公刊しており、生命関連技術の発達によって可能となる「不老の身体」といった話題が正面から論じられている（カス［2005］）。

また、こうした展開の一つの典型は、アメリカの遺伝学者でハーバード大学の教授でもあるデビッド・シンクレアが、日本でもベストセラーになった著書『LIFESPAN（ライフスパン）』で行っているような議論である。すなわちシンクレアはこの本の中で、老化は一種の「病気」であって、それは治療可能なものであるとする。そして科学や技術の発展により、今世紀末までに人間の寿命は150歳になっている可能性があるとし、しかも彼が唱える「老化の情報理論」が正しければ、寿命には「上限」などなく、永遠に生きることも夢ではないと論じているのである（シンクレア［2020］）。

以上のように、「不老不死」をめぐるテーマが、様々な科学の領域において、しかも具体的なテクノロジーや現実性を持って語られるようになっているのが現在の状況である。

では私たちはこうしたテーマをどう受け止め、考えたらよいのだろうか。

この話題には様々な側面があり、一つの「正しい結論」があるという性格のものではないかもしれないが、私は次のような二つの理由から、このような〝現代版「不老不死」〟の追求という方向には懐疑的だ。

一つは、はたしてそれで人は幸福になるだろうかという点である。確かに、〝少しでも長く生きたい〟という願望は誰にでもあるし、先述のようにそれが古代から語られてきたというのは、「不老不死」が人間にとっての深い願望に根ざしているからだろう。

しかし一方、いざ具体的に考えてみると、寿命が150歳、200歳……に伸びたとして、それが人間あるいは私にどれだけの幸福をもたらすかというと、いささか疑問が湧いてくるのではないか。たとえば、〝現在における世界の最高齢者〟は概ね120歳くらいで、それに関連するニュースが折にふれてメディアで報道されたりするわけだが、「その人のようになりたい！」と強く思う人はさほど多くはないのではないか。

ここでふと思い出されるのは、佐野洋子氏のよく知られた絵本『100万回生きたねこ』である。すでに読まれた方も多いと思うが、100万回の生と死――あるいは永遠に続く生――を繰り返しても充足されることのなかった主人公の猫のこころが、一つの出会いや愛情によって満たされ、生として完結するというのがその骨子だった。

「長寿」への二つのアプローチ

〝現代版「不老不死」〟の追求に対する私の疑問のもう一つは、次のような規範的あるいは倫理的な側面を含む論点である。

人間の寿命を伸ばすという時、実は大きく異なる二つの方向があるだろう。

第一は、生物種としての人間において可能な範囲内で、できるだけ〝寿命を全うできる〟ようにしていくという方向。第二は、生物種としての人間そのものを改変して、その寿命を伸ばしていくという方向である。

この場合、先ほど言及した遺伝学者シンクレアの『LIFESPAN（ライフスパン）』の議論は、そもそも「老化」は〝病気〟であり、それを〝治療〟していくという考えである。したがって理論上、そうした治療を行って「老化」という現象をすべて消し去っていけば、人間は永遠に生きられることになるし、実際シンクレアもそのように述べている。

これは、（本来生物には老化や死というメカニズムが組み込まれているわけだから）上記の「生物種としての人間そのものを改変する」という方向に該当するだろう。一種の「ポスト・ヒューマン」論と言える。

一方、先ほどふれた長野県のケースを思い出してみよう。世界で最高レベルの長寿国である日本においてもっとも平均寿命が長いということは、実質的に長野は〝世界一の長寿地域〟と言っても過言ではない。しかし長野においてそれが実現しているのは、医療機関ないし医療サービスが一定以上整備され、かつそれへのアクセスが医療保険制度を通じ保障されていることに加え、先述のようにコミュニティにおける人とのつながり、自分が社会の中で生きていることへの自負や誇り、食生活、環境等々といった多様な要因が背景にあるのだった。

これは、「生物種としての人間の改変」といったことではもちろんなく、生物種としての人間に可能な範囲で、〝寿命を全うする〟という方向が、社会全体のあり方の帰結として相当程度実現しているわけである。おそらく「長寿」という言葉の通常の意味はそうしたものだろうし、これは本章の前半で述べた医療や健康に関する「エコロジカル・モデル」という発想と重なっているだろう。

以上のような点を踏まえ、私は先ほどの第一のアプローチ、つまり生物種としての人間において可能な範囲内で、できるだけ〝寿命を全うできる〟ようにしていくという方向が望ましく、「生物種としての人間そのものを改変して、その寿命を伸ばしていく」という、第二のアプローチには懐疑的である。

なぜそう考えるのか。そもそも後者のようなアプローチは、第4章（ケアとしての科学）で論じたように、「人間と自然」、「個人と社会」をそれぞれ切断した上で、〝独立した個人を軸に人間が自然を完全にコントロールする〟という、近代科学の原理をその極限まで追求する性格のものだ。それは「新しい」ように見えて、近代前期の価値や世界観の延長線上にあるものと言える。しかしながら、「限りない拡大・成長」を志向する資本主義という経済システムとも一体となって、そうした方向が地球環境や生態系の有限性とぶつかり、根本的な齟齬をきたしているのが今という時代なのである。

また、次のような視点も重要と思われる。すなわち、アメリカにおいて（医学・生命科学研究への莫大な投資を行っている割に）医療ないし健康のパフォーマンスが良くない背景には、人間の身体の改変を含め、ピンポイントの技術ないしミクロレベルの治療という、バイオメディカル・モデル的なアプローチのみで問題を解決しようとしている点があるだろう。

皮肉なことに、アメリカがそうであるように、それは「長寿」の実現からはかえって遠ざかってしまっている。なぜそうなるかと言えば、本章で論じてきたように、人間の健康や病気は、身体内部の物理化学的なメカニズムのみで規定されているのではなく、ストレスなど心理的要因、コミュニティとのつながりや他者との関係性、格差社会、自然環境との関わりなど、無数の社会的要因の帰結だからである。

第7章でケアのモデルの全体を視野に入れた「エコロジカル・モデル」と呼びうる把握に言

及したが、これからの科学のあり方という点からも、個人の身体内部のみに着目するのではなく、社会システムや生態系全体までを視野に収めたアプローチを進めていくことが、人間にとって望ましい「長寿」を実現していくことになるだろう。

付論　新型コロナ・パンデミックと日本の医療システム

本章では医療あるいは超高齢社会と科学との関係について考えてきたが、医療システムあるいは医療政策について論じるとすれば、ここで新型コロナ感染症との関連についても触れておく必要がある。

基本的な認識として、今回の新型コロナ・パンデミックは、この後で述べるような、従来から存在していた日本の医療システムの構造的な問題あるいは弱点をあらわにした出来事であると私は考えている。

本章の1で、ワクチンの開発に後れをとったのは、医療分野における研究開発あるいは科学・技術をめぐっての戦後日本の医療政策の基本的なマイナス面と関わっていることを述べた。

一方、医療システムについて見るならば、日本の場合、もともと人口当たりのＩＣＵ（集中治療室）の数がアメリカやドイツに比べて大幅に少ないことや、そもそも新型コロナウイルスに感染した患者を実際に受け入れている医療機関の割合が非常に低く、そのため欧米諸国に比べて感染者数が圧倒的に少ないわりに〝病床ひっ迫〟や〝医療危機〟が直ちに生じてしまうという問題が指摘されてきた。

要するに、**新型コロナの感染者数自体は少ないにもかかわらず、医療システムがうまく機能しないため、すぐに「緊急事態宣言」や「まん延防止等重点措置」を出さざるを得ない状況になってしまい、その結果、飲食店など直接的に影響を受ける業界ひいては経済活動全体に大きな打撃や支障が生じてしまった**のである。

なぜそうなるのか。これには大きく二つの背景ないし課題があると考えられる。

医療の公共性の強化

一つは日本の場合、**公的な病院ないし病床の割合が主要先進諸国の中でもっとも低く、また医療供給体制への公的関与が弱い**という点がある。

図表7-9は先進諸国の医療システムを比較したものだが、日本の場合、医療における「財

図表7−9　医療システムの国際比較

日本は特殊な状況

	イギリス	ドイツ	フランス	日本	アメリカ
医療供給システム（公的病床の割合）	公	公	公	私	私
	ほぼ全て	約90%	約70%	約30%	約25%
医療財政システム	公	公	公	公	私
	税	社会保険	社会保険	社会保険（税の投入大）	民間保険中心

（注）供給の下欄は病床の総数に占める公的（国立・公立）病院病床の割合。ただしドイツは公益病院（宗教法人立・財団法人立）を含む。またイギリスは1990年代のNHS改革により国立病院は独立採算制のNHSトラストに改変。
（出所）広井（2018）。

政」面（医療保険制度）は公的なものである一方、「供給」面においてはヨーロッパに比較して公的病院病床の割合が非常に低いことが示されている。

具体的に見てみよう。たとえば１９６４年の医療法改正において「公的病床規制」という制度が導入されたが、これは公的病院に限って病床の増加を抑えるという仕組みである。なぜこうした制度が導入されたかというと、それは公的病院が増えると開業医の診療所や民間規模の病院の経営を圧迫するというのが実質的な理由だった。

さらに次のような背景があった。すなわちこの時期は、１９６１年に国民皆保険が成立した直後の時期であり、当時の武見会長時代の医師会は、〝医療機関が国民皆保険の「傘の下」に入るのは認めよう。しかしその代わり、医療の内容面には政府は介入してはいけない〟という発想で、以上のような方向を推し進めていったのである。こうして「プロフェッショナル・フリーダム」という名目の下で自由放任的な対応がなされてきたため、「医療の公共性」という点が日本においてはきわめて脆弱なのだ。

これはきわめて独特な医療システムの形成あるいは医療政策の展開だったと言える。ある意味で私たちは、このようにして高度成長期あるいは「昭和」の時代に原型がつくられた日本の医療システムの〝負の遺産〟のもとに生きており、それが顕在化したのが今回の新型コロナ・パンデミックだった。

常識的に考えれば、医療システムの財政面が「公的」であること、つまり医療サービスが税金や社会保険料で賄われているのであれば、医療の供給面についても公的な規制や対応を行っていくのは当然のことだろう。

ちなみに日本の医療費は、その約5割は社会保険料、4割は税金、1割は患者自己負担によって賄われている（2019年度）。だとすれば、国民の側も、〝医療サービスは自分たちの税金や社会保険料によって賄われているのだから、それについて積極的に発言していく権利がある〟ことを自覚していくことが重要なのではないか。

私は「医療の公共性」という点を重視し、公的病院に対する支援を充実させていくことや、必要な公的規制を強化していくことが日本の医療においていま強く求められていると考える。こうした点はこれまでの拙著でも論じてきた点だが（広井［1994b］、同［2018］等）、今回のコロナ禍は皮肉にも、このような日本の医療の構造的な脆弱性を明るみに出したと言えるだろう。

医療費の配分の見直し

以上と関連するもう一つの課題は、日本の場合、概して診療所や中小病院に医療費ないし診療報酬が優先的に配分されており、公的病院を含め、**高次機能を担う病院への医療費配分が手薄**であることである。

基本的な点を確認すると、現在の日本の診療報酬（保険点数）は1958年に概ね原型ができたものだが、当時は医療機関の大多数は診療所（開業医）だったこともあり、基本的に診療所をモデルにした点数体系が作られた。その後、現在に至るまで改定を重ねてきているものの、日本の診療報酬は以下のような構造的ともいえる問題点を有している。

すなわち、①「病院、とりわけ入院部門」の評価が薄い、②「高次医療」への評価が薄い、③「チーム医療」の評価という視点が弱い、④「医療の質」の評価という視点が弱いといった諸点であり（広井前掲書）、実際、医療施設の収益率を見ると、診療所には潤沢な医療費が配分される一方、病院については高次機能の病院ないし公的病院ほど収益率が低くなっている（広井［2018］参照）。

このような「医療費の配分」問題は、日本の医療の構造的な課題として皆保険体制の成立以来存在していたものだが、先ほどの医療の公共性の弱さや公的病院への支援の薄さという点と並んで、その矛盾がコロナ禍を契機に大きく露呈したのである。

私は「診療所から病院、特に公的病院を含む高次機能病院への医療費の配分シフト」という点を軸に、医療費の配分のあり方の見直しを正面から議論すべき時期に来ていると考える。診療報酬のあり方を審議する中医協（中央社会保険医療協議会）の議論などは、細部のテクニカルな調整が中心で、大きな枠組みとして、医療費の配分をどのようにするかという根本的な論議が不足している。

高齢化と並行して人口減少社会となる中で、「限られた資源の配分」ということが社会全体の課題となっている。新型コロナ禍を契機として、「医療の公共性」の強化や医療費の配分構造の見直しという点を軸に、日本の医療システムの根本的な問題についての議論と改革を進めていく必要がある。

第8章

生命・情報・エネルギー

本書の第3章で、私たちが生きる現在という時代は「ポスト・デジタル（ないしポスト情報化）」、そして「生命」を基本コンセプトとする局面に移行しつつあるということを論じた。

そこではやや大局的な時代認識を述べるにとどまっていたので、ここではそれを主に歴史的な視点から深掘りする作業を行ってみたい。本書の中では、（私のもともとの専攻分野である）科学史・科学哲学的な議論にもっとも深入りすることになるが、科学・テクノロジーと社会あるいは人間の未来についての中長期的な展望を得るためには、こうした考察が不可避になるものと思われる。

1 「生命」をめぐる科学史的展開

エネルギーと生命

第3章で概略を述べたが、17世紀にいわゆる「科学革命（Scientific Revolution）」がヨーロッパで起こり、近代科学なるものが成立して以降、科学における基本コンセプトは、大きく「物質→エネルギー→情報→生命」という形で展開してきたと言えるだろう。この場合、最初の「物質」はニュートンの古典力学に象徴されるもので、「力」の概念とも不可分であり、天体の運行を含め、物質ないし物体の運動やその力学的関係の法則把握が基本テーマとされ、やや遅れて化学の諸分野が展開していった。

やがて19世紀になると、産業革命以降の工業化の急速な進展という社会的背景ともあいまって、熱現象や電磁気という、ニュートン力学では十分に扱われていなかった現象の解明に大きな関心が注がれるようになる。こうした中で、「エネルギー」という新たな概念が生まれることになり、いわゆるエネルギー保存則が、1838年から47年にかけて、マイヤー、ジュール、ヘルムホルツという3人の科学者によって独立に発見されたことはよく知られた事実である。

特にそれをもっとも体系的に論じた著作がドイツの医師ヘルムホルツ（途中から物理学に転進）の講演論文「力の保存則についての物理学的論述」（1847年）だが、このタイトルにも示されているように、当時は「力」と「エネルギー」の概念がまだ未分化で、「エネルギー」という言葉は、イギリスの著名な科学者ウィリアム・トムソン（後のケルヴィン卿）が1856年の講演の中で用いたことで、やがて急速に広まっていったのである（井上［1979］）。なおエネルギーという、アリストテレスの用語エネルゲイア（現実態）に由来する言葉を力学分野で最初に使用したのはイギリスの物理学者ヤングであったとされる（1807年。本多［1981年］）。

同時に19世紀半ば以降、後にも見ていくように生命現象に関する様々な探求も進みつつあったが、ここで興味深いのは、当時のドイツには、**生命現象も含めた自然現象を「エネルギー」概念で把握しようという考え方**が、一定の有力な勢力となっていたことである（エネルギー論ないしエネルギー一元論 Energetik と呼ばれる）。代表的な論者としてオストヴァルト（ドイツの化学者、1853−1932）がおり、彼は「生命エネルギー」ということを考え、生命現象も含めて「あらゆる自然現象はエネルギー自身またはその多重な転換の表出にすぎない」と論じていた。

さて、ここで留意すべきは、現代の私たちは、「力」「エネルギー」「生命」といった基本概念が、当初から明確に確立され定義づけられた概念として存在しているように思いがちであるが、実際はそうではなく、以上のように「力とエネルギー」そして「エネルギーと生命」は、それぞれ未分化な概念ないし用語だったという点だ。

ちなみにこうした点に関し科学史家の横山輝雄は、「生物が物質代謝を行いながら、自己を維持しているということは『生命力』によるものとされていたが、それは一種の『永久機関』ではないかと思われ」、実は「マイヤーも、ヘルムホルツも、**生命に関する考察を重要な契機としてエネルギー保存則に到達した**」と述べている（横山［1986］、強調引用者）。このような点にも当時における「エネルギー」と「生命」概念の不可分な関係が示されている。

また、この文脈で連想される人物はやはり、「エンテレヒー」という生命に固有の概念を唱え、有名なウニの卵の発生に関する実験（1891年）を通じて生命現象は物理化学的な説明や法則では解明できないという〝新生気論〟を提起したドイツの生物学者ハンス・ドリーシュ（1867―1941）である。

興味深いことに、ドリーシュは上記のような「エネルギー一元論」を厳しく批判し、「エンテレヒーはエネルギーではない」としつつ、エネルギーは量的なものだがエンテレヒーは「量的な特徴をすべて欠いている。エンテレヒーは関係秩序であり、それ以外のものではない」と論じて、先ほどのオストヴァルトのような「生命エネルギー」といった理解の仕方を断固として否定したのである（ドリーシュ『有機体の哲学』（米本［2010］）、本多［1981］参照）。

この話題は後ほどあらためて主題化したいが、ちなみにドリーシュの「エンテレヒー」は、アリストテレスの「エンテレケイア」（目的因）という言葉に由来するもので、その趣旨は生命の本質を（因果関係に還元できない）目的的性格に求めるものだ。それが〝新〟生気論とされるのも、古代ギリシャにおける生気論的な生命観のある種の再来と考えられたからである。

いま19世紀における「力→エネルギー→生命」という概念の展開を見ているのだが、しかしこの後、生命科学あるいは生命現象の解明は、ある意味で以上とは大きく異なる方向に進むことになる。すなわちそれは「情報」概念の導入を伴った、**「情報的生命観」あるいは「生命＝情報」観**ともいうべき理解の展開に他ならない。

遺伝子研究と「情報的生命観」の展開

こうした方向の中心軸をなしたのは、遺伝現象そして「遺伝子」をめぐる探求の展開であるが、ここでの問題意識を踏まえながらそれをごく駆け足で確認しておこう（以下の記述につき詳しくは広井［1996］参照）。

ダーウィンの『種の起源』が公刊されたのが1859年だが、そのわずか6年後の1865年に、遺伝法則の最初の発見がオーストリアの修道院の司祭であったメンデルによってなされる。エンドウマメを使った実験は理科の教科書にも載っているが、よく知られているようにメンデルの〝発見〟は彼の生前はまったく認知されず、30年以上たった1900年に至ってオランダのド・フリース、ドイツのコレンス、オーストリアのチェルマックの3人によってそれぞれ独立の研究によって〝再発見〟され、大きく世に出ることになる。

こうした流れを受け、遺伝学を大きく飛躍させたのがアメリカのモーガンと彼のコロンビア大学の研究グループで、モーガンの強みは、遺伝の実験材料に19世紀に東南アジアからバナナについてアメリカに渡来したとされるキイロショウジョウバエを用いたことにあった。というのも、エンドウマメを用いた実験では1年に1回しか交配ができないが、ショウジョウバエだと14日で世代が交代し、遺伝実験にきわめて好都合だからである。こうしてモーガンは、遺伝を担うものが細胞内の染色体上の遺伝子にあるという考えを確立し、『遺伝子の理論（*The Theory of the Gene*）』をまとめる。1926年のことであった。

こうなると、おのずと探求の中心は「遺伝子の実体は何か」という問いの解明に向かうことになり、こうして遺伝学は必然的にミクロの方向、すなわち分子遺伝学という方向に進んでいく。

このように、メンデルに源流を持つ遺伝学の流れがミクロへの探求を進めていけば、それは事実上「分子生物学」に自動的に行き着くことになるだろうが、しかし実際には、その展開にはもうひとつ別のところからの推進力が大きな影響を持つことになった。

別のところとは、生物学とは本来まったく異質の物理系諸科学の流れであり、それは「生命現象への物理学的手法の適用」という流れである。

ニュートン力学が17–18世紀にかけて一応の完成をみた後、19世紀後半以降には原子の内部構造への探求が進んでいく中で、1900年にはマックス・プランクの量子仮説、また1913年にはデンマークの物理学者ニールス・ボーアによって原子構造論が発表され、こうした原子内部の世界を統一的に記述しうる新しい物理学の体系が求められることになった。そうした状況を受けて提出されたのがハイゼンベルクによる量子力学やオーストリアの物理学者シュレディンガーによる波動力学だった（それぞれ1925、26年）。

量子力学は理論上の様々な課題を抱えていたが、こうした展開の中で探求は新たな方向に向かうことになり、それが先ほどの分子遺伝学などの展開とクロスしていくことになる。

すなわち、1932年には上記のボーアがコペンハーゲンでの国際放射線学会において「光と生命」という著名な講演を行い、そこで量子力学における相補性原理（＝時空的な記述と因果的な記述という二者は同一の実在をいわば異なる角度から見るもので互いに補い合うものであるという考え方）は生物学の領域にも適用可能であると述べた。そして生命現象の探求にあたっては、一方において物理化学的な分析が徹底して行われるべきであるとともに、それでは解明され尽くせない面が生命現象にはあり、たとえば「目的」といった観念に基づく別の角度からのアプローチも必要であって、両者はまさに〝相補的〟なものであると論じたのである（ボーア［1990］）。

他方、先にもふれたシュレディンガーは第二次大戦中の1944年に出した著書『生命とは何か――物理学者のみた生細胞』の中で、デルブリュックが提出した遺伝子モデルを手がかりとして、生命現象への物理学的アプローチの可能性と重要性を説き、この書物が大きな影響力を持って多くの研究者を生命科学へと導くことになる。

このような流れの中で「生命現象への物理化学的アプローチ」という方向ははっきりと支持されていったが、こうした展開が、先に見た遺伝学の流れがミクロへと向かう方向とおのずと合流するのは自然の成り行きであった。こうして分子生物学の大きな流れが形成される。

後はいうまでもなくその飛躍的な発展である。駆け足で確認すると、1944年にはアメリカの生化学者エーブリーが遺伝子の本体がDNAであることを示す実験を行い、53年にはワトソンとクリックの二重らせんモデルが提示される。こうした基盤を踏まえ、61年にはアメリカのニーレンバーグによる初の遺伝暗号解読（UUUの塩基配列がフェニルアラニンの暗号であること）が行われ、以後5年間に20種類のアミノ酸に対応するすべての暗号が解読された。こうした分子生物学や遺伝子技術をめぐる展開は、当初のウイルスや大腸菌といった下等生物からやがて哺乳類などの高等生物そしてヒトへの応用に及んでいくことになり、医療や臨床場面と触れ合うことになっていく（こうした遺伝子関連技術の展開とそれをめぐる政策的課題の詳細について、広井［1996］参照）。

「情報」の意味と現在

この場合、ここで「暗号（code）」という言葉が使われていることにも示されるように、遺伝現象のミクロないし分子レベルでの解明の過程で、「情報」の概念がおのずと科学的探求の中に導入され、それを必須のものとしてそれ以降の生命科学は展開していくことになった。

この点に関し、科学史家の広重徹が「分子生物学は要素論的科学のおさめたいちじるしい成功であるが、しかし、そこには、従来の要素論的科学とはやや異質の概念が導入されていることに注意しなければならない」と述べているのは確かなことである（広重［1979］）。

広重はさらに次のように論を展開する。

「分子生物学は多くのことを明らかにしたけれども、その名前のとおり、それは核酸やタンパク質の分子の行動を探求するものである。それに対して、個体としての生物の働きに関しては、われわれはまだ知るところがはなはだ少ない。……多数の細胞を秩序ある体制に編成し、全体を調和的に動作させてゆくためには、全体をよくコントロールする機構がなければならず、そのような機構がうまく働くためには、各部分の状況を的確につかみ、それに応じて各部分に指令を与えることができなければならない。そのためには、生体内に情報がたえず流通していることが必要である。こう考えるならば、じつは個体としての生物を理解するためにも、あるいはそのためにこそ、情報という概念は不可欠である」（広重前掲書）

以上の記述について、敏感な読者は気づかれたと思うが、生物の個体の中の様々な組織や細胞等について、「全体をよくコントロールする機構」とか「各部分の状況を的確につかみ、それに応じて各部分に指令を与える」といった表現は、他でもなく人間の組織あるいは社会、あるいはそこでの人と人との関係性についての記述そのものであり、広重自身も「さきほど全体のコントロールについて述べたことは、工業的な生産過程や大きな社会的組織にもそっくりあてはまる。というより、むしろこれらとの類推で述べられている」と言っている。

つまり、大きくふりかえれば、17世紀以降の様々な近代科学的探究が、天体や物体などの物理的現象や熱や電磁気などの現象からさらに展開して「生命」現象そのものの探求に及んだ時、おのずと（「力」や「エネルギー」だけでは説明できない）「情報」という基本概念が要請されたのである。しかもそれが当初の単純な遺伝子コードの解明というレベルを超えて、生体全体の調整や制御機構の探求に及んでいく中で、人間の社会あるいは個体間の「情報」伝達やコミュニケーションの類推が、ある種の〝擬人法〟的な性格を伴いながら、半ば無意識的にそこに導入されていった。

言い換えると、純粋に無機的で中立的と見えるような科学的探究の営みの中に、実は私たちは日常生活ないし社会生活における様々な基本概念を持ち込んでいるのであり、そのアナロジーで自然現象を理解しているとも言えるのだ。特に以上のような例に見られるように、生命現象を理解するにあたって、特にそれが複雑なものになればなるほど、私たちはそこにしばしば擬人的な把握を導入しているのであり、実はそれはある種の「アニミズム」的な自然理解とも言えるのではないか。

特にこのことは、生体における「情報」伝達や要素間の相互作用に関する文脈で顕著になるだろう。なぜなら、実は**「情報」という概念は「コミュニケーション」あるいは「コミュニティ」という概念と深く関連しており**、つまり複数の主体間における（間主観的な）「意味」の認識と共有、そしてその伝達ということと不可分だからである。

ちなみに細胞分子生物学者の岩崎秀雄は、生命科学の論文に見られる、たとえば「細胞膜にある受容体蛋白質（レセプター）が物質Aを**認識**すると、その**信号**は細胞内シグナル分子を使った巧妙な情報伝達系で核に**伝えられていき**、特定の遺伝子Bの発現を誘導する……これによって細胞は物質Aに対して適応的な**応答を示す**」（強調引用者）といった文章を取り上げながら、「一種擬人的な図式が、分子ネットワーク、あるいは生体分子のレベルに『そのまま降りてきている』」と指摘している。

そして岩崎は、「少なくとも、物質が何か能動的な主体性を帯びる、というのはアニミズムに通じます。とすれば、奇妙なことに『物質還元論』は、通常その対立概念として語られる『生気論』的な見方を、むしろ招来しているようにすら思えてきます」と述べている（岩崎［2013］）。先ほどの論点とまさに重なる議論である。

こうした話題については次節であらためて論じることとして、「情報」に関して以上で見てきたのは生命科学ないし生命現象の解明をめぐる流れだったが、20世紀の半ばから現在にかけて、いわゆる「情報」が私たちの社会を大きく変えていったもう一つの大きな流れは、言うまでもなくコンピューターや情報通信に関する展開だった。

基本的な確認を行うと、その重要な起源は第3章でもふれたクロード・シャノンの情報理論の定式化（1948年）であり、シャノンは情報量（ビット）の概念を導入して情報論の基礎を築き──これによって二進法を使えばすべての情報が0と1で理論上表現できることになった──、また同じ頃にウィーナーが「通信と制御の理論」としてのサイバネティクスの考えを提起した。ウィーナーの研究を促した一つの背景に第二次大戦時におけるレーダー開発があり、またウィーナーは戦時には従来のものよりはるかに高度な計算機が必要になると予想し、そうした計算機のために満たされるべき条件として、デジタル型であること、二進法の使用、論理的判断と記憶を機械にやらせること等を挙げていた（広重［1979］）。

あらためて言うまでもなく、第二次大戦後こうした計算機はエレクトロニクス技術の発展とあいまって飛躍的に高度化していき、やがて通信技術や通信インフラ整備と一体に90年代以降のインターネット時代に入り現在に続くことになるわけだが、その理論上の基盤そのものは、現在よりもかなり古い1940年代前後に作られたものであることはもう一度確認する必要があるだろう。

そして、一般的に科学的探究に基づく技術の展開が「①基礎科学ないし理論の確立→②技術面での革新→③技術の成熟と社会的普及」という展開をとるとするならば、情報関連技術に関してみれば、以上のように現在大きくは③の段階に入っている時期なのである。

そうした意味で、第3章でも述べたように、今という時代はいわば「情報文明の成熟期」あるいは「ポスト情報化（ポスト・デジタル）」への過渡期ともいうべき局面――言い換えれば、「情報」から「生命」への移行期――と考えるべきであり、むしろ「デジタルの先」に開ける未来こそを構想していくことが重要だろう。

エネルギー・生命・情報

「情報」をめぐる議論を行ったが、ここで当初の話題に立ち返って全体を展望していこう。

本章の初めにおいて、19世紀に「エネルギー」概念が出てきた時、それは当初「力」の概念とも未分化で、またしばしば「生命力」や「生命エネルギー」といった把握とともに、生命現象を理解する概念としても議論されていたことを確認した。

そうした中で、いわゆる新生気論者として知られるドリーシュは、目的的な性格を持った生命現象を理解するための概念として「エンテレヒー」を唱えつつ、それは「エネルギー」とは明確に異なるものであることを強調し、また「生命エネルギー」といった把握の仕方には強い反対を示したのだった。

そして、その後の20世紀生物学の展開が、むしろ「情報」概念を導入する形で大きく展開していった流れを見たわけだが、以上の流れの全体を大きな視点でとらえ返すと、次のような理解が可能ではないかと思われる。

すなわち、図表8-1に示すように、19世紀にエネルギー概念が提出され、やがて科学的探求の対象が「生命」現象に向かうという局面において、その方向にはさしあたり二つの道がありえた。

図表8–1　19世紀以降の近代科学の展開の「二つのルート」
——生命現象を中心に

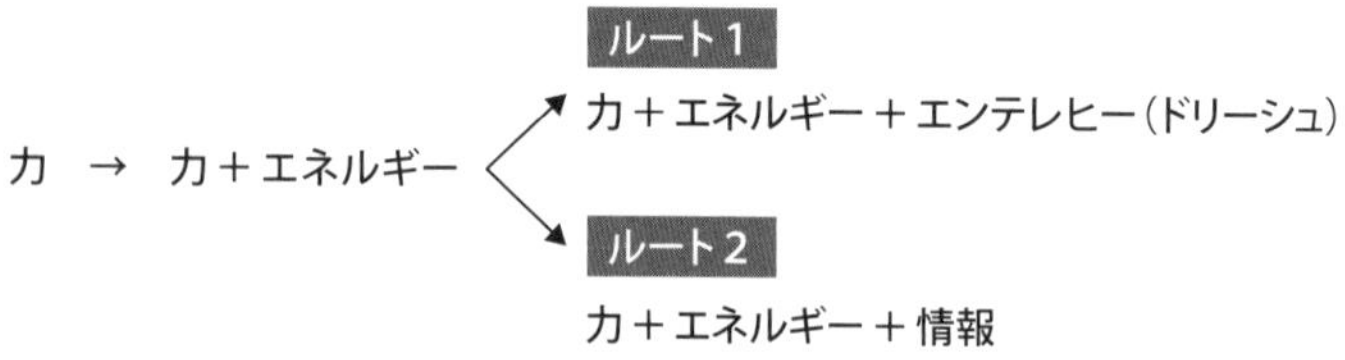

一つは、「力・エネルギー」概念のある意味で延長線上において、しかしそれらとは異なる「生命」固有の概念装置を立て、それを軸に生命現象を把握していくというルートであり、ドリーシュの採ろうとした道はまさにこの方向だったと言える。

もう一つは、「力・エネルギー」概念に相当するような（現象の背後にある）駆動因のようなものは立てず、あるいはそれについては既存の「力・エネルギー」概念に委ねた上で、生命現象のいわば分析的解明に注力するという方向である。これが現実のその後の生命科学のたどった道であり、「情報」概念はその過程で浮上し要請されたものだったと言えるだろう。

実際にその後の生命科学がとった展開が後者（ルート2）の道であったことは既に見たとおりであり、大きく言えば、**20世紀の生命科学は「情報」という概念あるいは「生命＝情報」観ともいうべき生命観を採用することで、「生命そのもの」あるいは「そもそも生命とは何か」という（やっかいな）問いを回避ないし〝先送り〟することができた**のである。

後でもあらためて論じていくように、私は広い意味でのドリーシュ的な把握、つまり生命現象の根底に何らかの「(内発的な) 力」を見出していくような理解は現代において新たな意義を持つようになっていると思っているが——ただしそれは究極的には (ドリーシュとは異なり)「非生命」と連続的なものと考えられるべきだろう——、現在の視点から見る限り、その後の生命科学の展開がさしあたり以上の「ルート2」のような方向をたどったのは、ある意味で必然的な側面があったのではないかと考える。

その理由は、先ほど「生命現象のいわば分析的解明に注力」と述べたこととも関連するが、もし「ルート1」のような道をとった場合、おそらく議論は「エンテレヒー」といった (良くも悪くも抽象的な) 概念の提案で終わってしまい、少なくとも生命現象の分析的な解明にとっては、それは有効なものにはならないと思われるからである。

また、ドリーシュのような思考をとると、「非生命」と「生命」との間に明確な境界線を引いてしまうことになり——彼が「エネルギー」と「エンテレヒー」の区別を強調したのもこれに関連する——、後ほど論じるような、「非生命—生命—人間」を包括するような (一元的な) 世界観とは矛盾するという点も重要な意味を持つことになる。

科学的真理とは

他方、以上の点を踏まえた上で、20世紀の生命科学の展開が「情報」概念を軸とする生命現象の分析的解明に進んだという背景には、裏返して言えば、生命現象の全体のうち、そのような方法で把握することのできる現象にのみターゲットを絞り探求を進めていったからである、ととらえることも可能だろう。

こうした点に関し先述の広重徹は、「分子生物学の成功の秘密は、生物現象の中から、要素論的方法によってうまく扱えるところだけを抽出してきて、それに対して要素論的方法を適用したことにある」と指摘しつつ、議論をさらに展開し、「物理学の持っている力は、それが無機的自然の全体を把握していることによるのでなく、**因果論的理論体系をつくりだすことを許すような部分の抽出に成功した**ことに潜んでいるといえる」と述べている（強調引用者）。その上で、「このことを考えるならば、分子生物学もまた、物理学のやり方にならって成果をあげたのであり、それが部分的にしかつかまえていなかったからといって非難することは、近代科学の立場そのものを非難することになる」と論じている（広重［1979］）。

以上の指摘は、およそ「科学的真理」とは何かということについてのもっとも根源的なテーマというべきだろう。

図表8-2　自然あるいは宇宙と人間の関係——「科学的真理」をめぐって

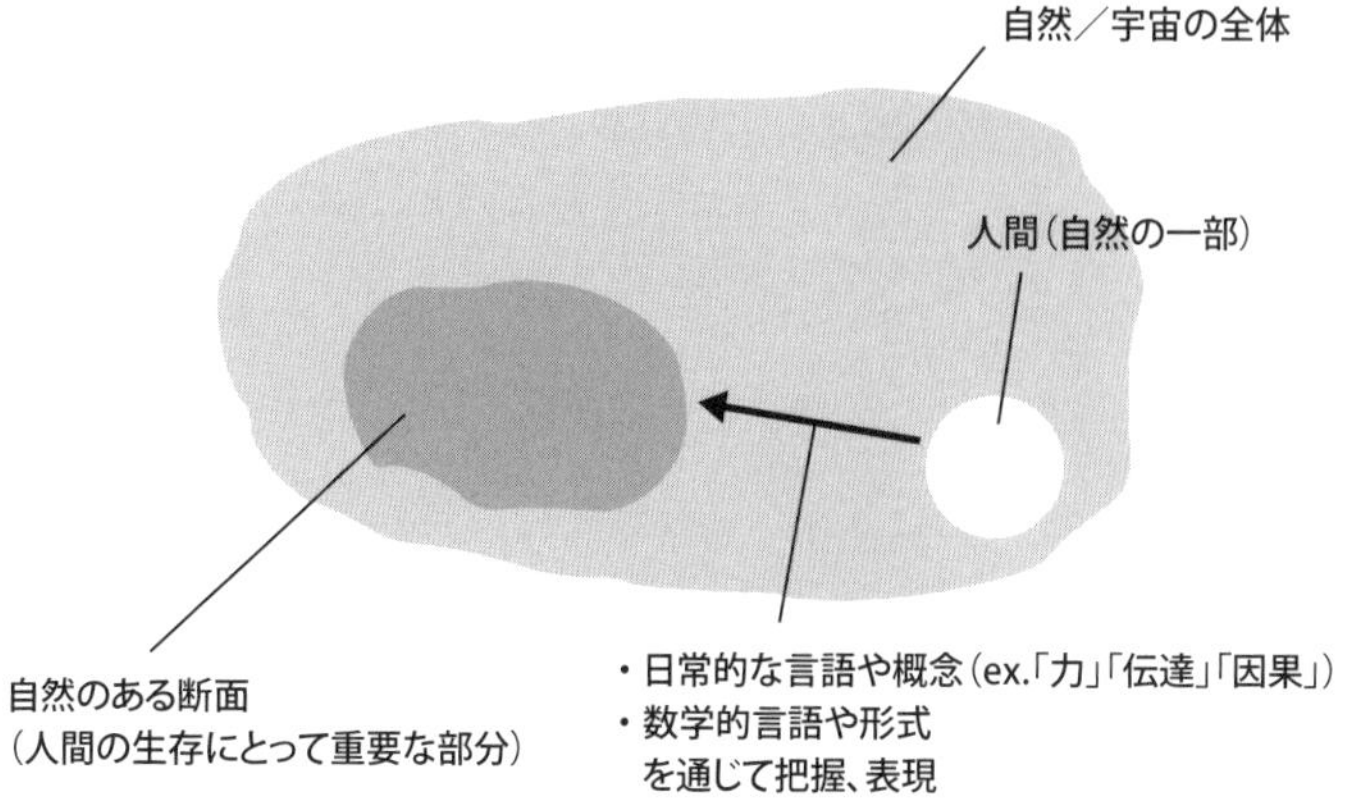

この話題自体がここでの主題ではないので、駆け足で論ずることになるが、科学的真理という点についての私自身の理解は図表8-2に示すようなものである。

すなわち**人間は、自らの生存にとって重要な自然の部分に関心を向け、それを認識し把握**しようとする。その場合、それをどのように表現するかについては、大きく①日常的な言語や概念と、②数式など数学的な表現とがある。しかし**そのように把握された世界は、全体から見ればあくまで自然あるいは宇宙の一部であり、自然の一部である人間が切り取った〝世界の一断面〟という性格のもの**と考えるべきではないだろうか。

分子生物学の〝成功〟に関する先ほどの広重の指摘は、こうした大きな文脈の中で理解することができるだろう。いずれにしても、こうした近代科学の基本的な意味とその先の展望についての問題意識を持ちながら、ここでの考察を進めていきたいと思う。

遺伝子と「情報」の先へ

さて、以上の点を生命科学の展開にそくしてもう少し具体的に論じると、実は20世紀初めの生命科学の時代から、探求の前線から次第にはずれていったのが、他でもなく「発生development」の領域だった。ドリーシュがエンテレヒー概念を提起するようになったのも、先述のようにウニの卵の発生に関する実験をベースにしたものであり、発生をめぐるテーマは、ある意味で生命現象の中でもその核心に位置し、かつもっとも「複雑」な現象と言えるだろう。ちなみにアメリカの医学者・生命科学者のルイス・トマスも、「現代生物学にとってのもっとも深遠な問題は胚発生のメカニズムと脳の機構の二つであり、両者ともその神秘の中心は細胞間の協調的なふるまいにある」と述べている（Thomas［1992］）。

こうした流れについて、八杉龍一は「発生機構学の波の大きな動きは、1930年ごろまでつづいたとされる。もちろんそこで発生の実験的研究が下火になったというのではなく、この科学の旗印の下での歩みがさらに新しい段階に上ろうとするところまで到達したという意味である」（八杉［1984］）と論じている。

しかしここでの「さらに新しい段階に上ろうとする」という点は、実際には先ほど確認したような分子生物学的な探求の流れに重なってくるわけであり、つまり実際には、発生をめぐるメカニズムの解明自体は、もっと後に手をつけられるべき（より高次の）課題として当面脇におかれたということでもあった。

言うまでもなく、そうしたテーマがまさに研究の前線に位置するようになっているのが近年の再生医療やエピジェネティクスなどをめぐる課題であり、そこでは「情報」概念には尽きない生命についての把握や枠組みが問われているのである。

ちなみにこの場合、たとえば近年のシステム生物学と呼ばれる分野の展開に見られるように、そこでは「情報」概念自体も旧来のイメージよりもはるかに洗練されたものになっている。また今ふれたエピジェネティクスとは、DNAだけでは規定されない遺伝や形質発現の仕組みを探求する研究分野だが、それは実質的には、①環境との相互作用、及び②生命の内発性ないし創発性とも呼ぶべきテーマを掘り下げていく意味を持つ（①については次節で取り上げるヘッケルの「エコロジー」概念ともつながることになる）。

読者はお気づきの通り、これはまさに第4章の「ケアとしての科学」のところで論じた「関係性の科学」「内発性の科学」といった新たな科学の方向とつながっている。

こうした点を含め、ここまでの議論の流れをひとまずまとめると、図表8-3のような構造が

図表8-3　近代科学をめぐる構造――「生命＝情報」観の根源へ

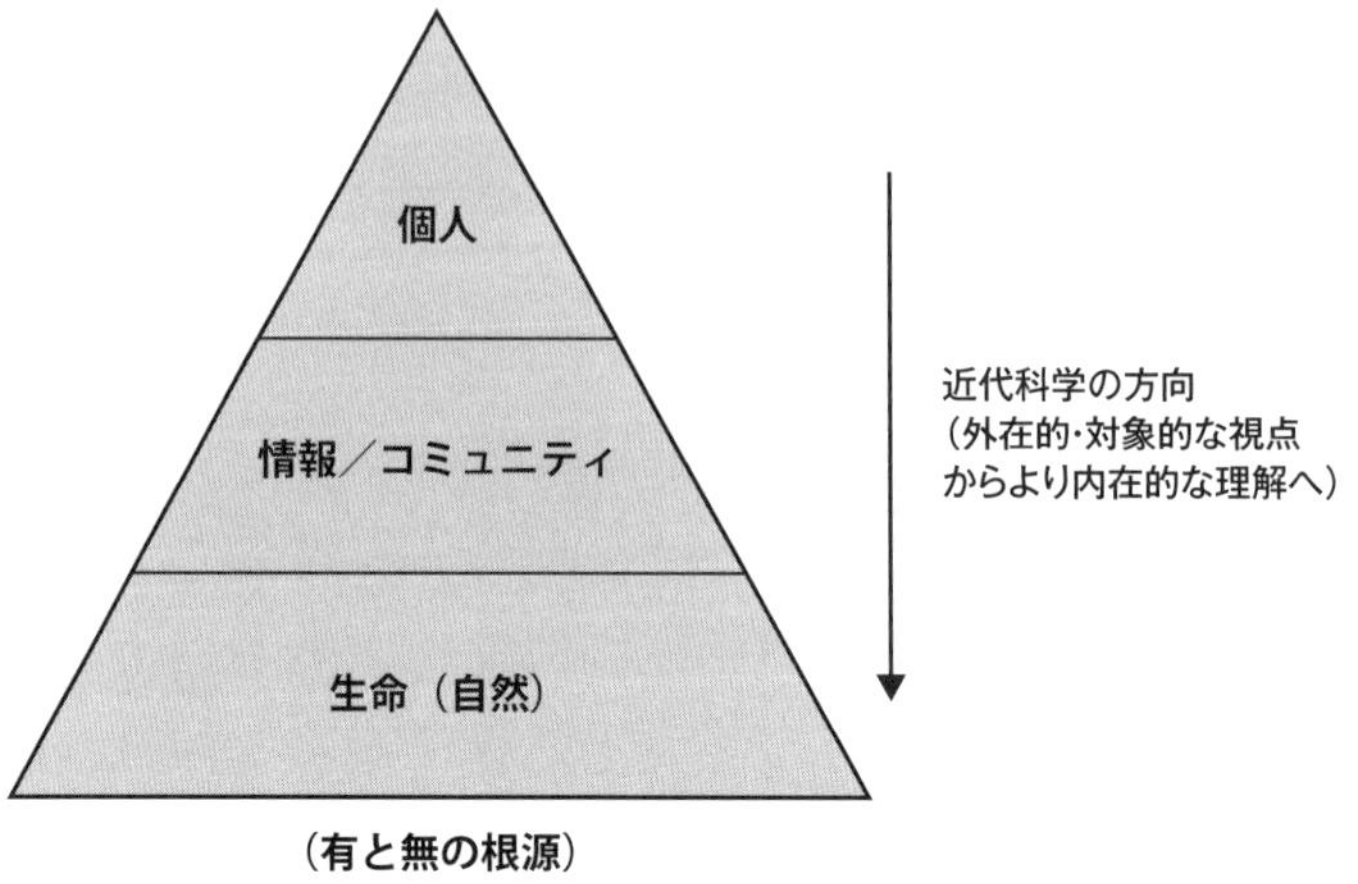

浮かび上がってくるだろう。

すなわち、近代科学は（自然に対して）「独立した、中立的な個人」というものを前提に立て、そうした客観的な観察者の視点から自然あるいは世界を把握しようとしてきた。その場合、物理的世界の理解にあたってまず「物質」や「力」、「エネルギー」といった概念が立てられたが、それが次第に生命現象の解明に及ぶ中で、遺伝のメカニズムの解明や、生体内における要素間の協調的な相互作用（ひいては個体間の相互作用）を理解するにおいて「情報」という概念が導入されることになった（同時にこの過程で、先ほど見たようにある種の〝擬人法〟的な記述も導入されていった）。

この場合、少し前に指摘したように、「情報」という概念は「コミュニティ」という概念と深く関連しており、つまり情報というコンセプトは複数の主体（エージェント）間における「意味」の認識と共有、そしてその伝達ないしコミュニケーションということと不可分であることに注意する必要がある。

しかしそれでもなお十分に解明できない、いわば生命現象の核にあたる領域へと探求が進むことになりつつあるのが現在であり、そこでは（先ほどエピジェネティクスにそくして指摘したように）「環境との相互作用」や「生命の創発性（あるいは自己組織性）」といった話題が問われるとともに、それらを通じて、いわば「生命そのもの」と呼ぶべきテーマが浮上することになる。

また、以上の流れを言い換えると、それは物体の運動といった、観察者たる人間がさしあたって対象的ないし第三者的に把握できるような現象から、生命現象、そして（たとえば脳のメカニズムなど）人間という〝自ら自身〟を対象とする領域に近代科学の探求が及ぶに至った流れでもあった。したがってそれは、**対象に対する「外在的な」視点から、より「内在的な」視点**――いわば観察対象の内部に入り込んでそれを理解するというあり方――へと視点と方法をスライドさせていったプロセスということもできるだろう（ちなみに生物学者の中村桂子と社会学者の鶴見和子の対談で、「エンド（内側）」と「エキソ（外側）」という話題が論じられ、「内側からの学問を創る」ことの重要性が語られている。中村・鶴見［２０１３］参照）。

このような把握を踏まえながら、次節において私たちは、こうした主題をより大きな自然観、生命観の文脈で考えていくことにしたい。

2 新しいアニミズム

非生命——生命——人間

ニュートン力学に象徴される近代科学の成立（17世紀）から、19世紀における「エネルギー」概念とそこでの生命現象をめぐる議論、そしてその後の「遺伝子」と「情報」概念を軸とする、生命現象への分子生物学的な探求の展開の流れを見た。

そして先ほども述べたように、生命現象の中でもっとも複雑で高次の現象の解明に研究の前線が進む中で、自然観ないし生命観そのものの再吟味が問われているのが現在という時代であると思われる。

ここで、これまでの拙著でも論じた話題だが、議論の大きな展望を得るために、〝この世界

図表8−4　世界の理解に関する4つの立場：「非生命―生命―人間」の境界をめぐって

	立場	内容	例
A	すべて**機械論的**	物理的（非生命）現象―生命現象―人間について、すべて機械論的原理によって**統一的**に把握することができる	• 近代科学全般 • ニュートン • ダーウィニズム
B	**人間**／**人間以外**で境界	**人間**と**人間以外**の存在との間に本質的な**境界**が存在する（特に「精神と物質」の不連続性）	• ユダヤ=キリスト教的世界観 • デカルト（精神と物質）
C	**生命**／**非生命**で境界	**生命**現象と**非生命**現象との間に本質的な原理の相違が存在する	• ドリーシュ（エンテレヒー） • シュレディンガー（負のエントロピー）
D	すべて**連続的**	物理的（非生命）現象―生命現象―人間の全体を貫く**統一的な形成原理**が存在する	• プリゴジン（非平衡熱力学） • 自己組織化 • ヘッケルなど（エネルギー一元論） • アニミズム

（ないし宇宙）に生起する様々な現象をどのような枠組みでとらえるか〟という点に関する複数の考え方ないし立場を、さしあたり図表8−4のように整理してみよう。それは言い換えれば、世界における「物理的現象―生命現象―人間」の全体をどうとらえるか、という問いに関する異なる見方とも呼べるものである。

まずAの「機械論」は、17世紀のヨーロッパで先述の科学革命が起こり、現在の私たちが知る「科学」が誕生した際、近代科学が基本的に依拠した世界観だった。

すでに言及したニュートン力学がその象徴となったわけだが、ただしここで注意すべきは、実はニュートンは敬虔なキリスト教徒であり、科学が対象とする世界の〝背後〟に、神の力が働いていると考えていたという点である。たとえばニュートンは「自然界には物体の諸粒子をきわめて強大な引力によって結合させうる能動者が存在する。そしてそれらを見いだすことが実験哲学の任務である」(『光学』)と述べている。ここでの「能動者」とは、キリスト教の神に他ならない。またこうした点に関し、科学史家のアレクサンドル・コイレは「たとえば引力は、ニュートンにとっては純粋な機械論の不十分性の証拠であり、より高次の非機械的な力能の存在の証明であり、世界における神の臨在と作用の顕現であった」と述べている(コイレ[1973])。

議論を駆け足で進めると、近代科学のその後の歩みにおいては、この世界の様々な現象が物理化学的な法則に従うものとして徐々に解明されていき、その結果、図表8-4のB、Cのような立場、つまり「人間と人間以外」の間(B)や「生命と非生命」の間(C)に、絶対的な境界線を引くような見方は徐々に退けられていったと言える。

このうち生命と非生命の境界線については、先述のようにドイツの生物学者ドリーシュが〝新生気論〟、つまり生命現象には固有の「エンテレヒー」なるものが存在するとの考えを唱え、生命と非生命の間に明確な線を引いた。あるいは、生命現象への物理学的アプローチの重要性を唱えたシュレディンガーも、著書『生命とは何か』の中で、〝生物は負のエントロピー(ネゲントロピー)を食べて生きている〟という議論を展開した。確認すると、エントロピーとは大きく言えば様々な現象の〝無秩序さ〟の度合いを指すもので、世界あるいは宇宙は放っておけばすべて無秩序さが増大する方向に向かっていくとされ、それがすなわち「エントロピー増大の法則」(=熱力学の第二法則)と呼ばれる。しかしながら、生命はそうしたエントロピーの増大の法則に〝逆らって〟存在するものであり、つまり無秩序から秩序を生み出しているのが生命現象の本質であって、それをシュレディンガーは比喩的に〝生物は負のエントロピー(ネゲントロピー)を食べて生きている〟と論じたのだった。

先ほどのドリーシュのエンテレヒー論とシュレディンガーの議論には直接の関連性はないが、非生命と生命との間に異なる原理が働いていると考える点では、実は両者は共通の土俵に立っていると言えるだろう。

以上がCの立場だが、しかし20世紀後半以降、ノーベル化学賞を受賞したベルギー出身の化学者イリヤ・プリゴジンの非平衡熱力学と呼ばれる把握に見られるように、非生命現象であっても、混沌の中から秩序が形成されていく自己組織化という現象が解明されるようになる。そしてこれらの探求の結果、宇宙の誕生から生命、人間(ないし意識)に至るすべての現象が、ある一貫した秩序形成のプロセスとして理解されるようになりつつある。

以上のことは、全体として何を意味するのだろうか。次のように考えてみたい。

ニュートン以降の近代科学の歩みは、「自然はすべて機械」という了解から出発しつつ、ある意味で逆説的にも、その外部に置かれた〝ニュートン的な神〟＝世界の「駆動因」を、もう一度世界の内部に取り戻し、すなわちそれを「人間→生命→非生命」の領域へと順次導入し、拡張していった流れであったと理解できるのではないか。

それは実のところ、近代科学成立時の機械論的自然観がいったん捨て去ったアニミズム的要素を、世界の内部に新たな形で取り戻していった流れと把握することもできる。世界の「外」に置かれた〝ニュートン的な神〟が、世界の「内」に回復されつつあるのだ。

その結果、（自己組織化論などに示されるように）現代科学は、ある意味で「新しいアニミズム」とも呼ぶべき自然像に接近しているとも言える。それは〝生きた自然〟の回復あるいは「自然の〝生命化〟」とも呼びうる方向であるだろう。

そしてここでの「生命」は、「非生命」との対比における「生命」ではなく、世界のすべてを包含するような、〝再定義〟された「生命」に他ならない。私たちは、そうした包括的な意味の「生命」について考えていく時代を迎えているのではないだろうか。

ヘッケルとオストヴァルト――エネルギー一元論と汎神論的自然観

そして興味深いことに、以上のような近代科学とアニミズムとの関係性については、実は同種の議論が19世紀の終わりから20世紀初めにかけてドイツで展開されていたという印象的な事実がある。

ここでの主な登場人物は、生物学者のエルンスト・ヘッケル（1834―1919）と、本章の初めのほうでふれた、「エネルギー一元論」の代表的論者だった化学者オストヴァルトだ。

ヘッケルは、一般的にはダーウィンの進化論をドイツで喧伝した動物学者として知られ、また本章でも何度か言及した新生気論者ドリーシュの師でもあった。

一方、第4章の「ケアとしての科学」でも述べたように、彼は「エコロジー」という語を作った人物でもあり、ヘッケルは1866年に出版した著書『一般形態学』の中で「エコロジー」を「有機体とその環境の間の**諸関係の科学**」として定義したのである（強調引用者）。

興味深いことにヘッケルは、ダーウィンの進化論を無機物までも含むものとして発展的に解釈し、人間を含む有機的自然と無機的自然の全体を含む一元論的な世界像を構想した。加えて彼はそうした自らの一元論をスピノザの汎神論に近づくものとし、宗教と科学との対立を統合する思想として展開するとともに、1906年には「ドイツ一元論者同盟」なる組織を結成している。ちなみにそうした自然観をまとめたヘッケルの著書『世界の謎』（1899年）は、ドイツ語圏だけで50万部を超えるベストセラーになったという（以上につき本多［1981］、福元［2001］参照）。

上記のようにヘッケルは一般にはダーウィンの進化論の信奉者として語られることが多いが、

ダーウィンと共通しているのは人間と他の生物との間に絶対的な境界を設けず、また神による人類の創造といった見方をとらないという点までである。ダーウィンの進化論が（いわばアングロ・サクソン的な）要素論的機械論であるのに対してヘッケルのそれは――まさに彼が「エコロジー」を「関係の科学」として定義したように――全体論的であり、かつ自然そのものの中にある種の内在的な力が備わっていると把握するという点において〝汎神論〟的な性格の自然観だった。

この点とも関連するが、もう一つヘッケルに関して印象深いのは、意外にも、かのレーニンが著書『唯物論と経験批判論』（１９０９年）の中でヘッケルについてまとまった記述を展開している点だ。

なぜヘッケルとレーニンがつながるのか。ヘッケルは上記のように汎神論的な一元論思想を展開し、かつ神と世界を対立させる「神学的二元論」を批判していたので、当時のキリスト教会と鋭く対立しており、また彼を無神論者とする非難も多かった（本多前掲書）。

これは、レーニンの側から見ればヘッケルは〝唯物論の味方〟に近く映るわけである。そしてレーニンは、『唯物論と経験批判論』の中でヘッケルに比較的好意的な評価を行うとともに、しかしヘッケルが十分に唯物論的でない点を批判し、キリスト教会などからヘッケルに対して当時なされていた非難や論争について、その「悲喜劇」の特徴はヘッケル自身が唯物論を拒んでいるという点にあると論じている。

ここで示されている論点は、**自然現象についての機械論的アプローチは、それが徹底されるとき、つまりそれが人間の精神までを含む一元論的な自然観に至るとき、逆説的にも限りなくある種のアニミズムないし汎神論に接近する**というテーマである。

一元論・機械論・アニミズム

以上はヘッケルに関する話だが、興味深いことにこの流れはさらにエネルギー一元論者オストヴァルトとも結びついていく。すなわちオストヴァルトは1909年にノーベル化学賞を受賞していたが、彼もまたヘッケルと同様に汎神論的な自然観を持っており、そうしたこともあってヘッケルは先のドイツ一元論者同盟の議長職をオストヴァルトに依頼し、オストヴァルトはその職を積極的に担っていったのである。さらに彼はそれだけにとどまらず、当時広まりつつあった教会脱退運動にも協力していき、さらにこの延長でマルクス主義的な労働者運動とも接点を持つようになった。

他方で、ヘッケルの弟子であり「エンテレヒー」概念とともに新生気論の代表的論者であったドリーシュが、オストヴァルトのエネルギー一元論を強く批判したのは本章の初めで述べたとおりである。ドリーシュは「エネルギー一元論は一つの新しい唯物論にすぎず、オストヴァルトが考えているような唯物論の『克服』などでは全くない」とも論じている。

つまりドリーシュの立場からすれば、生命現象は（彼のエンテレヒー概念が示すように）それ以外の自然現象とは明確に境界線を引かれるべきものであり、それらを自然現象一般に還元して一元的にとらえようとするオストヴァルトのような世界観は「唯物論」の一種ということになるわけである。

ここに見られるのは、「生気論」、唯物論、機械論、汎神論等をめぐってのある種の錯綜した関係であり、しかもこの文脈では、**生気論に対して唯物論、機械論そして汎神論のほうが（世界全体についての「一元論的」な把握という点で）近いポジションに立っている**のだ。

いずれにしても、以上のように19世紀から20世紀への世紀の変わり目のドイツにおいて、

- 汎神論的な一元論者であり「エコロジー」概念を唱えたヘッケル
- 生命現象に固有の「エンテレヒー」を提起する新生気論者のドリーシュ
- エネルギー一元論およびそれと一体の汎神論的自然観を有するオストヴァルト

という3人が、レーニンなどの唯物論ないしマルクシズムやキリスト教会とも緊張関係を持ちつつ様々な議論を展開しているのは実に興味深く、その内容は現代につながる性格のもので

ある。

ヘッケルとオストヴァルトについて言えば、「エコロジー」的な関係概念を伴った進化的一元論（ヘッケル）や、「生命」そして人間精神までをも含むエネルギー一元論（オストヴァルト）が、「汎神論」と結びつくというのはある意味で理解しやすいところである。しかもそれは世界の森羅万象に生命エネルギーのようなものが宿っているという、アニミズム的な世界観、あるいは〝八百万の神様〟的な自然観と根底においてつながると言ってよい。

現代との対比で当時の時代状況をあらためて振り返ると、本章の冒頭で論じたように当時は「エネルギー」概念がなお新しく（ヘルムホルツの「力」からの変遷）、また「生命」と「エネルギー」の関係性をめぐる議論があり、他方でドリーシュのエンテレヒー概念などが提起され、特に「生命」をめぐる現象をどう把握するかを中心に、マルクス主義的な唯物論やキリスト教的自然観との関わりを含め、自然観の根幹に関わる論争が活発に行われていた。

けれども前節で見てきたように、生命現象に関してはやがて遺伝子を中心とする「情報」概念が前面に出るようになり、そのぶん研究は〝分析的〟なものとなって以上のような自然観の基本に関わるような（ある意味で〝観念的〟な）議論は背景に退いていった。しかし生命への「情報」的アプローチが一巡し、次のフェーズに移りつつある今、再びこうした自然や生命に関する根本的な議論を、新しい視座のもとで行っていくべき時期になっている。

第4章の「ケアとしての科学」で論じた内容は、こうした文脈の中でもとらえ返すことができるし、またこうしたテーマは、第6章で論じた「鎮守の森」的自然観や、それらと生物多様性ないし生態系との関わりなど、包括的な意味の「生命」概念を媒介としてつながっている。このような意味でも、(ポスト情報化ないしポスト・デジタルの基本コンセプトとしての)「生命」が浮上しているのである。

第9章 科学予算と世代間配分

本書の最終章となる本章において、「はじめに」でもふれたように、科学研究への予算配分をめぐるテーマを世代間配分あるいは社会保障との関わりを含めて論じてみたい。

1 科学・教育予算と社会保障予算の一体的議論を

科学研究あるいは大学の窮状

すでに多くの議論がなされているように、日本の科学研究、とりわけ大学における研究はある種の危機的な状況を迎えている。近年何かと言及されることの多い〝大学のグローバル・ランキング〟のような、アングロ・サクソン的偏りの強い大学評価を私は好まないが、しかし大学の予算が年々着実に減らされ、また若手研究者の雇用が任期付きないし非正規中心のものになり、研究環境がきわめて不安定かつ短期志向になる中で、日本の大学における研究の基礎体力あるいはポテンシャルが確実に下がっていることは、大学に身を置く者としても日々実感する事実である。何よりそれは、日本の未来あるいは将来世代にとっての大きな負荷となっていくだろう。

そして、以上のような現在の日本での科学研究あるいは大学の危機ということについて、それを打開するための様々な議論や提案がなされているわけだが、私から見ると、その多くはいつも共通の〝壁〟ないし限界にぶつかり、結果として議論が半ば堂々めぐりをしているように映る。

それは、そうした議論が基本的に「科学研究」ないし「(大学)教育」という領域の〝枠〟の中で行われているということであり、言い換えれば、「文部科学省の予算配分」という土俵より外に議論の射程や関心が及びにくいことだ。その結果、科学研究や大学予算の拡充・強化の必要という主張までは打ち出されたとしても、結局は「その財源(お金)をどこから調達するのか」というところで議論がストップしてしまう。

私は、科学研究予算に関する日本の議論において、乗り越えなければならない壁は他でもなくこの点にあると考えている。つまり、議論の射程をもっと広げ、科学や研究、大学や教育という分野を超えた、それ以外の領域までを視野に収めて、それら全体の予算配分のあり方を問いなおしていくということである。

55兆・5兆・1兆

「55兆・5兆・1兆」。3つの数字を並べたが、これらの数字はそれぞれ何を指していると思われるだろうか。

答えを記すと、3つはいずれも金額であり、「55兆（円）」とは現在の日本における「年金」の給付額であり、「5兆（円）」とは文部科学省の予算額（文教及び科学振興）であり、「1兆（円）」とはそのうち国立大学の年間予算額である（なお年金は2020年度の数字〔55・6兆円。社会保障費用統計〕、文部科学省予算及び国立大学予算〔国立大学法人運営費交付金〕は2022年度の数字〔それぞれ5・3兆円、1・1兆円〕）。

多少補足すると、年金は社会保障の中の（医療や福祉と並ぶ）一部門だが、社会保障全体の年間給付額はさらに大きく、132兆円に及ぶ（2020年度）。そして、言うまでもなく年金を含む社会保障の給付額は、高齢化の急速な進展の中で毎年なお着実に増加を続けているのである。

私は、初めてこれら3つの数字を並べて比較した時、その大きさないし規模の違いに少々愕然としたのを覚えている。もちろん、これらは全く異なる領域の、性格を異にする予算であり、同一平面で比較はできない面がある。しかし現在のように低成長ないし成熟経済となり、「有限な資源を異なる分野にいかに配分するか」という問いが大きく浮上する時代にあっては、まさにそうした分野を横断した検証が重要なのではないか。

もちろん、この比較には直ちにいくつかの注釈や留意が必要だろう。まず年金については、主たる財源は社会保険料であって（ただし基礎年金の2分の1は税財源）、国の予算あるいは税を主体に賄われているわけではなく、その意味で税を財源とする科学・教育予算との単純な比較はできない。しかしその給付が公的な枠組みの中で（強制的な徴収の下に）なされている点は共通しており、公的制度の中での資金配分のあり方という観点からこれらの全体を論ずることには一定の意味があるだろう。

一方、そもそも日本は上記のように高齢化が急速に進み、かつ少子化が進行しているわけだから、年金など高齢者向けの給付が大きくなるのは〝当然〟だという見方ももちろん可能である。

しかしそうした一般的傾向を考慮した上でなお、私はこうした公的資金の「世代間配分」のあり方をより具体的かつ精緻に検証し、それが妥当なものかを吟味し、その見直しの可能性を正面から議論していくことが今こそ必要ではないかと考える。それが他でもなく、先ほど指摘した「科学研究や大学予算のあり方について、それらの分野以外の領域までを視野に収め、全体の配分のあり方を問いなおしていく」ということであり、とりわけ「科学・教育予算と社会保障予算の一体的議論を」という主張である。

そして、以上のような認識を踏まえ、ここでまず大きな提案をするならば、**「今後55兆円を超えてさらに増加していく年金給付のうち、主に高所得層に給付される部分の一定額（たとえば数千億ないし1～2兆円程度）を、何らかの形で科学研究ないし大学教育ひいては若い世代の教育・雇用支援に再配分する」**という方向の改革を検討し、実現していくべきではないか。

これが私の提案の骨子だが、内容についていくつかの説明を加えておきたい。

日本における世代間配分のゆがみ

まず、日本の社会保障の給付構造を見ると、社会保障給付の約7割が高齢者向けの給付（年金、介護、高齢者医療）となっており、国際的に見ても高齢者向けの給付の比重がきわめて大きいという特徴があり、逆に、日本の場合、高齢者以外の現役世代、特に子どもや若者に対する支援が小さいという特徴がある。

この点に関し、図表9－1を見てほしい。これは社会保障支出の全体の規模と、そのうち高齢者関係の支出（ここでは年金）の規模とをそれぞれ国際比較したものだが、いくつかの特徴的な点が浮かび上がる。

特に注目すべきは、日本は社会保障全体の規模はこれらの国々の中で（アメリカやイギリスと並び）もっとも小さい部類に入るのに対し、高齢者関係支出（年金）の規模は（社会保障全体の規模が大きいフランスに次いで）大きいという点である。

この点は、たとえば日本とデンマークを比べると顕著であり、社会保障全体の規模はデンマークが日本よりずっと大きいのに対し、高齢者関係支出（年金）は日本のほうがデンマークよりも大きくなっている（高齢化率は日本が若干高い）。またデンマークに限らず、スウェーデンを

図表9-1　社会保障支出の国際比較（対GDP比、2017年）

日本は高齢者以外への給付が小さい

	高齢者関係	社会保障全体	
スウェーデン	9.1	**26.0**	北欧
デンマーク	9.6	**29.2**	
フランス	12.5	31.5	大陸ヨーロッパ
ドイツ	8.4	25.4	
イギリス	5.9	20.5	アングロ・サクソン
アメリカ	6.5	18.4	
スペイン	9.2	23.9	南欧
日本	10.1	**22.3**	

（出所）OECDデータより作成。

含む北欧諸国は、社会保障全体の規模は日本より大きいが、意外にも年金の規模については日本よりも小さいことが示されている。逆に言えば、これらの国々では、高齢者関係以外の社会保障（子ども関係、若者支援、雇用、住宅など）がきわめて手厚くなっているのである。

一方、教育分野に目を向けると、図表9-2は先進諸国（OECD加盟国）の公的教育支出の対GDP比を比較したものだが、北欧やアングロ・サクソン諸国が上位を占める中、日本はもっとも低い水準という状況が近年続いている。

社会保障分野における若い世代への支援について見てみよう。第5章（資本主義の論じ方）でも言及したテーマだが、私はこれまでの著作の中で、「高齢者以外の現役世代、特に子どもや若者に対する公的給付や支援」のことを**「人生前半の社会保障」**と呼

図表9–2　公的教育支出（含研究開発）の国際比較（対GDP比、2018年）

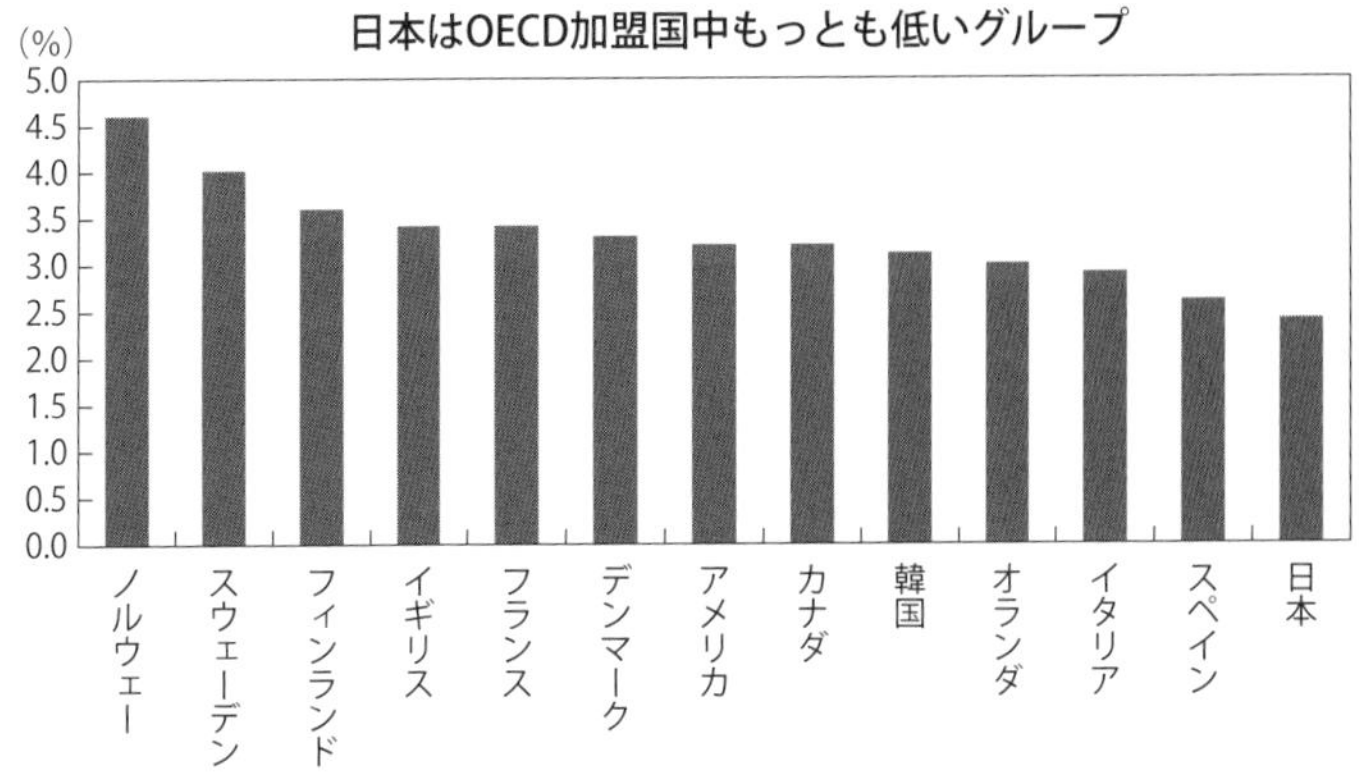

また特に就学前と高等教育期において、教育における私費負担の割合が大（高等教育期についてはOECD平均22%に対し日本は53%）

（出所）OECD, *Education at a Glance 2021*より作成。

んできた（広井［２００６］参照）。それを国際比較したのが図表９‐３だが、日本の場合そうした「人生前半の社会保障」が非常に低いものになっている。

要するに、**教育や社会保障を含めて、日本においては若い世代への公的支援が国際的に見ても非常に小さい**のである。

したがってここでの私の主張は、高齢世代に著しく偏っている日本の社会保障及び教育予算の全体構造に目を向け、その再配分を行うことが必要であり、そうした発想のもとで、科学研究・教育予算の拡充（ひいては若い世代の雇用・住宅等の支援）を行うべきというものである。

それは日本における研究力や創造性の強化という効果とともに、若い世代にとって

図表9-3 「人生前半の社会保障」の国際比較（対GDP比、2018年）

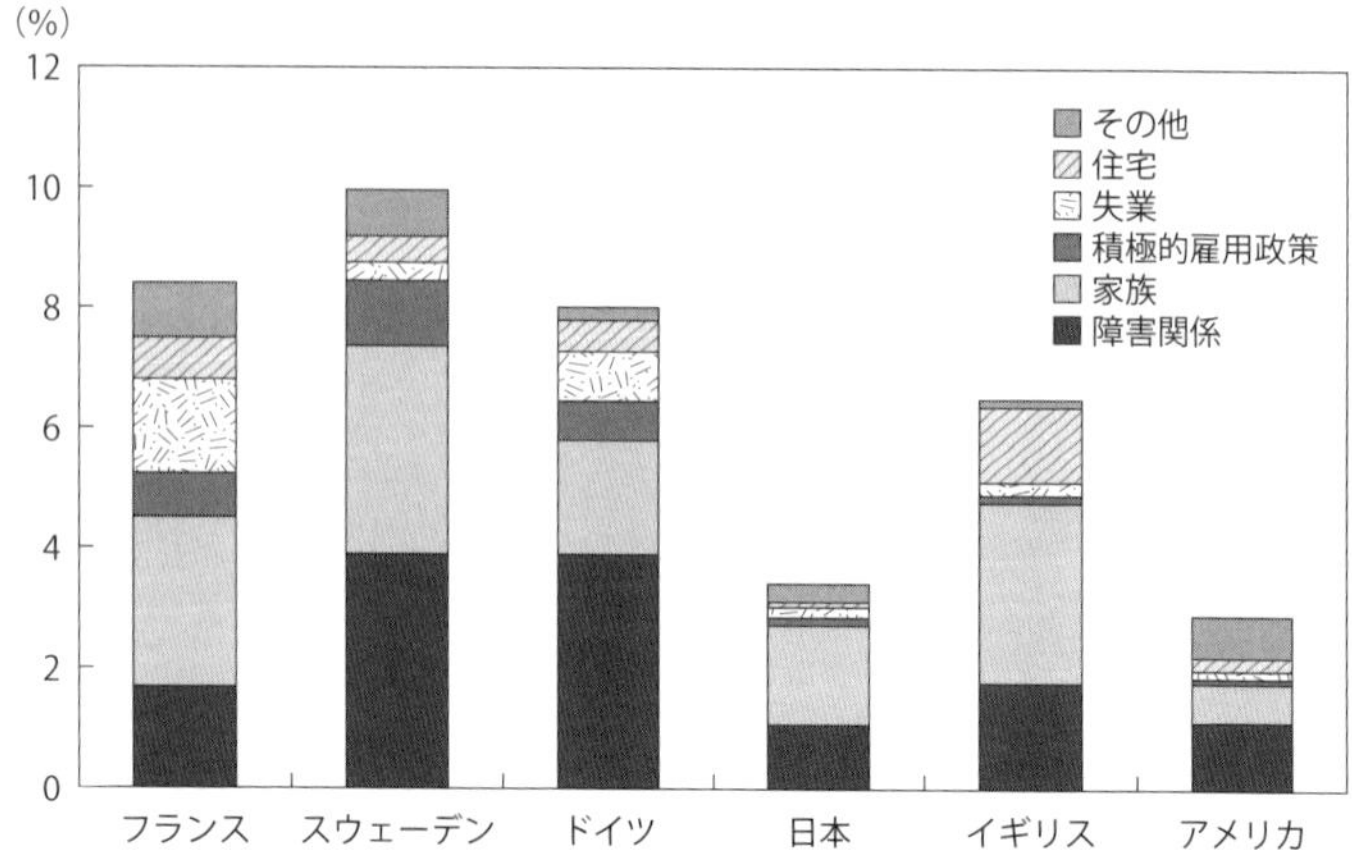

（出所）OECDデータより作成。

の未来の可能性の拡大や、高等教育に関する機会の拡充という意義を持つだろう。またそれは、第5章でも論じたように、〝人生の初めにおいて共通のスタートラインに立てること〟を可能にし、日本社会で顕著になりつつある「親ガチャ」的状況を是正することに寄与するのである。

さらには、後にも述べるように日本の少子化の背景には、若い世代の生活や雇用の不安定から来る、未婚化・晩婚化の進展がある。したがって教育や研究を含む「人生前半の社会保障」の充実は、人口減少の問題を緩和することにもつながるだろう。

年金をめぐる問題構造

以上のような私の主張、特に年金給付の一

部を科学・教育予算に再配分するという点については、「年金は高齢者の生活保障の基本をなすものであり、それを大学予算や若者向け支援に振り替えるということなどありえない」という反論が当然あるだろう。

この反論は一定の妥当性を持つものであるが、これについての私の考えは以下のようなものである。

まず、高齢者と一口に言っても、高齢者の間で相当な違いがあり、それを一律に論じるのはミスリーディングである。そして、現在の日本の年金制度では、以下に述べるように高齢者の間において年金給付のあり方に大きな不均衡が生まれている。

つまり一方では、高齢者のうち比較的高所得の層が（高所得者であるがゆえにそれに応じて）相当な額の年金を受給しているかと思うと、他方では、国民年金ないし基礎年金は満額（40年加入）で約6万5千円だが（2021年度）、満額を受けているのは一部にとどまり、65歳以上の女性の「（相対的）貧困率」は約2割で、単身者では52％に上るという状況がある（2009年内閣府調査）。

このように、大きく言えば〝本当に必要な層に十分な年金給付がなされない一方で、高所得高齢層には現役世代からの過剰な移転を伴う給付がなされている〟というのが日本の現状である。

では、なぜこのような事態が生じるかというと、それは現在の日本の年金制度が、「報酬比例」と呼ばれる部分を多くもち（厚生年金の〝2階〟と呼ばれる部分）、この部分は「高所得の者ほど高い年金をもらえる」という仕組みになっているからである。しかも日本の年金制度は実質的に賦課方式（高齢者への年金給付を現役世代の拠出する保険料で賄う）なので、その負担を現役世代が担う形になる。

逆に、基礎年金は（基礎的な生活をすべての人に平等に保障するという）性格からすると本来は税によって賄うべきだが、それが実現しておらず（財源の半分が保険料）、その結果、上記のように低所得層については十分な年金が支給されないという状況が生じることになる。

つまり全体として、日本の年金は「世代内」および「世代間」の双方において〝逆進的〟な性格、つまり強調して言えば「**格差をむしろ拡大させる**」ような制度になってしまっているのだ。

これに対し、先ほど社会保障の給付構造に関して日本とデンマークの対比を行ったが、デンマークの場合、日本とは逆に年金制度はむしろ「基礎年金」が中心で（財源はすべて税）、その部分は比較的手厚くかつ平等であり、逆に報酬比例部分はきわめて限定的で小さい。そのため低所得者への保障はしっかりなされる一方、年金全体の給付規模は日本よりも小さいという、正反対の状況が生まれる。そしてこうした背景から、全体的な世代間配分においても、日本のように給付が高齢者に偏ることなく、大学教育を含め、若者や現役世代への支援や給付が手厚いものになるのである。

そもそも公的年金の基本的な役割は、高齢者に一定以上の生活を平等に保障するという点にあると私は考える。だとすれば大きな方向性として、（デンマークがそうであるように）基礎年金を手厚くし、逆に報酬比例部分はスリム化していくという改革を行っていくべきではないか（これは私が1999年に出した『日本の社会保障』以来ずっと主張してきた点である。広井［1999］参照）。こうした方向が、高齢者の間での「世代内公平」とともに、若い世代ないし現役世代との関係における「世代間公平」にも寄与すると考えられる。

以上のような趣旨を踏まえ、科学・教育予算と社会保障予算を一体的にとらえ、お金の配分構造、特に世代間の配分のあり方を大きな視点で見直していくことがぜひとも求められる。そして先述のように、今後55兆円を超えてさらに増加していく年金給付のうち、高所得層に給付される部分の一定額（たとえば数千億ないし1～2兆円程度）を、何らかの形――高所得受給層に対する年金課税の強化など――を通じ、科学研究ないし大学教育ひいては若い世代の教育・雇用等支援に再配分するといった方向を議論していくべきではないか。

もちろん、具体的な対応策には他にも様々な選択肢がありうるだろう。たとえば第5章でもふれたように、人生において個人が「共通のスタートライン」に立てることを保障するという観点からは、相続税を現在よりも強化し、その税収を高等教育を含む教育予算に充てることで、親から子への〝格差の連鎖〟に一定のブレーキをかけるといった方策も考えられる。

いずれにしても、省庁や政策分野のタテワリを超えて、大きな枠組みの中で科学研究や高等教育のあり方を考え、予算配分ないし世代間の配分を見直し改革していく必要がある。それが本章で提案する「科学・教育予算と社会保障予算の一体的議論を」という提案である。

2 持続可能党あるいは未来世代党の必要性

日本政治の議論において根本的に欠けているもの

以上述べた話題を、さらに大きな文脈で考えてみたい。

折にふれて選挙や総理の交代などがあり、そうした中で日本が直面する様々な課題や政策についての議論も一定程度行われている。しかし私から見ると、そのような論議において、日本の現在そして未来にとってもっとも重要であるはずのテーマが、ほとんど話題になっていないように見える。

それは「将来世代への借金のツケ回しを早急にやめるべきではないか」というテーマである。そしてこの点に関して私は、日本にいま何より必要なのは、(象徴的な意味で)「持続可能党」または「未来世代党」と呼べるような政党、あるいは少なくともそうしたことを明確に主張する政治グループないし政治家であると考えている。

基本的な確認をすると、現在、政府の累積債務残高ないし借金はすでに約1200兆円、あるいはGDPの2倍を超える規模に至っており、これは先進諸国の中で文字通り〝突出〟した水準である。

重要な点として指摘したいのだが、日本では「政府の借金」というと〝他人事〟のように思う人が多い。しかしそもそもそれは、高齢化の中で医療や介護、年金などの社会保障の費用が年間で120兆円を超える規模になっているにもかかわらず、それに必要な税金を現在の日本人が払っておらず、その差額がどんどん膨らみ、借金として現在の若い世代そして将来世代にツケ回しされているのである。これは日本社会の「持続可能性」という点においてきわめて危機的なことだと私は思う。

政府債務のあり方については様々な議論があるが、私がもっとも重視すべきと思うのは「世代間の公平性」そして「将来世代への責任」という観点だ。要するに、医療や介護、年金に必

国連「環境と開発に関する世界委員会（ブルントラント委員会）」報告書「われら共有の未来」（1987年）

要な費用は現在の世代で賄うべきであって、その負担を将来世代に回すのは世代間の公平に反し、責任を放棄しているのではないかということだ。

いま「持続可能性」という言葉を使ったが、最初にこの概念を広く世界に提示したのは、ブルントラント委員会と呼ばれる国連の組織が１９８７年に発表した『われら共有の未来（*Our Common Future*）』という報告書だった（写真。ブルントラントは委員会の長を務めたノルウェー元首相でもある女性の名前）。

そこでは「将来世代のニーズを満たす能力を損なうことなく、今日の世代のニーズを満たすような発展」のあり方が「持続可能性」の定義とされた。つまり**「将来世代に負担を回さない」ことが「持続可能性」というコンセプトの中心にある**のだ（後にふれるように、これは地球温暖化など環境問題と共通の構造を持つテーマである）。

しかし残念ながら上記のように現在の日本はそうした姿から大きく逸脱している。なぜそうなるのか？

日本において借金が将来世代にツケ回しされ続ける理由

大きく二つ理由があると私は思う。

一つは、日本人の相当部分、特に団塊世代などを中心とする「昭和的」世代は、なお〝高度成長期の思考様式〟にとらわれているという点がある。そうした人々は、第5章でも述べたように、**「経済成長がすべての問題を解決してくれる」**という発想が根強く、しかも今後もなお日本は一定の高成長が可能と考えていて、「負担」や「分配」の問題に目を向けようとしない。つまり増税などの議論をしなくても、経済成長によって自然に税収は増え、やがて借金は解消されるという〝成長パラダイム〟に安住している層が多いということだ。

理由のもう一つは、日本社会は概して〝場の空気〟を重視するので、**合意形成が難しい話題は先送りし〝その場にいない人間〟に負わせる傾向が強い**点である。そして、考えてみれば**〝その場にいない人間〟の典型が実は「将来世代」**なのだ。

政治家にとっても、増税などといった〝耳に痛い〟話は避け、様々な「給付」をこれだけ増やしますよといった話だけしていたほうが選挙にも通りやすいから、こうした傾向はますます加速することになる。

しかし考えてみよう。高度成長期と異なって経済が構造的な低成長期に入り——これだけモノがあふれる時代なのだから、経済が「成熟」段階に入るのはむしろ当然のことである——、しかも高齢化が進む中で、上記のように医療や介護、年金などの費用を誰がどう負担するかは社会の基本に関わるテーマである。そして、大きく言えばヨーロッパ諸国は、北欧に限らずイギリス、フランス、ドイツを含め主要諸国が概して消費税率20％以上であることにも示されるように、相対的に「高福祉・高負担」的な社会を志向し、他方アメリカの場合は、税負担が小さいぶん社会保障の規模も小さく「低福祉・低負担」型の社会を作っている。

本書の中でもふれてきたように、私は3年ほどアメリカで暮らしたことがあるが、格差や貧困をめぐる状況は尋常ではなく、「成熟社会の豊かさ」という面でヨーロッパのほうがはるかに望ましい社会を実現していると考えている。しかしそれはそれとして、アメリカは「低福祉・低負担」、つまり〝個人の自由を優先し、多少の格差等があっても政府の規模は小さいほうがよい〟という道を意識的に選び取っている。つまり政治ないし公共の場においてしっかりと議論を行い、言い換えれば**今いる世代の中でどのような社会を作るかの選択や意思決定を行い、将来世代へのツケ回しを抑えている**のである。

もっとも良くないのは日本ではないか。つまりそうした選択や合意形成、あるいは議論すら行わず、高齢化に伴う社会保障の規模を拡大させながら必要な増税は回避して、膨大な借金を将来世代に先送りしている。残念ながら、ヨーロッパあるいはアメリカのいずれと比べても、これは先ほどから論じている「持続可能性」「将来世代への責任」という点から見て〝最悪〟の姿ではないだろうか。

私は本来、自民党以外の政党に期待しており、つまりいわゆる二大政党制かそれに近い形での政権交代がある社会が健全だと考えている。しかし皮肉にも、本来は「高福祉・高負担」的な政策を提案していくはずの野党が減税などを唱えており、私はこれに強い違和感を抱いている。

結局、今の日本には、与党も野党も含めて「もっと将来世代のことを考えよう」ということを論じる政党がないのだ。

若い世代や将来世代というテーマに関し、関連する事実を指摘しておきたい。それは非正規雇用を含め、若い世代の雇用や生活が不安定であることが出生率低下そして人口減少の重要な背景となっているという点だ。

たとえば2011年に内閣府が行った調査では、20代から30代の男性について、年収300万円を境にして、それ以上かそれ未満かで結婚率に大きな違いがあるという結果が示された（年収300万円未満の層では既婚者は20代で8・7%、30代で9・3%、年収300万円以上400万円未満の層ではそれぞれ25・7%、26・5%）。また、同様に正規雇用か非正規雇用かによって、結婚率にかなり大きな違いがあるというデータもある（たとえば30代男性の場合、正規雇用の場合は結婚率60・1％に対し非正規雇用の場合は27・1％。［２０１２年労働力調査（総務省）より厚生労働省政策評価官室作成］）。

以上のように、現在の日本の若い世代そして今後生まれてくる世代は、高齢化に伴う社会保障負担などですでに困難な状況に置かれている上に、「人生前半の社会保障」が諸外国に比べて小さく、さらに先ほど述べた莫大な借金の負担を背負っていくことになる。

こうした若い世代と将来世代への負担のツケ回しは、少子化の一層の進展と人口減少の加速につながる。これでは日本の未来はない。

環境問題との共通性

最後に環境をめぐるテーマとの関連にふれておきたい。

先ほど「持続可能性」というコンセプトを初めて国際的に提起したブルントラント委員会の『われら共有の未来』にふれたが、一般的に「持続可能性」という言葉は地球温暖化など環境問題の文脈で使われることが多い。それに対し、私がここで論じてきたのは主として高齢化や社会保障、あるいは富の分配ないし財政をめぐるテーマに関してだった。

環境をめぐるテーマについて見れば、たとえば２０２１年のドイツの総選挙では、メルケル

図表9-4　環境親和型社会と高齢社会

	環境親和型社会	高齢社会
特質	定常型社会 steady-state society	
	持続可能性 environmental sustainability ↑ 資源の有限性	人口定常化 stable population ↑ 低出生率
重要となるコンセプト	「循環」性	
	「人間—自然」間	世代間
時間軸	超長期	長期

首相が所属してきたキリスト教民主同盟、社会民主党、そして緑の党という3つの主要政党の間でもっとも重要な争点となっていたのは、他でもなく温暖化などの環境問題への対応のあり方であり、そこではまさに「若い世代や未来世代への責任」が議論されていた。

一方、日本においてそうした環境関連のテーマは政治ないし選挙でほとんど争点になっておらず、これも先ほどの将来世代への借金の先送りをめぐる話題と共通している。

私は、これらの両者、つまり「高齢化・社会保障」をめぐるテーマと「環境」をめぐるテーマを一つの大きな枠組みでとらえ議論していくことが重要と考えている（広井［2001a］参照）。

つまり**両者は一見異質な話題に見えて、いずれも「持続可能性」そして「未来世代への責任」という点が問われていることにおいて実は共通している**。この場合、時間軸の長さに多少の違いがあり、「高齢化・社会保障」のほうは主として数十年程度の時間軸であるのに対し、「環境」のほうは数十年からさらには数百年、場合によってはそれ以上のタイムスパンに及ぶテーマである。それは、「高齢化・社会保障」のほうが基本的に〝人間社会内部〟の世代間関係を扱うのに対し、「環境」のほうは人間と自然との関わりが基本課題であるからだ（図表9－4参照）。

しかし上記のように高齢化・社会保障そして環境いずれのテーマも、「持続可能性」そして「未来世代への責任」が問われる課題であることにおいて共通している。

残念ながら、今の日本の政治においてこれらのテーマはあまりにも議論の対象から外されてしまっている。それはとりもなおさず、日本社会の持続可能性そして未来世代の生存そのものを危うくさせてしまう。

今こそ「持続可能党」あるいは「未来世代党」が必要ではないだろうか。

おわりに

私はここ7年ほど、ほぼ毎週のように東京と京都を新幹線で往復しているが、そうした中で最近感じる小さな〝変化〟がある。

それは、新幹線の座席を後ろに傾ける時に、「下げていいですか」と声をかける人が増えたことだ。

これは全く取るに足らない、ささいなことに響くかもしれないが、私は（期待を込めつつ）日本社会の中での大きな変化の兆しのように感じている。

多少補足すれば、そのように声をかけるのは相対的に若い世代に多く、想像できるかもしれないが、いわゆる団塊世代前後（の特に男性）――オジサン文化と呼ばれる層――にはそうした行動は稀である。

私は以前から、特に海外（いわゆる欧米のみならずアジア諸国を含む）との対比で、「見知らぬ人に対して声をかけたりコミュニケーションをとったりすることが非常に少ない」ことが日本社会の強い特徴であると感じ、また著書の中でも述べてきた。

これは一昨年に亡くなられた文化人類学者の中根千枝氏が『タテ社会の人間関係』などで論じた、日本社会における「ウチとソト」の境界の強さあるいは〝落差〟の大きさという話題と重なっているだろう。すなわち、集団や組織の内部では極端に気を使ったり、強い同調圧力が働いたりする一方、集団のソトに対しては無関心か、潜在的な敵対性が働くような関係性である。

言い換えればそれは、集団内部の「空気」や「忖度」で物事が動くような社会のありようで、私はそのことを〝集団が内側に向かって閉じる〟という表現で論じたりしてきた（拙著『コミュニティを問いなおす』等）。

注意する必要があるのは、こうした行動様式や人々の意識は、決して「日本人の〝不動の国民性〟」といったものではなく、その社会の置かれた風土や環境、生産構造、各々の時代の社会状況等の様々な要因に影響されながら形成され、そして「進化」していくものであるという点である。

つまり日本の場合、以上のような行動パターンは大きくは二つの背景から作られてきたと私は考えている。第一は、江戸時代まで２０００年にわたって続いた〝稲作の遺伝子〟とも呼べる行動様式。すなわち稲作を中心とする比較的小規模の集団での、強い同調性を基盤とする生産行動や生活の共同体のありようだ。

第二は明治以降、とりわけ20世紀後半の高度経済成長期――「昭和」の時代――を中心に形成された、〝集団で一本の道を登る〟という表現に集約されるような意識と行動のパターンである。これは本書の「はじめに」でも言及した話題だが、そこでは特に**「カイシャ」と「核家族」が単位となり、ひたすら上昇していく〝垂直軸〟が人々の主たる関心事になる中で、〝水平軸〟つまり集団のソトや周囲への配慮は大幅に後退していった。**「ウチ」と「ソト」の境界はきわめて強固になったのである。

そうした姿がいま少しずつ、しかし着実に変わろうとしていることを、冒頭の新幹線でのエピソードは象徴しているのではないかと（希望を含めて）私は感じている。それはこの例に限らず、高度成長期を生き抜いた団塊世代前後の人々の行動パターンと、それより下の世代とを比べて如実に感じられることだ。

思えば本書で述べてきたように、日本は２００８年をピークに人口減少社会に移行し、「人口や経済が拡大を続ける」という、明治以降百数十年にわたって続いた自明の前提が成り立たない時代に入った。先ほどの〝集団で一本の道を登る〟のではなく、個人が自らの人生をもっと自由度の高い形でデザインし、しかも集団を超えて個人が多様な形でつながっていくような方向。それが経済の活力や創造性にもつながり、また社会の持続可能性や個人の「幸福」を高めていくと考えておそらく間違いないだろう。

もちろん、今の日本社会はなお上の世代が〝支配〟している傾向が強く、年齢や性別役割分担に関する意識、行動様式を含めて「昭和的価値観」が依然として強く残存している。また最終章でも論じたように、政府の中枢や政治家などの間では「経済成長がすべての問題を解決してくれる」という（これまた昭和的な）発想がなお根強く、税負担など〝耳に痛い〟話はすべて先送りされ、結果として膨大な借金が若い世代そして将来世代にツケ回しされている。〝未来世代のことを考える〟という持続可能性の本来の意味からほど遠い状況にある。

しかしながら、先ほども述べたように、人々の行動様式や価値意識といったものは、初めからそれが天下り的に存在するのではなく、その時代の置かれた社会経済的状況によって作られ、それに適応的な形で進化していくのである。現在の日本は昭和的な「拡大・成長」一辺倒の時代から、「持続可能性」に軸足を置いた社会への大きな過渡期にある。

それは本書のタイトルにある「せめぎ合いの時代」が示すように、世界的な状況についても同様であり、限りない拡大・成長を志向するベクトルと、持続可能性やウェルビーイングといった価値を志向するベクトルとが対立し拮抗する状況が当面続くだろう。しかしそれらが全体として、本書で述べてきた人類史における「第三の定常化」への移行局面の現象であることは確かであり、また第1章で述べた「グローバル定常型社会」という姿は、人口や経済など様々な面において現実のものとなりつつある。

＊
＊
＊

ウクライナへのロシアによる侵攻が始まったのは２０２２年2月だった。21世紀のこの時期になって、まさかヨーロッパ近辺で戦争が再び起こるとは思っていなかったというのが、大方の人々の思いだろう。私たちはこうした事態をどう考えたらよいのか。いささか気の滅入るような内容を含むが、少し長い時間軸から展望してみたい。

世界の「戦争死者数」の推移を概観してみると、16世紀はおよそ１６０万人、17世紀は６１０万人、18世紀は７００万人、19世紀は１９４０万人、20世紀は1億９７０万人という具合に、16世紀から戦争による死者数は急速に増加し、20世紀にピークを迎えた（第1章でふれた歴史家デヴィッド・クリスチャンの著書『時間の地図（*Maps of Time*）』より。なお人口当たりの戦争死者数も同様の増加パターンを示している）。こうして見ると、近代という時代はその物質的な繁栄の半面、〝戦争の時代〟でもあったことがわかる。

そしてこの点は、実は人口増加あるいは「限りない拡大・成長」のベクトルという点と深く関連している。つまり上記の16世紀以降の時代とは、他でもなく世界人口が急速に増加していった時代であり、**20世紀は世界人口の増加がもっとも大きかった世紀だった。そしてまさにその時代に戦争死者数もピークに達した**のである。

もちろんこれは偶然の一致ではない。考えてみればすぐわかるように、地球上の土地や資源やエネルギーが「有限」な中で、各国の人口やそれに伴う資源消費が増加していけば、自ずと領土や資源をめぐる衝突や紛争が生じるだろう。

ところがそうした状況は大きく変わりつつあり、第1章で述べたように、世界人口の増加は近年において急速に鈍化している。実際、20世紀において世界人口は16億人から61億人へと4倍近く増加したが、国連の人口予測によれば２１００年の世界人口は約１０９億人であり、したがって21世紀全体の人口増は2倍に満たず、しかもその増加の大半は世紀の前半であり（かつその大部分はアフリカ）、後半には世界人口は「成熟・定常化」に向かうのである。

しかし、このことを逆の視点から見れば、現在は世界人口の増加から成熟・定常化に向かう「過渡期」であり、それは文字通り二つのベクトルの「せめぎ合い」の時代でもあるということだ。二つのベクトルとは、これまでの（20世紀的あるいは「近代」的な）発想の延長で、ひたすら領土や資源消費等の「限りない拡大」を求めるベクトルと、むしろ資源消費や環境等を含む「持続可能性」を志向するベクトルである。今回のロシアないしプーチンの行動はまさに前者を象徴するものだった。

私は2015年に公刊した『ポスト資本主義』の最後の部分で次のように記した。

「突き放して見れば、21世紀は、なお限りない『拡大・成長』を志向するベクトルと、成熟そして定常化を志向するベクトルとの、深いレベルでの対立ないし〝せめぎ合い〟の時代となるだろう。それが本書で述べてきた人類史の『第三の定常化』への移行をめぐる分水嶺と重なり、また『超（スーパー）資本主義』と『ポスト資本主義』の拮抗とも呼応する。それは無数の創造の生成とともに、様々な葛藤を伴う、困難を極めるプロセスでもあるに違いない。

残念ながら私たち人間は、『火の鳥』のように超越的ないし俯瞰的な視座から未来を見通すことはできないが、世界の持続可能性や人々の幸福という価値を基準にとった場合、定常化あるいは『持続可能な福祉社会』への道こそが、私たちが実現していくべき方向ではないか。これが本書の中心にあるメッセージである」

この認識はより強くなっており、21世紀半ばに向けて、「限りない拡大・成長から持続可能性へ」と価値と行動の軸足を移していくことが私たちの進むべき道筋であることは間違いない。

＊　＊　＊

ここで「あとがき」に免じて、本書が生まれた舞台裏的なことを記させていただきたい。

本書は、この数年の間に東洋経済新報社から刊行した『人口減少社会のデザイン』（2019年）、『無と意識の人類史――私たちはどこへ向かうのか』（2021年）と並んで、ある種の〝三部作〟をなす本となっている。

三部作という趣旨の一つは、もともと私自身の関心は大きく「社会に関する構想」と「人間についての探究」という二者にあり、これらは互いに不可分のものと考えてきた。少し言い換えると、社会システムや制度・政策ないし具体的な実践に関する議論と、原理的あるいは哲学的・思想的な考察という二者を、有機的に結びつけながら深化させ新たな展望を開いていくことがずっと私の基本的な関心事だった（この両者は、特に日本においては分裂しがちであり、それはアカデミズムと社会の〝距離〟の大きさとも重なっていると思う）。

そして、前者についてこれまで私が行ってきた探究の、具体的な話題を含んだ提言としての性格をもつ本が『人口減少社会のデザイン』であり、また後者の関心について、その中心をなす死生観をめぐるテーマを軸に、一つの決算としてまとめたのが『無と意識の人類史』だった。

しかしこの2冊の本は、内容的には深い次元で結びつく半面、見方によっては同じ著者が書いたとは思いにくいほど異なるトーンの、異領域に及ぶ書物になっていた。

本書は、若干の期待も込めて記せば、以上のような私の最近の2冊の著作を様々な面で架橋するような性格のものとなっており、これが〝三部作〟と記したことの基本的な趣旨である。

もう一つ、次のような背景もある。以前の著書にも記したことがあるが、私は大学で当初法律専攻コースに入ったが、高校の頃から哲学的な話題に頭が占められるようになっていたため、大学3年になる時に「科学史・科学哲学」という、世の中全体から見ればマイノリティに属する、文系と理系の中間のような分野に専攻を変えた。

その主な理由は、先述の「人間についての探求」を進めていこうと思えば、現在では哲学や人類学、宗教学など〝文系〟の分野に限らず、生命科学や物理、宇宙論等々〝理系〟分野が自ずと視野に入ってくると思ったことだった（現実には、最近では知る人も徐々に少なくなった廣松渉という哲学者の著作に大きな影響を受けたことも働いていた）。以降、この科学史・科学哲学という領域が自分の中でのアイデンティティの軸になったので、私がこれまで書いてきた本は、明示的か否かは別として、そうした関心が常にベースになっている。

思えば近年、〝文理融合〟ということがしきりに言われるようになっているが、個人的には、今こそ科学史・科学哲学的なアプローチや知見、問題意識がもっと広く人々の間で共有される必要があり、それは〝文系〟と〝理系〟が分裂しがちな日本社会にとって多くの恩恵をもたらすと思っている。そして、上記のようにこれまでも常に底流にもっていた科学史・科学哲学的な関心を前面に出した本を、やはりこの時期の一つの総括としてまとめておきたいという思いが浮上し、それが本書をまとめる背景になった。

本書で幾度かにわたって言及した――当初は本のタイトルの中に使うことも考えていた――手塚治虫の作品『火の鳥』は、文字通り〝超長期〟のスケールで過去・現在・未来を往還し俯瞰する想像力を示すものだった。と同時に『火の鳥』は、神話や民俗学、考古学、歴史学など〝文系〟的な関心と、科学、未来、宇宙、生命、地球等々といった〝理系〟的な探究とが鮮やかに融合した作品でもあった。第1章で述べたビッグ・ヒストリーもそうだが、「人間についての探究」と「社会に関する構想」、あるいは純粋な好奇心というものは、自ずと文・理の枠を超えていくものだろう。

いずれにしても、科学やテクノロジーの意味を、表層的な流行や短期的な〝ビジネス言説〟を超えて、大きな視座においてとらえ返す試みが今求められている。それには自ずと資本主義という社会システムとの関わりや「持続可能性」等をめぐる価値との関係性などのテーマが含まれるが、本書のベースにあるのはそうした問題意識だった。

ともあれ、このようにして「還暦」の前後の時期に、これまでのささやかな探求の、さしあたっての総括的な3冊の本を出せたことを本当にありがたく感じている。今後当面は、本文でもふれた地域再生や鎮守の森などの社会的実装に近いことを進めるとともに、「定常型社会＝持続可能な福祉社会」や死生観に関する深化、それに第1章で述べた政策提言ＡＩなどに関連する研究も継続していきたいと考えている。

最後に、本書がなるにあたっては東洋経済新報社の渡辺智顕氏及び編集者の今井章博氏に大変お世話になった。『人口減少社会のデザイン』、『無と意識の人類史』そして本書という〝三部作〟はお二人との本作りがあったからこそ実現したものであり、この場を借りて感謝申し上げたい。

２０２３年２月

広井良典

参考文献

アリストテレス（1971、高田訳）『ニコマコス倫理学（上）』、岩波文庫。

石弘之・安田喜憲・湯浅赳男（2001）『環境と文明の世界史』、洋泉社。

伊東俊太郎（1985）『比較文明』、東京大学出版会。

同（2013）『変容の時代――科学・自然・倫理・公共』、麗澤大学出版会。

同（2022）『人類史の精神革命』、中公叢書。

井上健（1979）「19世紀の科学思想」『世界の名著79　現代の科学Ⅰ』所収、中央公論社。

井村裕夫（2000）『人はなぜ病気になるのか――進化医学の視点』、岩波書店。

岩崎秀雄（2013）『〈生命〉とは何だろうか』、講談社現代新書。

リチャード・G・ウィルキンソン（池本他訳、2009）『格差社会の衝撃』、書籍工房早山。

イマニュエル・ウォーラーステイン（山下訳、2006）『入門世界システム分析』、藤原書店。

宇沢弘文（2000）『社会的共通資本』、岩波新書。

内田亮子（2007）『人類はどのように進化したか』、勁草書房。

内田由紀子（2020）『これからの幸福について――文化的幸福観のすすめ』、新曜社。

E・H・エリクソン、J・M・エリクソン（村瀬他訳、2001）『ライフサイクル、その完結』、みすず書房。

太田邦史（2013）『エピゲノムと生命』、講談社ブルーバックス。

隠岐さや香（2018）『文系と理系はなぜ分かれたのか』、星海社新書。

レイ・カーツワイル（井上監訳、2007）『ポスト・ヒューマン誕生』、NHK出版。

海部陽介（２００５）『人類がたどってきた道――〝文化の多様性〟の起源を探る』、日本放送出版協会。

レオン・Ｒ・カス編著（倉持監訳、２００５）『治療を超えて――バイオテクノロジーと幸福の追求　大統領生命倫理評議会報告書』、青木書店。

ガフニー、ロックストローム（戸田訳、２０２２）『地球の限界』、河出書房新社。

Ｊ・ベアード・キャリコット（山内他監訳、２００９）『地球の洞察』、みすず書房。

ギリスピー（島尾訳、１９６５）『科学思想の歴史』、みすず書房。

工藤秀明（２０１６）「『アントロポセン』と対抗・補完指標」『千葉大学経済研究』、第31巻第2号。

リチャード・Ｇ・クライン＆ブレイク・エドガー（鈴木訳、２００４）『5万年前に人類に何が起きたか？』、新書館。

デヴィッド・クリスチャン他（石井他訳、２０１６）『ビッグヒストリー』、明石書店。

アレクサンドル・コイレ（横山訳、１９７３）『閉じた世界から無限宇宙へ』、みすず書房。

ジーン・Ｄ・コーエン（野田監訳、２００６）『いくつになっても脳は若返る』、ダイヤモンド社。

小林傳司（２００７）『トランス・サイエンスの時代』、ＮＴＴ出版。

小林正弥（２０２１）『ポジティブ心理学』、講談社選書メチエ。

佐伯啓思（２０２０）『近代の虚妄――現代文明論序説』、東洋経済新報社。

佐藤恵子（２０１５）『ヘッケルと進化の夢――一元論、エコロジー、系統樹』、工作舎。

司馬遼太郎（１９８０）『土地と日本人〈対談集〉』、中公文庫。

Ｅ・シュレディンガー（岡・鎮目訳、１９４４）『生命とは何か』、岩波新書。

デヴィッド・Ａ・シンクレア（梶山訳、２０２０）『ＬＩＦＥＳＰＡＮ（ライフスパン）――老いなき世界』、東洋経済新報社。

マーティン・セリグマン（宇野訳、２０１４）『ポジティブ心理学の挑戦』、ディスカヴァー・トゥエンティワン。

ラーシュ・トーンスタム（冨澤他訳、２０１７）『老年的超越――歳を重ねる幸福感の世界』、晃洋書房。

中川毅（２０１７）『人類と気候の10万年史』、講談社ブルーバックス。

永沢哲（２０１１）『瞑想する脳科学』、講談社選書メチエ。

仲野徹（２０１４）『エピジェネティクス』、岩波新書。

中村桂子・鶴見和子（２０１３）『四十億年の私の「生命」――生命誌と内発的発展論』、藤原書店。

中山茂（１９７４）『歴史としての学問』、中央公論社。

野家啓一（２０１５）『科学哲学への招待』、ちくま学芸文庫。

野村泰紀（２０２２）『なぜ宇宙は存在するのか』、講談社ブルーバックス。

ユヴァル・ノア・ハラリ（柴田訳、２０１８）『ホモ・デウス（上）（下）』、河出書房新社。

広井良典（１９９０）『エイプリルシャワーの街で――ＭＩＴ（マサチューセッツ工科大学）で見たアメリカ』、相川書房。

広井良典（１９９２）『アメリカの医療政策と日本――科学・文化・経済のインターフェイス』、勁草書房。

同（１９９４ａ）『生命と時間』、勁草書房。

同（１９９４ｂ）『医療の経済学』、日本経済新聞社。

同（１９９６）『遺伝子の技術、遺伝子の思想――医療の変容と高齢化社会』、中公新書。

同（１９９７）『ケアを問いなおす――〈深層の時間〉と高齢化社会』、ちくま新書。

同（１９９９）『日本の社会保障』、岩波新書。

同（２０００）『ケア学』、医学書院。

同（2001a）『定常型社会 新しい「豊かさ」の構想』、岩波新書。

同（2001b）『死生観を問いなおす』、ちくま新書。

同（2003／2015）『生命の政治学――福祉国家・エコロジー・生命倫理』、岩波書店（2015年に岩波現代文庫として再刊行）。

同（2005）『ケアのゆくえ　科学のゆくえ』、岩波書店。

同（2006）『持続可能な福祉社会――「もう一つの日本」の構想』、ちくま新書。

同（2009a）『グローバル定常型社会』、岩波書店。

同（2009b）『コミュニティを問いなおす』、ちくま新書。

同（2011）『創造的福祉社会――「成長」後の社会構想と人間・地域・価値』、ちくま新書。

同（2013）『人口減少社会という希望』、朝日選書。

同（2015）『ポスト資本主義　科学・人間・社会の未来』、岩波新書。

同（2018）『持続可能な医療』、ちくま新書。

同（2019）『人口減少社会のデザイン』、東洋経済新報社。

同（2021）『無と意識の人類史』、東洋経済新報社。

広重徹（1979）『近代科学再考』、朝日選書。

同（2003）『科学の社会史（下）　経済成長と科学』、岩波現代文庫。

廣松渉（1991）『生態史観と唯物史観』、講談社学術文庫。

福元圭太（2001）「一元論の射程――エルンスト・ヘッケルの思想（1）」『言語文化論究13』、pp.79–88。

藤井直敬（2009）『つながる脳』、NTT出版。

イリヤ・プリゴジン、イザベル・スタンジェール（伏見他訳、1987）『混沌からの秩序』、みすず書房。

古川安（1989）『科学の社会史』、南窓社。

ニールス・ボーア（井上訳、1990）『原子理論と自然記述』、みすず書房。

本多修郎（1981）『現代物理学者の生と哲学』、未來社。

クライブ・ポンティング（石他訳、1994）『緑の世界史（上）』、朝日選書。

前野隆司（2022）『ディストピア禍の新・幸福論』、プレジデント社。

増井幸恵（2014）『話が長くなるお年寄りには理由がある』、PHP新書。

同（2016）「老年的超越」『日本老年医学会雑誌』53巻3号。

スティーヴン・ミズン（松浦他訳、1998）『心の先史時代』、青土社。

見田宗介（1996）『現代社会の理論』、岩波新書。

村上陽一郎編（1980）『知の革命史4　生命思想の系譜』、朝倉書店。

八杉龍一（1984）『生物学の歴史（下）』、日本放送出版協会。

カール・ヤスパース（重田訳、1964）『歴史の起源と目標』、理想社。

山口栄一（2016）『イノベーションはなぜ途絶えたのか』、ちくま新書。

山本義隆（2021）『重力と力学的世界（上）（下）』、ちくま学芸文庫。

横山輝雄（1986）「力・エントロピー・生命」、『新岩波講座哲学6　物質　生命　人間』、岩波書店。

横山祐典（2018）『地球46億年　気候大変動』、講談社ブルーバックス。

吉田忠（1980）「科学と社会」、村上陽一郎編『知の革命史1　科学史の哲学』、朝倉書店。

吉原祥子（2017）『人口減少時代の土地問題』、中公新書。

米本昌平（２０１０）『時間と生命』、書籍工房早山。
ラプラス（樋口訳、１９７９）「確率についての哲学的試論」『世界の名著79　現代の科学Ｉ』、中央公論社。
ルドルフ・リンダウ（森本訳、１９８６）『スイス領事の見た幕末日本』、新人物往来社。
渡辺正峰（２０１７）『脳の意識、機械の意識――脳神経科学の挑戦』、中公新書。
Amable, Bruno（2003）, *The Diversity of Modern Capitalism,* Oxford University Press.
Christian, David（2004）, *Maps of Time: An Introduction to Big History,* University of California Press.
Cohen, Joel E.（1995）, *How Many People can the Earth Support?,* Norton.
Hall, Peter A. and Soskice, David（2001）, *Varieties of Capitalism,* Oxford University Press.
Hall, A. Rupert（1983）, *The Revolution in Science 1500–1750,* Longman.
Lutz et al.（2004）, *The End of World Population Growth in the 21st Century,* Earthscan.
Maslow, Abraham H.（1993）, *The Farther Reaches of Human Nature,* Penguin.
Mckeown, Thomas（1988）, *The Origins of Human Diseases,* Wiley-Blacwell.
Nesse, Randolph M. and Williams, George C.（1994）, *Why We Get Sick,* Vintage.
Spier, Fred（2011）, *Big History and the Future of Humanity,* Wiley-Blackwell.
Stiglitz, Joseph E., Sen, Amartya and Fitoussi, Jean-Paul（2010）, *Mismeasuring Our Lives: Why GDP doesn t Add Up?*, The New Press.
Strickland, Stephen（1972）, *Politics, Science and Dread Disease,* Harvard University Press.
Thomas, Lewis（1992）, *The Fragile Species,* Simon and Shuster.
World Bank（1994）, *Averting the Old Age Crisis,* Oxford University Press.

【著者紹介】
広井　良典（ひろい　よしのり）
京都大学人と社会の未来研究院教授。1961年岡山市生まれ。東京大学・同大学大学院修士課程修了後、厚生省勤務を経て1996年より千葉大学法経学部助教授、2003年より同教授。この間マサチューセッツ工科大学（MIT）客員研究員。2016年より京都大学教授。専攻は公共政策及び科学哲学。限りない拡大・成長の後に展望される「定常型社会＝持続可能な福祉社会」を一貫して提唱するとともに、社会保障や環境、都市・地域に関する政策研究から、時間、ケア、死生観等をめぐる哲学的考察まで、幅広い活動を行っている。『コミュニティを問いなおす』（ちくま新書）で第9回大佛次郎論壇賞を受賞。
その他の著書に『日本の社会保障』（第40回エコノミスト賞受賞）、『定常型社会』『ポスト資本主義』（以上、岩波新書）、『生命の政治学』（岩波書店）、『ケアを問いなおす』『死生観を問いなおす』『持続可能な福祉社会』（以上、ちくま新書）、『人口減少社会のデザイン』『無と意識の人類史』（以上、東洋経済新報社）など多数。

科学と資本主義の未来
〈せめぎ合いの時代〉を超えて

2023年4月20日発行

著　者――広井良典
発行者――田北浩章
発行所――東洋経済新報社
〒103-8345　東京都中央区日本橋本石町1-2-1
電話＝東洋経済コールセンター　03(6386)1040
https://toyokeizai.net/

装　丁………芦澤泰偉
ＤＴＰ………アイランドコレクション
印　刷………図書印刷
編集協力……今井章博
編集担当……渡辺智顕
　ISBN 978-4-492-31547-7